DEAD KENNEDYS
Fresh Fruit for Rotting Vegetables
(os primeiros anos)

DEAD KENNEDYS
Fresh Fruit for Rotting Vegetables
(os primeiros anos)

ALEX OGG
Tradução: Alexandre Saldanha

Título original: *Dead Kennedys: Fresh Fruit for Rotting Vegetables - The Early Years*

Copyright © 2014, Alex Ogg

Copyright das fotos © Ruby Ray, Mick McGee

Copyright das ilustrações *Fallout* © Winston Smith

Copyright desta edição © 2014, Edições Ideal

Editor: **Marcelo Viegas**

Projeto Gráfico: **Russ Bestley**

Capa e diagramação: **Guilherme Theodoro**

Foto da capa (brochura): **Judith Calson**

Logo DK: **Winston Smith**

Tradução: **Alexandre Saldanha**

Revisão: **Christiano Sensi e Michelli Crestani**

Diretor de Marketing: **Felipe Gasnier**

CATALOGAÇÃO NA PUBLICAÇÃO
Bibliotecária: Fernanda Pinheiro de S. Landin CRB-7: 6304

O34d

Ogg, Alex
Dead Kennedys : fresh fruit for rotting vegetables (os primeiros anos) / Alex Ogg ; [com as artes de Winston Smith e as fotografias de Ruby Ray ; tradução de Alexandre Saldanha].
São Paulo : Edições Ideal, 2014. 240 p.: il. ; 23 cm.

Tradução de: Dead Kennedys : fresh fruit for rotting vegetables, the early years.
ISBN 978-85-62885-26-6 (broch.). - 978-85-62885-31-0 (capa dura)

1. Dead Kennedys (Conjunto musical). 2. Músicos de rock - Estados Unidos - Biografia. I. Título.
CDD: 927.8454

03.06.2014

EDIÇÕES IDEAL

Caixa Postal 78237

São Bernardo do Campo/SP

CEP: 09720-970

Tel: 11 4941-6669

Site: www.edicoesideal.com

Agradecimentos

O autor gostaria de dedicar este livro a Dawn Nichola Wrench – "Nunca TDTF".

Ele também gostaria de agradecer à equipe e estudantes da Brittons e, em especial, 10ad/en1 pela checagem de contrato e à 8OGG, seus tesouros do trabalho diário.

O apoio de Jello para este projeto foi crucial para vê-lo finalmente chegar à gráfica, mas o autor também reconhece as contribuições feitas por seus colegas de banda quando o projeto existia sob outro aspecto. O autor também gostaria de agradecer a seu artista de colagem preferido, Winston Smith, pelo seu apoio e envolvimento neste projeto. Outros que foram vitais para o desenvolvimento do livro incluem todos os entrevistados e agradecimentos especiais a Russ Bestley (design), Roger Sabin, Vanessa Demaude e Josef Loderer (pelos conselhos e encorajamento), Helen Donlon (sua fabulosa agente literária), Mick McGee e Ruby Ray (pelas fotos). Obrigado também aos especialistas em discos e relíquias do DK: Tony Raven, Mason Bermingham, Andrew Kenrick, Iain Scatterty, Vaughan Wyn Roberts, Darren Hardcastle, Kevin Shepherd e Rich Hassall pelos raros detalhes de capas de discos e imagens, e para Jay Allen Sanford da Rock 'n' Roll Comics. Vasilia Dimitrova trouxe suas habilidades em ilustração para salientar uma parte essencial da história, e obrigado a Allan Kausch por editar e dar um detalhado feedback, além de flyers antigos de shows e informações. Obrigado a Gregory Nipper por uma edição final muito detalhada. O autor agradece também aos coeditores Kristiina na Finlândia, Craig e Ramsey nos EUA, Joachim na Alemanha, Edições Ideal no Brasil, David no bom e velho Reino Unido, e a todos que ele esqueceu!

SUMÁRIO

Prequela: Quando você for convocado — 1

Cap. 1: Então você foi para a escola por um ano ou dois — 11

Cap. 2: Em mentes desesperadas, nascem pequenos jardins — 35

Cap. 3: Você vai correr a corrida principal — 51

Cap. 4: Você acredita nos jornais matinais? — 73

Cap. 5: Qualquer um pode ser rei por um dia — 87

Cap. 6: Eficiência e progresso são nossos outra vez — 113

Cap. 7: Não esqueça de levar uma esposa — 147

Notas finais: Tudo que você faz é reclamar, não é? — 169

Notas de rodapé — 181

Blá Blá Blá — 197

Anarquia gráfica: Winston Smith – Toda arte é propaganda — 213

FRESH FRUIT BOOK COVER

Páginas anteriores: Colagens feitas por Winston Smith para a capa do livro, em 2013.

PREQUELA
Quando você for convocado

Algumas das entrevistas agrupadas aqui foram originalmente encomendadas como base das notas de encarte para o relançamento comemorativo dos 25 anos de *Fresh Fruit For Rotting Vegetables*. O fato dessa iniciativa ter se perdido em meio a disputas entre ex-integrantes não é surpresa para observadores dos Dead Kennedys de longa data. A máxima é que a história é contada pelos vencedores; seja a vitória definida por uma ação judicial, por queda de braço fiscal, por acesso à mídia ou por variações desses temas. Esforços para manter a independência autoral do projeto foram minados pelas facções combatentes que competiam pela narrativa e, no final, as notas foram retiradas. Ou apenas deixadas de lado. O tropeço final foi *uma única frase*, que foi mantida no manuscrito (você vai ter que se esforçar para encontrá-la, pois é incrivelmente inócua). Isso tudo ficou muito confuso e, em alguns momentos, profundamente desagradável. Mas isso representa um assunto ao qual eu sempre me comprometi a retornar, e ultrapassei o *trigésimo* aniversário do disco para organizar o material.

Foi uma lição útil sobre o quão longe algumas disputas podem ir, mas ainda sustento que foi um desfecho trágico para um trabalho que valeria a pena. Leitores informados certamente estarão cientes de quanto a reputação da banda foi manchada nos últimos anos. Vou pegar emprestada a analogia de James Sullivan, redator do *San Francisco Chronicle*: qualquer estátua metafísica que a cidade tivesse construído em homenagem à banda, teria sido coberta de bosta de gaivota. Mas eles realmente foram uma excelente banda. Não sou o único a colocar o *Fresh Fruit* como um dos mais importantes discos a emergir do punk rock, um dos poucos a genuinamente transcender o gênero, ampliando convenções musicais e líricas enquanto estabelecia um novo paradigma (ou vários), além de sacudir esqueletos em todo o mundo. Esse é um esforço de restaurar sua posição. Ou limpar um pouco da merda que espirrou do ventilador.

Na verdade, a história deste projeto vai ainda mais longe do que o fiasco das notas de encarte. Em 1991, eu estava editando uma revista britânica de música para a qual alguém havia enviado um artigo sobre a banda. Eu estava muito inclinado a publicá-lo e enviei o artigo para o vocalista do Dead Kennedys, Jello Biafra, para avaliação e observação. Quando ele finalmente respondeu, havia mais de cem anotações – ele não se deu tão bem com o redator. Ele não ficou tão impressionado também quando descobriu que o dito *publisher* da revista era o mesmo cara que havia pirateado discos do DK no passado – um fato que eu felizmente não sabia na época. No fim das contas, a revista desapareceu, foi para o ralo. Na verdade, o que você está lendo passou duas décadas em gestação. Um período que soa muito longo – eu me candidatei para um outro emprego no meio do caminho.

Nossa correspondência continuou, ainda que esporadicamente, ao longo de duas décadas. Então, fui chamado para escrever um artigo sobre a banda para outra revista musical, e um processo similar de redação e revisão começou. Infelizmente, naquele exato momento, as travessuras jurídicas entre os ex-colegas de banda entraram em erupção e o texto se perdeu na confusão. Mais alguns anos se passaram e, em 2005, fui chamado para escrever as já mencionadas notas. Fiquei extasiado, ingenuamente acreditando que eu poderia me infiltrar entre as posições de guerra jogando limpo e sendo transparente com todas as partes. Passei quase um mês trabalhando em novas entrevistas com os ex-integrantes e consegui um ótimo material. Então, eu entrei nos aspectos mais importantes e fiquei tentando mediar vários problemas, mostrando a cada parte as respostas dos outros e tentando conciliar o que, de forma ampla e bem generosa, poderiam ser chamadas de visões da história que competem entre si.

As animosidades, nesse ponto, haviam se polarizado no conflito entre Biafra e o guitarrista East Bay Ray, o que – novamente – não será uma revelação surpreendente para aqueles que sabem algo sobre a política interna da banda. Klaus Floride (baixo) basicamente segue a liderança de Ray nos assuntos internos da banda e Ted, na típica maneira charmosa dos bateristas, parecia completamente confuso sobre o porquê de alguém se importar. No fim, eu estava quase chegando à mesma conclusão.

A mesquinharia não tinha fim. Os dez rascunhos acabaram ultrapassando 64 mil palavras; tínhamos espaço para cinco mil. A certa altura, um funcionário da Alternative Tentacles (selo dos Dead Kennedys posteriormente administrado por Biafra) reclamou que eu, sozinho, havia quebrado sua impressora. Houve um longo debate telefônico para decidir se seria permitido que um integrante da banda usasse o pronome pessoal no singular ao invés do plural. Nas cada vez mais desesperadas tentativas de apaziguamento, eu acabei colocando aspas para provar que as ideias de todos eles estavam corretamente representadas. (1) Se psiquiatras tivessem batido em minha porta nesse momento, eu os teria deixado me internar tranquilamente. A gota d'água foi quando um dos integrantes da banda – não foi o Biafra – me acusou de ser o motivo de sua dor nas costas. Numa ligação telefônica internacional. Repetidamente.

No fim, foi mais ou menos assim. Biafra vai chiar e espernear e fazer tudo que puder para lhe persuadir e convencer da veracidade de sua interpretação dos fatos. Então ele dirá que, como escritor, você tem o direito de falar o que você vê. Ray vai chiar e espernear e fazer tudo que puder para lhe persuadir e convencer da veracidade de *sua* interpretação dos fatos. E, então, vai ligar para seus advogados. A maldição dos Kennedys? Devo admitir que estou finalizando este manuscrito com mais que uma vaga apreensão. O que mais poderia dar errado?

Apesar de tudo isso, eu ainda adoro o disco. *Fresh Fruit For Rotting Vegetables* não é o *London Calling*. Não é o *Never Mind The Bollocks* e nem é o disco *The Ramones*. Para mim, ele é superior a esse elogiado trio. Principalmente por causa da inteligência das letras e da música que o sustenta, que absolutamente cativou e capturou atenções nos idos de 1980 (assustadoramente, três décadas atrás). Eu poderia dar base a essa argumentação certamente histérica ao salientar que ele regularmente aparece nas votações dos melhores discos punk escolhidos *pelo público*. O *público* é um bando de idiotas, como Sid Vicious definiu certa vez, ao invés de usar termos mais floreados, mas de tempos em tempos até os caras mais implicantes concordam.

Quando lancei isso, eu vergonhosamente apontei para tais votações, mas mais ainda para o fato da sobrevida do álbum ser uma realização extraordinária para uma banda que praticamente não teve nenhuma execução em rádio e só lançou discos por selos independentes – nada de EMI, CBS ou Warners. Eles não apenas existiam fora do mainstream, como também foram a primeira banda daquela estatura a incomodar e *atacar* a própria indústria musical, como V. Vale do fanzine *Search And Destroy* mencionou. Os Dead Kennedys colocaram muita coisa em movimento. Eles foram parte integral da formulação de uma rede alternativa americana que permitiu que bandas iniciantes fizessem turnês para além de seus próprios quintais. Eles foram essenciais ao apoiar o conceito de shows para todas as idades e desprezaram as vantagens das corporações de produtores de rock e cachorrinhos da indústria. Eles legitimaram toda a noção de uma banda americana de punk trabalhar com sucesso no Reino Unido e na Europa, enquanto disseminavam o verdadeiro horror das políticas externas de seu país de origem; efetivamente servindo de antiembaixadores em suas viagens.

O selo de gravação que eles criaram, a ainda próspera Alternative Tentacles, se vangloria por ter um catálogo desafiador de música nos extremos para agradar o gosto disfuncional de qualquer ouvinte que se possa imaginar. E a galeria de políticos corruptos, pregadores charlatães e crocodilos corporativos que eles conseguiram provocar durante sua carreira não encontra paralelos. Qual a importância deles para o DNA do punk e da música popular? Apesar de não ser científico, o quadro negro de Jack Black em *Escola de Rock* traça uma linha reta: Pistols-Ramones-Clash-Dead Kennedys. Biafra certamente vai hesitar quando eu usar *essa* justificativa. Eu mesmo estou um pouco hesitante.

O triunvirato mencionado acima – Pistols, Clash, Ramones – foi assunto de mais de cem livros publicados. Porém, nunca se escreveu com profundidade sobre os Dead Kennedys, e eles também nunca foram prestigiados da mesma maneira, apesar de *Fresh Fruit* ter vendido mais de 250 mil cópias só na Europa. A culpa é só deles, na verdade. Eles nunca *progrediram* para fazer um disco *rock 'n' roll* – críticos de rock continuam a dizer que o gênero punk é algo intrinsicamente juvenil; algo em estágio de crisálida, no máximo. Eles também caíram espetacularmente, e as pessoas tendem a ter cautela com elementos comprovadamente litigiosos nesta história. E, de muitas maneiras, o que eles colocavam no disco era mais *violento* perante a percepção pública e crítica. "Claro, eu queria que a banda durasse", diz Biafra. "Mas algumas das melhores bandas são aquelas que saem de seus caminhos para chocar e incomodar as pessoas, e não só para afagar e agradar". Eis uma história que dá credibilidade a essa afirmação.

Fresh Fruit chegou num momento em que críticos e formadores de opinião tinham se distanciado do punk, clamando primazia por sua descoberta, mas desdenhando de sua trajetória subsequente – a escola de pensamento que sugere que a arte é arruinada no momento em que é consumida por mais do que uma pequena elite cultural. O Reino Unido tinha três jornais musicais especializados demandando uma corrente contínua de novidades semanais. Na virada da década, o gênero New Romantic era a última moda para aqueles preocupados com estilo, o heavy metal vinha sendo readmitido à sociedade educada para aqueles despojados de tais preocupações e o punk era amplamente considerado uma vítima da mortalidade infantil. Mas uma evolução estava a caminho, acompanhada por uma correção tardia. Para muitos que acreditavam que o movimento era mais que um afloramento vistoso da continuidade do rock 'n' roll, *Fresh Fruit* confirmou o potencial do punk para se posicionar como algo além das armadilhas da moda e da falsa rebeldia.

O debate sobre a etimologia punk – se foi originada no CBGB's ou na Faculdade de Artes St. Martin – é extremamente estúpido, mas é indiscutível que, no final dos anos 70, o Reino Unido tinha dado forma ao discurso. No entanto, na virada dos anos 80, o brit-punk começava a se esvaziar. Temas e estilos eram conflitantes. O Crass tinha politizado o punk em uma refutação extrema ao The Clash, que tinha mudado de rumo para luzes brilhantes e estádios, e os Pistols haviam se implodido. Como o próprio Biafra comenta, "o Crass estava tentando fazer os punks pensarem e agirem além do punk, e entender que se sentir bem em comprar um disco chamado *Sandinista* na realidade não ajudava ninguém na Nicarágua". Mas com toda sua inteligência e sinceridade, o Crass era abrasivo demais, austero demais para fazer um disco com peso similar. O punk, ao menos no Reino Unido, tinha se tornado lamentavelmente sem humor e sem valor; simplesmente óbvio demais. Como Al Spicer escreveria, quando "California Über Alles" (single de estreia do Dead Kennedys) foi tocado pela primeira vez por John Peel: "Parecia diferente de tudo que havia escutado antes na cena punk britânica e foi refrescante e acolhedor como o som das trombetas da cavalaria chegando para o resgate".

Fresh Fruit oferecia uma combinação perfeita de humor e polêmica amarrada a um suporte musical que era tão raivoso e criativo quanto os devastadores ataques verbais de Biafra. Aquelas letras eram reveladoras e cruelmente precisas. Mas não teriam funcionado se a base sonora não fosse uma avalanche tão barulhenta, o combustível para a chama viva de Biafra. E se conseguirmos deixar o bate-boca de lado por um momento, podemos nos lembrar de como o *Fresh Fruit For Rotting Vegetables* era um disco legal, engraçado e selvagem.

I Left My Rights In San Francisco

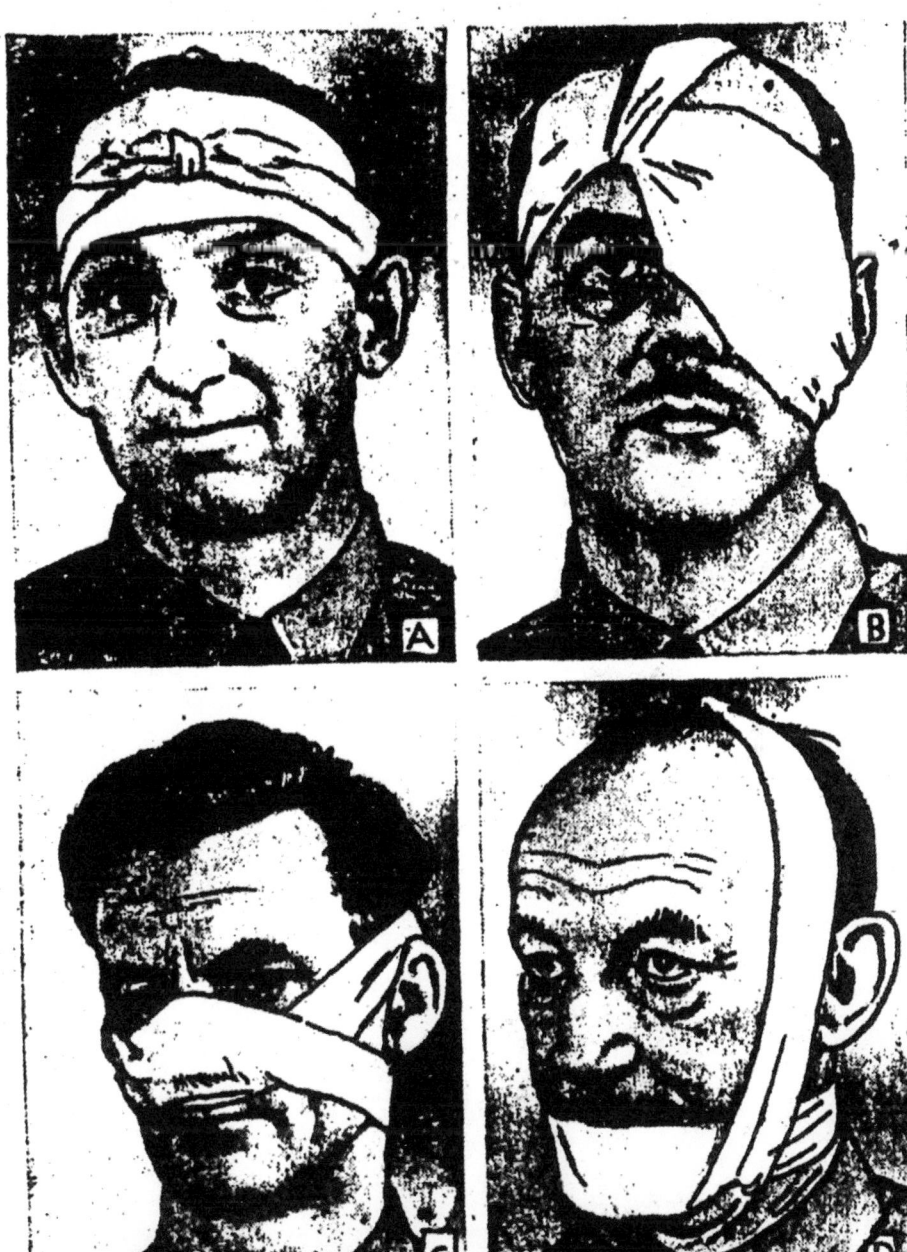

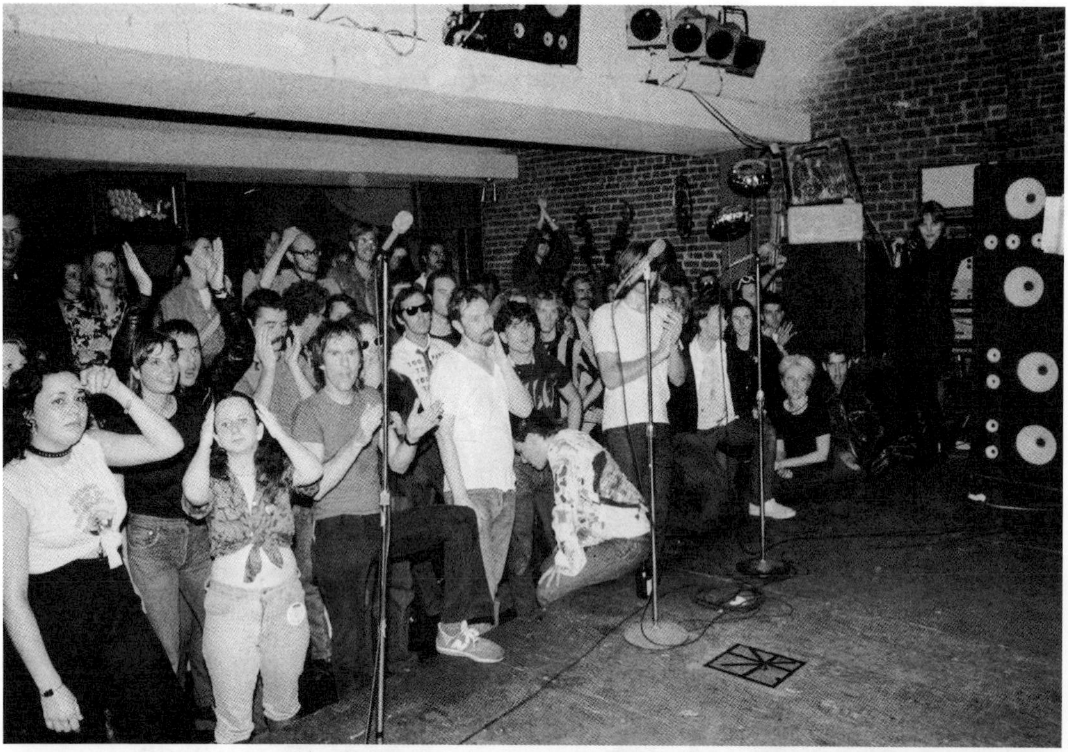

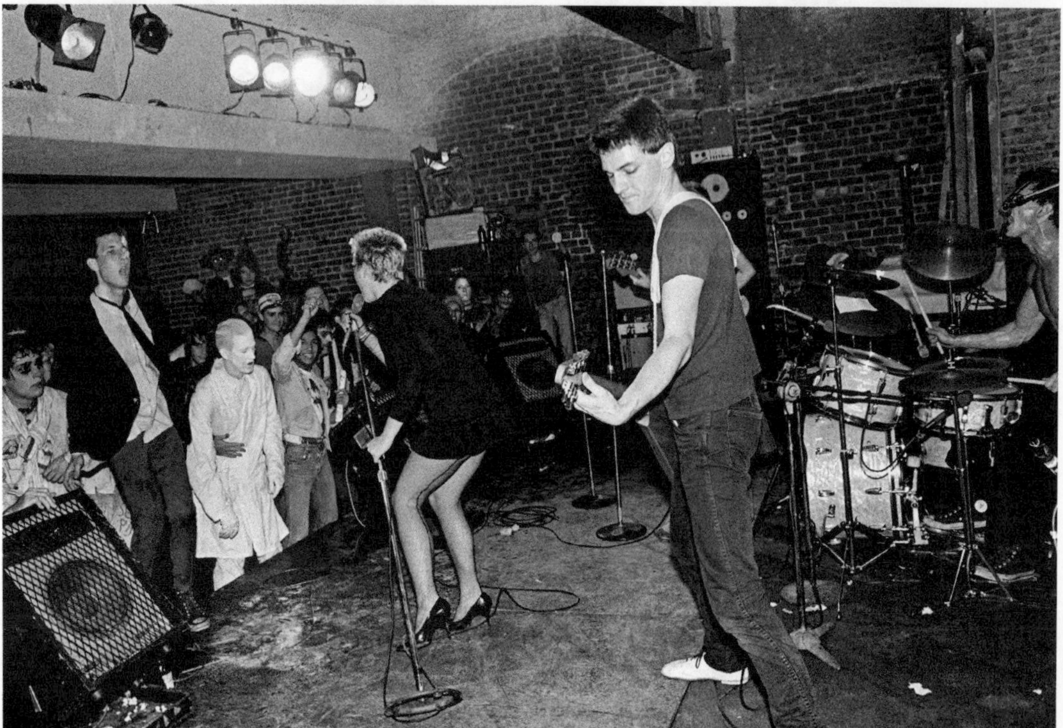

CAPÍTULO 1
Então você foi para a escola por um ano ou dois

"É uma coisa estranha, mas dizem que todo mundo que desaparece foi visto em San Francisco. Deve ser uma cidade deliciosa e possui todas as atrações do próximo mundo."
(Oscar Wilde)

"É o Americano em mim
que me faz ver o sangue
escorrendo pelo buraco de bala em sua cabeça."
(The Avengers, "The American in me", referindo-se ao assassinato de JFK)

San Francisco era um caldeirão natural para o punk. Durante anos, a cidade foi sinônimo do pensamento liberal, com a voz dos direitos dos gays, feministas e lobistas ecológicos e, nos anos sessenta, se tornou um ímã para os Beats e o acampamento de base para o Verão do Amor. Também tinha os bairros da classe trabalhadora de uma cidade portuária. Um refúgio, portanto, para os esquisitos, hippies e excêntricos, assim como pensadores racionais de esquerda. Era natural que, depois de Nova York e junto com sua vizinha Los Angeles, ela se animasse com o espírito do punk. San Francisco era, afinal, a cidade do Winterland Ballroom, onde os Sex Pistols fizeram seu último show, sem bem passar o bastão, mas deixando-o cair pelo caminho. Ou, no caso de Sid, caindo de vez. "Em San Francisco", comenta Jello Biafra, "as primeiras criações de todos os diferentes tipos de arte nos últimos anos vieram de pessoas originárias de *algum outro lugar*. Não é como Londres ou Nova York, onde um monte de gente cresceu. É uma cidade para a qual as pessoas vêm de todas as partes do país, e até do mundo, para ir atrás de seus sonhos e encontrar alguma liberdade para tentar ver o que elas podem se tornar". Uma cidade que Paul Kantner, do Jefferson Airplane, cer-

Acima, à esquerda: A plateia após o show da banda Crime no Mabuhay Gardens, em 1978. Jello Biafra, Bruce Conner e Mindaugis Bagdon na primeira fila. (Foto: Ruby Ray)
Abaixo, à esquerda: Avengers, ao vivo no Mabuhay Gardens, em 1977. Penelope Houston, Greg Ingraham e Danny Furious. (Foto: Ruby Ray)

ta vez descreveu sucintamente como "177 quilômetros quadrados cercados pela realidade". Qualquer referência a essa banda em um livro sobre o Dead Kennedys pode provocar perplexidade, mas a influência dos anos 60 é clara. A própria banda era explícita sobre isso. "Estávamos tentando reestabelecer aquilo em que os hippies acreditavam", diria o guitarrista East Bay Ray. "Tolerância com a experimentação, a coisa do faça-você-mesmo e o questionamento da autoridade". Biafra complementa: "E insurreição, ação direta e boas e velhas badernas".

Se a cidade oferecia oportunidades para inúmeros desajustados, a tradicional celebração de Frisco a forasteiros também era simpática aos valores punks: a rejeição do status construído pela aparência, riqueza ou avanço na carreira. "Ao contrário de Londres", ressalta Biafra, "San Francisco não tinha uma Carnaby Street ou King's Road. A moda punk na Califórnia era 98% DIY (Faça-você-mesmo), vinda diretamente de lojas de caridade. Veja as fotos antigas dos Weirdos e dos Dickies! Até os punks de Hollywood conseguiam seus trajes no Exército da Salvação". Assim, o punk de San Francisco transformou excentricidades pessoais em algo positivo e ridicularizou a arrogância daqueles que acreditavam ter autoridade sobre os outros. Acima de tudo, havia uma valorização da individualidade, da criatividade pessoal e da autoexpressão. Suporte mútuo e colaboração eram elementos-chave. Um dos mitos sobre o punk é de que seu início foi efetivamente um *big bang*; uma explosão repentina lançando no ar um monte de caras ferozes atirando para todos os lados – porém, na verdade, o punk apenas revelou aqueles que já estavam por aí mas eram descontentes ou considerados despreparados, que esperavam que acontecesse algo do qual pudessem fazer parte, algo que abraçasse os deslocados e outsiders.

Quando Ray colocou um anúncio ("guitarrista quer começar uma nova banda punk ou new wave") na Aquarius Records, reproduzido depois em um jornal de San Francisco, ele tinha uma única intenção. Ele queria ter a melhor banda do estilo em San Francisco, o que pode não soar como uma grande ambição. Mas, na época em que o anúncio foi publicado (1978), a cidade já havia parido uma geração punk bem variada.

Os pioneiros Crime e The Nuns faziam um rock 'n' roll primitivo e com atitude e, até hoje, disputam a honra de ser a primeira banda punk da cidade. Os integrantes da banda Crime (que no começo negavam o rótulo de punk) subiam ao palco vestidos de policiais, com chapéus de feltro ou smokings, e tocavam um punk-blues superpotente na linha dos Stooges num volume ensurdecedor, com um toque de melodrama que remete tanto ao Kiss quanto ao MC5. Diz a lenda que eles falaram para o empresário Seymour Stein que ele precisava fazer os Ramones cortarem os cabelos. Os Nuns, liderados por Jennifer Miro e o futuro ídolo de country alternativo Alejandro Escovedo, não eram menos potentes. Visualmente eles eram como uma mistura de Marlene Dietrich com os Dead Boys e, durante algum tempo, faziam o melhor show ao vivo da cena. Eles foram a primeira banda de San Francisco a fazer um show "oficial" no epicentro da cena, o Mabuhay Gardens, e a primeira banda a ser cortejada pelas grandes gravadoras – apesar de, no fim, eles escolherem assinar com a 415 de Howie Klein, quando um acordo com a Columbia não vingou. Era um sinal do destino que derrubaria todas as bandas punks pioneiras da cidade.

Os Avengers – que junto com os Nuns abriram para os Pistols no Winterland – tinham um instinto aguçado para melodias tensas, bem como agressividade. Tendo à frente a incrivelmente descolada e fotogênica vocalista Penelope Houston, eles comandaram a segunda onda, mas, cruelmente, nunca lançaram um disco, apesar de terem material suficiente para três. Seus pares incluem os altamente teatrais e populares Mutants, que tocaram com o Cramps no Hospício Estadual em Napa (CA), causando consternação ente os guardas que tentavam diferenciar o público dos artistas. Os Dils, liderados pelos irmãos Kinman, haviam se mudado de San Diego e estabeleceram uma consciência política de classe que, mais tarde, seria refinada na bíblia punk local/guia de comunicação punk pré-Internet *Maximum Rock 'n' Roll*. Os arrogantes Sleepers, de Palo Alto, que contavam com Rickie Williams (baterista original do Crime) no vocal, faziam shows mambembes e esquizofrênicos, com influência de Stooges, mas também exploravam a cena psicodélica (musicalmente e quimicamente) de SF e eram a banda preferida de Darby Crash, do Germs.

O insanamente confrontador Negative Trend provavelmente estava na liderança, em termos de expandir seus limites. Em uma de suas últimas ações como empresário dos "verdadeiros" Sex Pistols, Malcolm McLaren os convidou para ser a atração principal no Winterland, depois de se apresentarem com o título de "pior" banda da região. O vocalista original, Rozz Rezabek, deixou a banda quando tinha *dezessete anos*, um Iggy Pop da Bay Area que se destruiu fisicamente. Ele já era conhecido por ter finalizado um show com um braço quebrado no Iguana Studios, em frente a um indiferente Sandy Pearlman, famoso por produzir o

Blue Öyster Cult, mas também por ter acabado de trabalhar no segundo disco do Clash, *Give 'Em Enough Rope*. Na verdade, ele não havia apenas quebrado o braço, mas ido ao hospital e voltado para o show, onde quebrou-o novamente em outro lugar. Biafra fez teste para a vaga deixada por Rozz, sem sucesso, assim como Bruce Loose, que por fim encontraria um espaço no Flipper, banda seguinte de Will Shatter, um sobrevivente do Negative Trend.

O Dead Kennedys chegaria como parte de uma terceira onda, encabeçada pelo The Offs, que combinava guitarras com chiado de serra, barulhos robóticos ao estilo do Velvet Underground e baixo dub. Aliás, o autor que aqui escreve não afirma ter testemunhado nenhuma dessas bandas. Felizmente, Joe Rees (da Target Video) filmou vários desses shows, fornecendo o mais abrangente catálogo de áudio e vídeo de um movimento emergente ao qual qualquer Zé Lerdeza poderia desejar ter acesso.

Portanto, o choque de se escutar o Dead Kennedys, pelo menos fora de San Francisco, tem que ser relacionado a esse contexto único. O que fez "California Über Alles" e "Holiday in Cambodia" soarem mais barulhentas, sarcásticas e musicalmente rancorosas que a prole de Lydon e Strummer foi o resultado de uma cena amplamente fechada aos olhares externos, com o ímpeto de fazer melhor, superar as performances e ultrapassar qualquer limite. A cidade não só acolheu o punk, mas também acelerou o processo de personalizá-lo.

No entanto, todas essas célebres bandas foram forçadas a sobreviver sem qualquer tipo de infraestrutura em uma época em que gravar e lançar discos independentes continuava sendo um sonho inalcançável. Era contra esse horizonte de dissidência criativa de rápida evolução e obstáculos logísticos que qualquer banda punk iniciante de San Francisco teria que lutar.

Ray era o único nativo de San Francisco na banda (embora da Bay Area). Um músico experiente, que havia crescido com a coleção de Duke Ellington de seu pai, ele foi influenciado pelo estilo de tocar guitarra de Scotty Moore nos primeiros discos de Elvis, assim como pela fase de Syd Barrett no Pink Floyd. Foi assistindo a um show desta última banda no Winterland, em outubro de 1970, aos 12 anos, que ele se convenceu a pegar uma guitarra. Mais tarde, ele se juntou aos Ohio Players quando o rock setentista começou a correr atrás do próprio rabo. Ele ficou imediatamente animado com a chegada dos Ramones e dos primeiros discos de punk inglês que escutou. (2) Ray tinha uma ressalva em relação aos potenciais pretendentes ao seu anúncio. Desafiando as ideias predominantes, ele queria que todos fossem não só capazes ou habilidosos, mas também individualmente excelentes.

Ray Pepperell era formado em matemática. "Eu me formei pela Universidade da Califórnia, em Berkeley. Então eu tenho os lados direito e esquerdo do cérebro desenvolvidos. Não lembro qual é qual! Apesar disso, eu realmente respondo à música de forma não intelectual". Seus pais eram ativistas políticos. "Eles estavam envolvidos com o movimento de direitos civis, lutando contra o mercado imobiliário nos anos 50 e 60 – as pessoas colocavam uma família negra em um quarteirão de brancos, então compravam barato todas as casas dos brancos. E vizinhanças de nível crítico para seguros [a prática de aumentar os custos de seguros em áreas predominantemente negras]. Meus pais lutavam contra isso também. Definitivamente, meus pais eram ativistas e liberais, em especial no que diz respeito a direitos civis. Sei que fui levado a uma ou duas manifestações. Durante um tempo, meu pai até fez parte do conselho escolar. Ele trabalhava em uma empresa e usava terno e gravata, mas tinha suas práticas pessoais. Tanto mamãe quanto papai se vestiam de modo bem alinhado. Mas eles não eram assim. Minha mãe costumava ouvir Pete Seeger no The Weavers. E Frank Sinatra! Prazer com culpa!"

Ele já era um músico experiente, e talvez até frustrado. "Só fiz seis meses de aulas de guitarra e o professor não me ensinava o que eu queria saber, então eu aprendi com os discos, principalmente. No colégio, eu tocava com amigos e meu irmão tocava bateria. Isso era nos subúrbios da Califórnia [Castro Valley]. Fui para a faculdade e parei de tocar. Quando saí da faculdade, estava tocando em uma banda de bar, ganhando US$ 100 por semana. Eu pensei: posso viver disso! Então eu estava trabalhando três ou quatro noites por semana. Não era gratificante, mas foi um aprendizado". O único registro dessa época é sua contribuição para a banda de baile da Bay Area, Cruisin', que lançou um single – "Vicky's Hickey" – que a banda vendia em shows em meados dos anos 70. Eles até tinham repertórios alternativos dos Beatles e dos Beach Boys, além de usarem shorts de banho.

Quando 1978 chegou, ele tinha começado a perceber o movimento punk. "Eu tinha ouvido falar dos Sex Pistols e dos Ramones e estava escutando essas bandas. Então, fui assistir aos Weirdos no Mabuhay [Gardens]. Um dos meus métodos para testar a qualidade da música é se os cabelinhos da nuca ficam arrepiados. Isso aconteceu quando vi os Weirdos ao vivo. 'Ah, é isso que eu quero fazer'. Eu estava jantando nas proximidades, então fui até lá e falei com eles". Assim, ele colocou seu plano para funcionar, mas estava determinado que a musicalidade de sua nova banda deveria ser estimulada e não amarrada à explosão punk. Instintivamente, ele rejeitou os dois acordes e o mantra da verdade do punk inglês. "Originalmente, quando coloquei anúncios para montar a banda, uma das imagens do punk era a de que você não deveria saber tocar seu instrumento, o que é meio que um mito. Quando coloquei o anúncio, eu disse que queria começar uma banda punk, mas que as pessoas *precisavam saber tocar*".

O primeiro a responder ao anúncio da Aquarius foi Eric Boucher, nascido no Colorado, e que em breve seria conhecido pelo mundo como Jello Biafra; um nome artístico escolhido aleatoriamente em um caderno, após se anunciar como Occupant. (3) "Quando eu coloquei anúncios, estava lidando com pessoas diferentes", continua Ray. "Falando pelo telefone, depois encontrando e tocando com elas". Eu estava trabalhando com uma outra pessoa e com Biafra ao mesmo tempo, escrevendo músicas juntos. O outro cara chegou uma hora atrasado. E foi isso. Eu disse: 'Estou esperando aqui há uma hora. Muito obrigado. Tchau'. Os dois eram talentosos. Mas todos no DK tinham aquela ética de trabalho dos artesãos, de chegar na hora. Isso não levaria a lugar nenhum [de outra forma]. Estou falando de comprometimento".

Biafra crescera em Boulder, no Colorado, filho de uma mãe bibliotecária e um pai que trabalhava como psiquiatra social e que também escrevia poesia. Ambos endossavam a doutrina de resistência passiva de Martin Luther King. Figuras autoritárias – especialmente um professor da sexta série que diariamente pregava o quanto Richard Nixon era um bom homem – colidiam contra uma embrionária consciência política forjada por manifestações antiguerra que ele via acontecer na Universidade do Colorado através da janela de sua escola primária. Como consequência disso, ele se infiltrou na cultura hippie, com sua postura contra a Guerra do Vietnã e sua doutrina de meio-ambiente, direitos civis e amor livre, mas, mais tarde, ele ficou horrorizado com a escorregada da doutrina para práticas exploratórias e de autossatisfação. Perceber o quanto essa comunidade havia se tornado manipuladora foi fundamental para sua visão de mundo. "Vi muitos hippies dando as costas para seus ideais e evoluindo para o que hoje chamam de New Age e Yuppies". Ao invés disso, ele encontrou refúgio na baderna e na música. Nascia um agitador. Ou, como Biafra prefere falar, fazendo referência a Abbie Hoffman ("Vacas sagradas fazem os hambúrgueres mais gostosos"): a orgulhosa tradição da América de fazer muito barulho por nada tinha um novo representante.

Enquanto sua família preferia música clássica, os primeiros discos que ele adquiriu eram do Creedence Clearwater Revival e do Steppenwolf, ambos presentes de Natal, seguidos por alguns álbuns do Led Zeppelin e a trilha sonora do [festival] *Woodstock*. "Blue Öyster Cult foi significativo", ele acrescenta, "porque seu disco *Tyranny and Mutation* foi o primeiro que comprei sem ter escutado as músicas no rádio. Em 1971, quando tinha 13 anos, eu me alimentava do rádio, então comecei a comprar discos cujas capas pareciam legais, especialmente desde o primeiro, que havia sido um tiro certo. Mais tarde, meus maiores interesses incluíam os Stooges, Pink Fairies, 13th Floor Elevators, Hawkwind, Frank Zappa, Black Sabbath e, acredite se quiser, os Sparks, porque suas letras e músicas eram dementes, especialmente no disco *Indiscreet*".

Muitas dessas primeiras aquisições aconteceram na loja Trade-A-Tape, próxima à sua escola. Fielmente dedicados a servir country-rock aos moradores locais, os proprietários colocavam qualquer coisa que considerassem ligeiramente esquisita em uma caixa de discos grátis do lado de fora da loja. Mais tarde, ele foi sortudo o bastante para descobrir a loja Wax Trax, em Denver, comandada por Jim Nash e Dannie Flesher, que, depois, mudaram a loja para Chicago e montaram um famoso selo de gravação com o mesmo nome. "De repente, notei essa janela e tinha discos antigos dos Yardbirds lá dentro e um disco do John Denver pregado na porta, com preços em seus olhos e sangue escorrendo... Eu pensei, 'Ah-há! Esse é o meu lugar'".

O MC5 também foi importante para completar o crescimento de sua consciência musical. "O responsável por isso foi o crítico musical do *The Denver Post*. Seu nome era Jared Johnson. Ele fazia resenhas curtas dos álbuns toda semana. Cara, como ele acabava com os discos que não gostava. Ele disse que Paul Simon e Bee Gees eram os maiores compositores do século XX, mas atacava Alice Cooper e dizia que o Black Sabbath era quase tão ruim quanto o MC5. Então, no dia seguinte eu comecei a procurar os discos do MC5". Ele encontrou dois deles por 25 centavos na loja Trade-A-Tape.

Apesar da aptidão para armazenamento mental de grandes volumes de informação e da fascinação com a mídia impressa e visual (o que, mais tarde, se manifestaria nas artes de colagem que acompanhavam os discos do Dead Kennedys), a música, por si só, inspirava o amor de Biafra pelas palavras. "Letras de música são quase toda minha bagagem literária", ele confirma. "Isso parece chocar e incomodar uma porrada de gente, apesar de Allen Ginsberg achar que isso é ótimo e perfeitamente válido. No final, isso me ajuda a superar minha formação intelectual para – assim eu espero – me comunicar melhor com outras pessoas criadas com letras de música e que realmente não gostam de ler".

Enquanto ainda estava em Boulder, ele trabalhava como roadie do The Ravers, a primeira banda punk do Colorado. Posteriormente, eles se mudariam para Nova York e, no fim das contas, teriam um hit em 1984 com a música "88 Lines About 44 Women", lançada pela RCA sob um novo nome, The Nails. Fãs de ironia vão perceber o envolvimento do A&R [artistas e repertório] Bruce Harris, o homem creditado por ter finalmente convencido a Epic a lançar o disco de estreia do Clash nos Estados Unidos, e responsável pelo epíteto "A única banda que importa". No entanto, a primeira aventura musical de Biafra que vale a pena mencionar foram os Healers. Eles se especializaram em "música realmente assustadora" e fizeram algumas gravações amadoras, mas nunca tocaram ao vivo. "Nós nunca ensaiamos", confirma Biafra. "Éramos eu e John Greenway e, às vezes, outros caras espancando os instrumentos que não poderíamos tocar quando nossos pais estivessem em casa. Era tudo improvisado".

Sentindo a mudança dos ventos além-mar, Biafra viajou para a Inglaterra no verão de 1977 para conferir a cena punk local. Ele assistiu shows de bandas como Count Bishops e Little Bob Story, além de um dos primeiros shows do Wire abrindo para o The Saints (ele ficou impressionado com o Saints, e conseguiu um autógrafo no disco *I'm Stranded*). Depois de voltar para casa, no outono, ele se inscreveu na Universidade da Califórnia, em Santa Cruz, para estudar Teatro e História do Paraguai – simplesmente porque eram os únicos cursos que ainda estavam disponíveis (ele tinha tentado entrar na escola de Cinema, mas não levava jeito). Inspirado por repetidas execuções do single "Anarchy In The UK", dos Sex Pistols (ele foi um dos primeiros moradores de Boulder a ter uma cópia), ele cortou seu cabelo de hippie, o colocou dentro de um saco Ziploc e pregou os desprezados cachos na porta de seu dormitório. "Isso foi apenas a inspiração, porque eu sentia que a coisa hippie tinha cumprido sua missão. Eles não estavam mais causando o tipo certo de problema. Assim que o cabelo foi embora, eu me senti perigoso de novo, por causa da reação das pessoas. O saco de cabelo ainda existe! Tenho guardado em algum lugar. Encontrei-o algum tempo atrás!".

Cerca de dez semanas foi o que ele conseguiu suportar do ambiente do campus, com "patéticos cabeças-mortas com pais ricos". Ele abandonou os cursos antes de terminar o primeiro semestre, e voltou para Boulder para sobreviver lavando roupas sujas em uma casa de repouso, o que virou seu próprio momento *Um estranho no ninho*. "Uma fascinante jornada para o inferno", inclusive por estar revoltado com as práticas de alguns dos enfermeiros que vendiam relógios e outros objetos roubados dos pobres internos.

Quando San Francisco se tornou seu porto de parada final, ele se envolveu com as primeiras bandas da costa oeste dos Estados Unidos, como Germs, Dils, Sleepers e, especialmente, The Screamers. "Quando eu me mudei novamente, levei dois dias para chegar lá. E cheguei justamente em uma noite em que os Nuns e o Negative Trend estavam tocando". Entusiasmado, ele colocou em prática antigos planos frustrados de começar uma nova banda, ao responder ao anúncio de Ray. Afinal, uma das primeiras pessoas que ele conheceu em San Francisco foi Will Shatter, do Negative Trend. "Ei, você deveria estar em uma banda", ele disse a Biafra. "Eu toco baixo só há três dias e estou em uma banda".

O próximo a responder ao anúncio foi Klaus Flouride (também conhecido como Geoffrey Lyall), mais ou menos um mês depois que Biafra e Ray tinham dado o pontapé inicial na ideia de ter uma banda. Assim como Ray, ele era um músico de meio período, e já tinha tocado em bandas em Nova York e Boston durante vários anos. Em sua cidade natal, Detroit, ele costumava gravar em fita os shows de alguns dos lendários artistas da cidade. "Na verdade eu gravei, bem no início, bandas como MC5 e Stooges, no Grande Ballroom", ele diz. "Eram fitas bem cruas, mas muito boas". No entanto, toda sua coleção de fitas cassete foi roubada de seu porão durante um blecaute. "Tenho certeza que as levaram a uma loja de penhores e o cara pagou uns quatro mangos por todas elas. As fitas provavelmente foram apagadas e, quem quer que as tenha, gravou a coleção do Fleetwood Mac por cima. Mas eu definitivamente pude ver muito daquilo bem de perto. E pude examiná-los".

Ele foi inicialmente puxado para a música em meados dos anos 50, quando seu irmão e sua irmã começaram a comprar discos para ele. "Eu vi Buddy Holly na TV. Vi Elvis no *Ed Sullivan Show*. E vi Jerry Lee Lewis e tudo aquilo. Mas foi Buddy Holly que fez com que eu pedisse uma guitarra de Natal para meus pais. Eu imaginei que eles iam me dar uma Stratocaster. Era isso que ele tocava. Mas eles me deram aquele enorme violão Stellar, comprado na Sears. O braço dele era tipo uma perna de cavalo e eu era um menininho de oito anos. Meus dedos nem cabiam no braço. O professor de violão ficou frustrado e disse para meus pais que eu nunca tocaria".

Ele começou sua própria estação de rádio pirata em Detroit, antes de se mudar para Boston, onde estudou comunicação. "Eu tive estações de rádio pirata em Detroit, em 1965 e 1966 e, em Boston, de 1971 a 1974. Em Detroit era a WKMA, de "Kiss My Ass" [expressão em inglês equivalente a "vai tomar no cu"]. Basicamente, éramos muito incomodados em Detroit, então nos mudamos para o Canadá, onde a FCC [Comissão Federal de Comunicação] não podia chegar perto de nós e o Conselho de Difusão do Canadá não se importava, porque não estávamos incomodando ninguém. E recebíamos essas cartas totalmente em vermelho da FCC. Mas sabíamos que eles não podiam fazer nada. Em Boston, era a WOMB – a estação com recepção imaculada! Ficava em Beacon Hill, então eu tinha um bom alcance até o rio Charles – MIT [Instituto de Tecnologia de Massachusetts], Harvard, Universidade de Boston; todas essas pessoas ao redor do rio, nos dormitórios. Quando comecei em Detroit, tocávamos tudo: de Lenny Bruce até os primórdios dos Mothers e Iggy Pop. No fim da existência dessa rádio, tínhamos alguma coisa do MC5 e coisas assim. Isso foi antes do formato livre de rádio realmente chegar. Conseguimos um transmissor porque conhecíamos um cara que era um cientista esquisito. Ele disse, 'Ah, posso construir um transmissor'. E ele construiu! O primeiro era um rádio de campo da Segunda Guerra Mundial que tinha uma válvula imensa no meio. Teoricamente, ele deveria transmitir da frequência de ondas curtas, mas ele simplesmente reduziu a frequência para AM. Mas tínhamos que desligá-lo por dez minutos a cada hora porque ele superaquecia. Então, ele construiu um melhor, totalmente do zero. E, quando nos mudamos para o Canadá, ele construiu um transmissor de 1.000 Watts. Mas eu não o tenho mais. Ele ficou em Detroit, com um dos outros caras que faziam a rádio comigo".

Ao mesmo tempo, ele começou a tocar em bandas. "Quando eu comecei a tocar em Boston, eram bandas cover. Havia esse tal de Billy Squier, que tinha tocado no Tom Swift And His Electric Grandma. Ele e eu nos juntamos e fizemos essa banda chamada Magic Terry & The Universe. Era inspirada em coisas como MC5 e Stooges, e estava envolvida com a cena de Warhol. Terry era um *frontman* muito carismático que não cantava – ele apenas falava. Fizemos um show, abrindo para o Ten Years After. Éramos um grupo tipo Velvet Underground e a garotada estava lá, principalmente, para ver um cara tocar guitarra muito rápido. [Terry] tinha uma música chamada 'Of America and the Entire Western World'. Era uma canção de sete minutos em que ele interpretava oito personagens diferentes. E, mais para o fim da apresentação, Terry mostra a bunda para os garotos. Devíamos ter tocado três ou quatro datas, mas fomos chutados depois da primeira noite. A história que chegou em Nova York era que estávamos 'banidos em Boston' e tudo mundo ficou animado. Mas foi um fiasco. As duas gravadoras que estavam interessadas disseram 'ainda não estamos prontos para vocês, vamos contratá-los dentro de um ano. Preparem-se'. Não poderíamos esperar por um ano. Éramos garotos de 19 anos e não queríamos esperar tanto". Em determinado momento, Jim Morrison conseguiu uma reunião do Magic Terry com a equipe de empresários do The Doors, mas Terry foi considerado muito instável, mesmo para os padrões do interlocutor.

"Quando essa banda acabou, comecei a tocar R&B e coisas de blues. Foi basicamente o que eu fiz durante dez anos: tocar em bandas de blues. Quando os mestres do blues vinham, eles usavam nossas bandas [como bandas de apoio]. Albert Collins, John Lee Hooker; gente assim nos usava. Alguns ensaiavam, outros supunham que conhecíamos seu material. Mas tínhamos nossas próprias bandas de apoio, bandas tipo R&B. E chegou ao ponto em que era um bando de caras brancos desafiando os caras negros para ver quem conseguia beber mais. Eu me cansei daquilo. Então, decidi dar um pulo na Califórnia para ver se era diferente. Cheguei no Natal de 1976". Os termômetros marcavam 21ºC. "Um pouco de garoa, nada demais. Acabou que era uma onda de calor em San Francisco. Não sabia disso. Pensei: 'Assim que as coisas são na Califórnia'. Voltei para Boston e dirigia um táxi nessa época. Tínhamos tempestades de neve incríveis em Boston, o que era muito bom para taxistas porque as pessoas constantemente faziam sinal – uma corrida atrás da outra. Você ganhava dez pratas para levar alguém 800 metros à frente. E eles ainda te davam mais três de gorjeta e lá estava outra pessoa dando sinal. Então ganhei o suficiente para comprar uma van e me mudar para San Francisco em maio de 1977."

Foi quando dirigia táxis que ele ouviu falar sobre punk pela primeira vez. "Consegui o primeiro disco dos Ramones por 50 centavos. Levei-o para casa, coloquei para tocar e fiquei rindo daquilo. Eu achei meio engraçado, mas meio amador e deixei aquilo de lado. Mas, então, acordei no dia seguinte com todas aquelas músicas ainda tocando na minha cabeça. E pensei, 'Ah, isso é curioso' – a coisa simplesmente se infiltrou no meu cérebro nessa velocidade. Então fui para San Francisco. Eu estava trabalhando como temporário e saindo às sextas-feiras para beber com as pessoas. Um dos lugares que eu frequentava era o Mabuhay. A primeira banda que vi lá e que me marcou foi The Zeros. Eles eram de San Diego e tinham se mudado para San Francisco. As pessoas que estavam comigo ficaram rindo da coisa toda, tipo 'que piada!'. Fiquei lá pensando 'isso é intenso'. Era assim que o rock 'n' roll costumava ser quando eu era criança. Era como Little Richard e Jerry Lee Lewis e todas aquelas coisas que assustavam meus pais quando assistíamos ao *Ed Sullivan Show*. Quando Jerry Lee Lewis entrou no ar, minha mãe deixou escapar um suspiro de alívio, porque o cara parecia um músico erudito sentado ao piano. Ele se sentou e começou a tocar. Ele agia de modo selvagem, então ficava de pé e jogava o cabelo para frente e todo aquele cabelo começava a voar. Minha mãe simplesmente disse 'Ai, meu Deus!'. Eu fiquei totalmente grudado na televisão. E era esse tipo de coisa que eu diria que o punk estava fazendo de novo –quando nada no rock 'n' roll do final dos anos 70 estava fazendo aquilo".

Pouco depois, ele esbarrou com o anúncio de Ray na [revista] *Bay Area Musician*. "A BAM era uma revista para preencher o vazio, então havia alguém para mapear bandas locais no nível do Jefferson Starship. Ela ignorava o punk. Eu estava folheando a revista e lá estava um cara querendo formar uma banda punk. O anúncio dizia 'East Bay Ray' – pois East Bay era a parte da Bay Area onde Ray morava. Como eu estava em San Francisco havia pouco tempo, não estava familiarizado com esses termos, e não sabia se o nome dele era East Bay ou Ray ou East Bay Ray. Então fui precavido e o chamei de Ray, quando conversamos por telefone. Contei essa história para ele cerca de um ano depois, e foi quando ele decidiu usar East Bay Ray. No single de 'California Über Alles' ele assina como Ray Valium".

Ele foi até a garagem de Ray para o primeiro ensaio. "A primeira coisa que ele [Ray] perguntou foi se eu sabia tocar 'Peggy Sue'. Conhecia aquela música inteirinha, tinha sido uma das primeiras coisas que aprendi na guitarra. Era parecida com a progressão de acordes do punk. Ray queria tocar alguma coisa que tivesse aquela sonoridade, sem que fosse uma música dos Ramones que você tivesse decorado – 'Não vamos para a garagem tocar "Sheena Is A Punk Rocker". Vamos para a garagem e ver se você pode tocar as *origens* de "Sheena Is A Punk Rocker".' Lembro-me de uma conversa por telefone quando eu mencionei minha influência dos Residents e Devo. A maioria das pessoas dizia simplesmente Sex Pistols e Ramones. Isso mostrou que tínhamos uma direção para fazer isso soar como algo que se destacaria e não seria só uma sonoridade genérica".

E assim começou o Dead Kennedys. Mesmo hoje, seu nome pode levar os não iniciados a um derrame cerebral. Ele foi escolhido para simbolizar "o fim do sonho americano e o início do declínio e queda do Império Americano", um mito mais requintadamente abrilhantado pelo destino do clã Kennedy. Para a maioria dos americanos, sua invocação era – e continua sendo – um ato de sacrilégio. Mais do que brincar em consenso com o espírito punk, o nome era uma afronta específica aos principais liberais do Partido Democrata. Um bom começo.

Essa brincadeira veio de Biafra – mas de forma indireta. Como sua habilidade para criar nomes de bandas é lendária (foi inclusive documentada em seu disco de *spoken word No More Cocoons*), é até surpreendente que a fonte original seja de terceiros. "O nome foi sugerido por dois amigos numa mesma festa", lembra Biafra, "um deles era um cara chamado Rick Stott". Stott, que mais tarde se tornou advogado do DK, havia trabalhado como caixa na loja Trade-A-Tape, como empresário da banda Ravers e, em seguida, juntou-se à equipe do programa de rádio *Maximum Rock 'n' Roll*, antes de sua encarnação como fanzine. "O outro cara era Radio Pete [também conhecido como Mark Bliesener, futuro colaborador do *New York Rocker* e editor do *Rocky Mountain Musical Express*, que depois foi empresário de artistas como Lyle Lovett, Alan Parsons e Nitty Gritty Dirt Band]. A parte engraçada é que, apenas alguns anos atrás, Rick Stott me disse que ele havia sugerido Dead Kennedys como um ótimo nome de banda depois de ler sobre outra banda com o nome em Cleveland! Então o *nosso* Dead Kennedys começou. Ray Farrell, que mais tarde dirigiria a SST Records e que seria contratado pela Geffen, estava trabalhando em uma loja de discos chamada Rather Ripped, em Berkeley. Ele disse 'É, vocês estão conseguindo bastante atenção da imprensa em Cleveland'. E eu pensei, 'O quê?'. Peguei uma cópia do fanzine *Cle*, folheei e percebi que era uma banda completamente diferente. Se eu soubesse que já existia *outra* banda usando aquele nome, nunca teria usado". Na verdade, o Dead Kennedys de Cleveland rapidamente trocou de nome depois que descobriu que o nome estava lhe impedindo de conseguir shows.

Na verdade, Bliesener tem uma lembrança bem mais clara da procedência do nome que Jon Savage reconheceria como o "nome punk definitivo". "Rick, na real, sugeriu Gang of Four – antes de existir um Gang of Four!", Bliesener se lembra. [Gang of Four foi, na verdade, um nome coincidentemente sugerido por Biafra]. "Por volta de 1974, eu tinha me mudado de Chicago para uma cabana sem água e minha namorada estava ficando comigo e tinha um ursinho de pelúcia chamado 'Ted Kennedy', em homenagem ao senador. Uma noite, veio a ideia, quando estávamos sentados: 'Ted Kennedy – Ted Kennedy – *Dead* Kennedy'. Que ótimo nome para uma banda! Estava

YOUNG ERIC BOUCHER, IMPRESSED BY THE ENERGY, POLITICS, AND CULTURAL TERRORISM OF THE PUNK SCENE, MOVES TO SAN FRANCISCO.

I WANT TO DO THIS!

WILL SHATTER

GREAT SHOW, SHATTER!

HEY-YOU! SHOULD BE IN A BAND, ERIC! I'VE BEEN PLAYING BASS FOR ONLY THREE DAYS & I'M IN A BAND!

ON JUNE 5TH 1978, TEN YEARS FROM THE ASSASSINATION OF PRESIDENTIAL HOPEFUL ROBERT KENNEDY...

NAME: RAY GUITAR, 6 YRS. HAS FINANCIAL BAC... WANTS LEAD SINGER, KEYBD, B... OR A BAND F... NEW WAVE... PUNK.

THAT AD MAY BE JUST THE THING...

I'M RAY GLASSER.

HI! I'M ERIC BOUCHER.

LIKE THE AD SAID, I'VE PLAYED GUITAR FOR 6 YEARS. I'D BEEN IN A BAND CALLED CRUISIN'. WE DID BEACH BOYS COVERS, BUT MAINLY WE PLAYED ROCKABILLY.

NOW, I WANT TO DO PUNK!

ME TOO! I LOVE THE SEX PISTOLS, THE DAMNED, AND THE STRANGLERS. DID YOU CATCH THE PISTOLS AT WINTERLAND?

I THOUGHT THE AVENGERS WERE GREAT!

I'M KLAUS FLUORIDE. I'M FROM DETROIT. GROSSE POINT, ACTUALLY. I WAS INTO FUNK. THAT'S WHAT GOT ME INTO PLAYING BASS.
I'M BRUCE SLESINGER. CALL ME TED. I'D BEEN INTO JAZZ, BUT...
WHAT ARE WE GONNA CALL OURSELVES?
HOW ABOUT DEAD KENNEDYS?
CESAR ROMERO FAN CLUB
IT'S A BIT MUCH!
NO GOOD. WE'LL NEVER GET SIGNED WITH THAT KIND OF NAME!
YEAH. WE DECIDED TO CALL OURSELVES THE DEAD KENNEDYS!
UH-HUH.
CALL ME 6025.
WE'VE GOT A GIG!
WE STILL NEED A NAME FOR THE BAND.
WELL I'VE ALREADY TOLD EVERYONE THAT WE'RE CALLING OURSELVES THE DEAD KENNEDYS.
HEH HEH, TOO LATE TO CHANGE IT NOW!

Dead Kennedys: Fresh Fruit for Rotting Vegetables (os primeiros anos)

bem ali. Eu sempre mantinha uma lista de nomes de bandas. Eu sempre fiz parte ou trabalhei com bandas, durante toda minha vida. Este entrou para a lista. Finalmente, eu me mudei para o Colorado, onde tocava com a banda ? And the Mysterians. Em julho de 1976, logo depois de ter me mudado, estava fazendo umas gravações por diversão com o nome Dead Kennedys em mente. Escrevi algumas canções. Uma delas era '(Just) A Patsy', em homenagem à famosa frase de Lee Harvey Oswald e a outra era 'Jackie's Song'. Gravei as duas para o bicentenário da independência dos Estados Unidos, em 1976 (4). Ao mesmo tempo, todo mundo no Colorado que apreciava as bandas New York Dolls, Velvet Underground, The Stooges, Phil Spector, Pistols, The Damned, The Clash – todos nós nos encontrávamos. Eu tinha um sistema de PA, que eu alugava por uns US$ 50. Uma dessas bandas era o The Ravers [cujo baterista, Al Leis, mais tarde faria um teste para os Dead Kennedys, após a saída de Ted]. E em volta da banda estavam Eric e um garoto chamado Joseph Pope [mais tarde, a pessoa por trás da coletânea *Rocky Mountain Low* e baixista da banda SST Angst]. *Éramos* muito passionais, aquele sentimento de que, se não assumíssemos o controle e colocássemos o rock de três acordes por aí, ele desapareceria e se tornaria uma peça de museu. Acabei indo para a casa dos pais de Eric, para seu quarto de infância, e levei meu gravador de fita cassete – eu gravava singles que ele comprava da Inglaterra. Acho que ainda não encontrávamos por aqui coisas como Cortinas, Vibrators e X-Ray Spex. E eu lembro de dizer para ele: 'Eu tenho o melhor nome para uma banda e ninguém *nunca* poderá usá-lo'. Ele ficou ali. Fiquei totalmente surpreso quando fiquei sabendo daquele primeiro show do Dead Kennedys em 1978. Legal demais! Alguém realmente usou aquele nome!".

No entanto, Biafra teve que empregar um pequeno subterfúgio para conseguir as coisas de seu jeito. "Quando sugeri Dead Kennedys, Ray e Klaus protestaram tanto que eu sabia que tinha algo nas mãos. Então disse ao pessoal do Dils, do Negative Trend e outras bandas que nosso nome era Dead Kennedys. Ray e Klaus não puderam se livrar dele!".

Imediatamente, eles começaram a compor juntos, mas suas memórias a respeito da metodologia variam muito. "Eu tinha um daqueles gravadores de fita de US$ 10", diz Ray. "Músicas diferentes foram escritas de maneiras diferentes, mas ele [Biafra] falava suas letras e eu as gravava nas fitas e encontrava os acordes depois,

---

Páginas anteriores: Páginas da HQ *Dead Kennedys*, da série *Hard Rock*, originalmente publicada pela Revolutionary Comics. Reproduzidas com permissão de Jay Allen Sanford, da Rock 'n' Roll Comics. Esta edição, de acordo com Jay Allen, foi escrita "por uma mulher que na época era professora de sociologia na Universidade DePaul, onde ela usava os nossos quadrinhos nas suas aulas!" Texto por Deena Dasein, ilustrações por Joe Paradise.

ou algo acontecia na hora. Mais tarde, eu lhe dei fitas com riffs de guitarra, linhas melódicas e acordes. Ele vasculhava seu caderninho de letras e encontrava uma que se encaixava. Outra forma em que as canções aconteciam era quando fazíamos jams juntos, gravando-as. Foi assim que 'Holiday in Cambodia' saiu".

Não é assim que Biafra se lembra do desenvolvimento das músicas, apesar de "Holiday in Cambodia" ser uma exceção. Ele é firme no conceito de que a ampla maioria das músicas é de sua autoria. Não só as letras, mas ele sugeriu ideias sobre riffs e melodias que deveriam acompanhá-las. "Eu *nunca* dei nenhuma letra para que Ray a transformasse em uma música", ele afirma. "A única vez que eu fiz isso com alguém foi com Carlos". Carlos Cadona, também conhecido como 6025, era o guitarrista temporário da banda, que fazia segunda guitarra e a quem todos na banda parecem se referir afetuosamente como "excêntrico". "Eu andava com o Carlos", Biafra continua, "e ambos gostávamos de música estranha e estávamos a fim de ter uma banda. Então sua banda, o Mailman, acabou. Aí eu disse, 'Por que não se junta à nossa banda?'". Ray se lembra de 6025 como alguém que ele conhecia de shows locais. "Ele tocava guitarra, então começamos a tocar com ele. Ele acrescentou aquela atmosfera Captain Beefheart / Frank Zappa às coisas".

Nessa época, Biafra não tinha um estoque de letras. "Na verdade, eu tinha poucas letras. Era uma coisa completamente nova para mim. Ocorreu meio que tarde para mim que, se eu estaria em uma banda, ajudaria se eu tivesse músicas. Se eu quisesse boas letras, eu mesmo teria que escrevê-las. Foi na base da tentativa e erro. No começo, o que ocorria era que eu chegava com músicas completas – e tocava essas músicas com uma corda da guitarra para mostrá-las ao Ray – e, mais tarde, Ray trouxe uma música sua, 'Your Emotions'. Na primeira vez que encontrei com Ray, fui até lá com a minha guitarra e mostrei-lhe a música que se tornou 'Kepone Factory' [mais tarde lançada no disco *In God We Trust, Inc.*], originalmente chamada 'Kepone Kids', um título muito mais clichê. A minha segunda contribuição foi 'Kidnap', uma música que nunca foi lançada". Esta última fala sobre o caso de Patty Hearst, que cumpriu pena por ajudar e ser cúmplice de sequestradores, as autoproclamadas guerrilhas de esquerda da SLA [em português ESL, Exército Simbionês de Libertação], em um assalto a mão armada. "A letra foi impressa no fanzine *Search And Destroy*, mas nós não guardamos a música e a colocamos no *Fresh Fruit*. Acho que a escrevi depois que cheguei em San Francisco. A terceira música foi 'California Über Alles'. Essa foi uma daquelas poucas que, ao invés de ter a música na cabeça, eu realmente acabei caindo no riff das estrofes enquanto brincava com o baixo do cara que morava comigo, uma noite. As outras partes vieram depois". O rascunho original de "California Über Alles" foi escrito com um velho amigo de Boulder chamado John Greenway que, na verdade, tocou a música com Biafra no The Healers. Greenway escreveu a letra após escutar (voluntariamente ou não) o discurso de Biafra sobre o governador do estado, Jerry Brown. O refrão, com o distinto vibrato de Biafra, já chamado de "teremim humano", foi inspirado na música japonesa Kabuki. "Apesar de o andamento do refrão soar perfeitamente lógico para mim, os outros caras levaram um mês para entendê-lo corretamente. Não é feito em nenhum andamento convencional de música ou nada disso. Não me preocupo com isso, só invento as coisas".

Ray fica bem animado para discutir sobre isso. "Eis o problema: quando há algo que eu faço, é sempre *a banda*. Quando há algo que Biafra faz, é sempre *ele mesmo*. É assim que Biafra enxerga as coisas. Ele não dá crédito para mais ninguém na banda. Sinto que todos na banda eram assim – todos trabalhávamos para fazer as músicas da melhor maneira possível. O problema é que ele diz isso, aquilo e mais isso. E se os outros não contribuíram com o mesmo tanto, parece que ele fez tudo sozinho. Biafra fica muito mais confortável falando sobre si mesmo do que eu ou Klaus. Somos pessoas muito mais relaxadas e sem alarde. Ele é o vocalista! Vocalistas usam muito a palavra 'Eu'. Klaus realmente contribuiu nas composições, mas não leva crédito por isso. Sempre que Biafra diz 'dele', ele está se referindo a Klaus e eu. Tenho um certo problema com isso... Porque, realmente, todos nós trabalhamos para fazer as músicas".

Biafra insiste que, além desses primeiros esforços, ele nunca teve um caderninho de letras para vasculhar. "Até hoje, nunca terminei nada que não fosse utilizar. Existem fitas com riffs que ele [Ray] me deu depois. Esses riffs estão pulverizados em músicas do [discos subsequentes do Dead Kennedys] *Plastic Surgery Disasters* e do *Frankenchrist*. Uma pequena parte no *Bedtime For Democracy*. Todas elas estão corretamente creditadas. Pelo menos, estavam, antes que eles mentissem e alterassem todos os créditos de composição das músicas. Mas, nos créditos originais de *Fresh Fruit*, a maioria das músicas foram escritas por mim. Se eu não tivesse trazido, arranjado e composto todas elas, elas não existiriam. Eles não disputaram esses créditos por vinte anos".

O que todas aquelas primeiras músicas tinham, desde o início, era muito sarcasmo. "Acho que o humor é uma arma poderosa. Por que mais Charlie Chaplin foi expulso dos Estados Unidos durante a Ameaça Vermelha e a Era McCarthy?"

New WAVE concert

Young ADULTS

avengers

sudden Fun

Dead Kennedys

$3

AITOS

1920 san pablo (corner hearst)

sat oct 28
ten pm

DEAD KENNEDYS

From L.A.
ALLEY CATS & BAGS

SAT. OCT. 6
1839 GEARY

SAN FRANCISCO
924-6032

DEAD KENNEDYS

AVENGERS

MUTANTS

SATURDAY

DEC. 16

9:30

AT 330 GROVE

ADMISSION: 3 BUCKS.

Poster by ALTERNATIVE TENTACLES

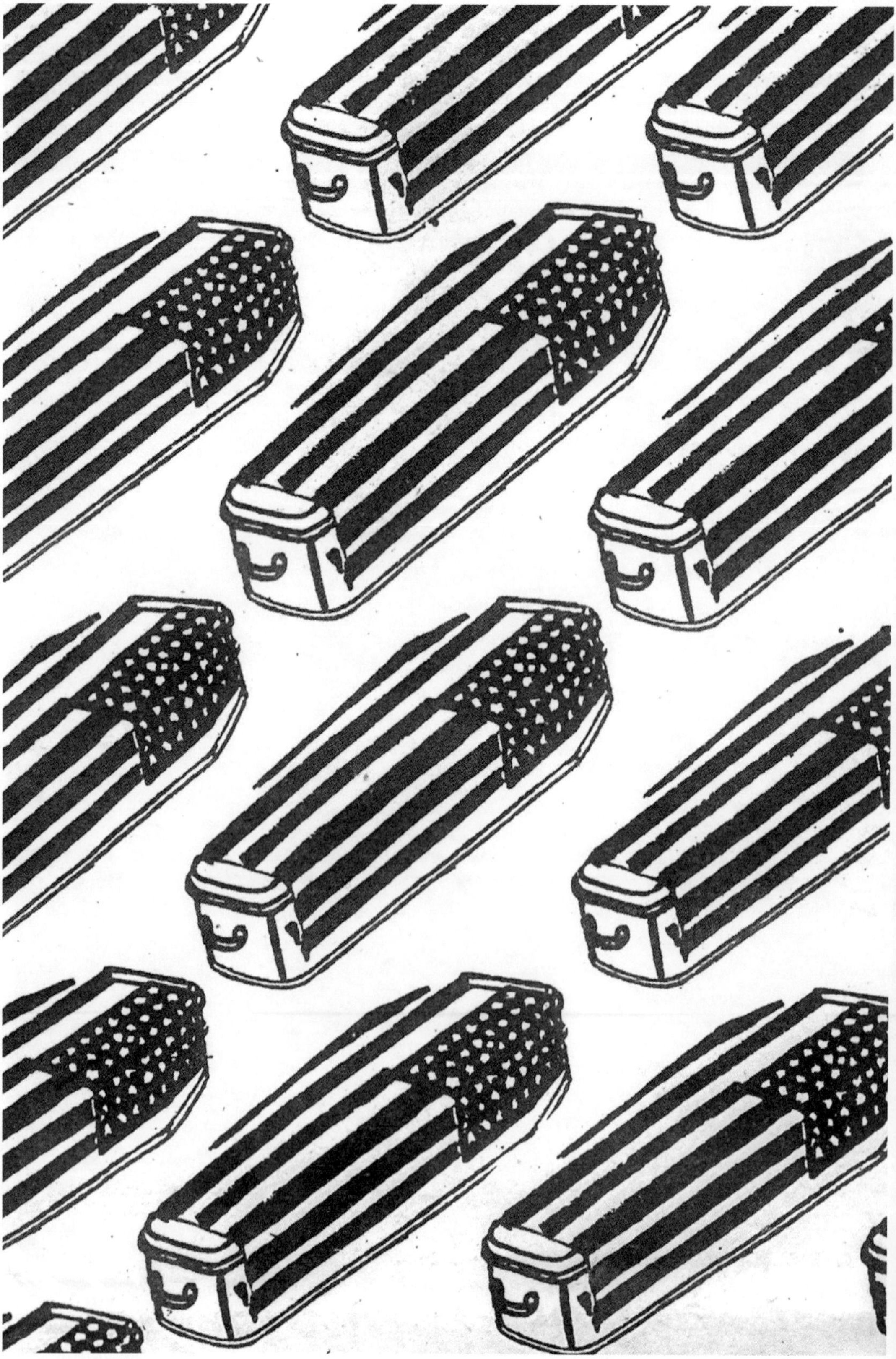

Join the people who've joined the Army.

MONT DE MARS
5-6 AOUT 77
2 ème ROCK FESTIVAL
PUNK
CLASH – DAMNED
EDDIE & THE HOT RODS
JAM – DOCTOR FEELGOOD
BIJOU – LITTLE BOB STORY
TYLA GANG
STIFF RECORDS
KINGS HALL DERBY
art communication edition
sounds
NEW YORK ROCKER

CAPÍTULO 2

Em mentes desesperadas, nascem pequenos jardins

"Calem a boca, seus animais"

Dirk Dirksen (1937 – 2006), mestre de picadeiro do circo dos criativamente inspirados e deliberadamente dementes, que ele presidiu entre 1974 e 1984 como Papa do Punk, durante excursões noturnas ao teatro vivo do Mabuhay Gardens de Ness Aquino, anteriormente um clube Filipino. Ele abriu a tampa da lata de lixo de novos talentos da sociedade para procurar a verdade e a beleza que deu origem à cena de música de contracultura de San Francisco.

(Placa em homenagem a Dirk Dirksen)

"Diga boa noite, Dirk! Pode falar o que quiser, mas quantas pessoas vão querer te aguentar, ou a nós, por sete ou oito anos?"

(Discurso de Biafra para Dirksen, gravado na introdução de "Police Truck" no bootleg *Never Been On MTV*)

O Dead Kennedys fez sua estreia ao vivo abrindo um show da banda The Offs, no Mabuhay Gardens de Ness Aquino. Espremido entre uma fileira de espeluncas de striptease e com agenda controlada por Dirk Dirksen, o local é colocado lado a lado com o CBGB's em Nova York, o Roxy em Londres ou o Masque em Los Angeles, como um dos pontos-chave da história do punk.

"Se você fazia parte de uma banda em 1975 ou 1976", disse Jeff Raphael (dos Nuns) a James Stark em seu livro *Punk '77*, "você precisava estar onde a 'cena local' acontecia naquela época, ou não teria lugar para tocar. Foi por isso que começamos o Mabuhay. Não havia outro lugar para ir. Precisávamos criar nosso próprio espaço para nos encontrarmos e foi o que fizemos. Antes do Mabuhay, eu nunca passava o tempo em clubes porque essa não era uma cena de clubes.

Acima, à esquerda: A banda Mutants, ao vivo no Hospício Estadual de Napa (CA), em 1978. Da esq. para dir.: Brendan, Sue, Fritz, Sally, Charlie e John Mutant. (Foto: Ruby Ray)

Abaixo, à esquerda: O quartel general do zine *Search And Destroy*, em 1977: o apartamento de V. Vale, em North Beach. (Foto: Ruby Ray)

Com o Mabuhay, você simplesmente ia até lá. Você não se importava com quem estava tocando, porque você poderia gastar seu tempo lá".

Dirksen, ex-empresário de turnê de Ray Charles e The Doors, era reconhecido por atrair o público e por sua capacidade de animar o evento antes da apresentação, sempre com seu fiel vira-latas Dummy enfiado debaixo do braço enquanto trocava insultos com as bandas. Ele alegava que, como consequência disso, tinha quebrado seu nariz diversas vezes e, em um incidente, Michael Kowalski ('mentor' da banda U.X.A.) quebrou sua caixa registradora e seus óculos. Por fim, Dirksen o deixou voltar ao clube depois que De De Droit (namorada de Kowalski e vocalista do U.X.A.) negociou um acordo em que o custo de seus óculos seria descontado do cheque de previdência social de Kowalski. "Dirk me disse que ele insultava todas as bandas como uma forma de ameaçar a todos igualmente, e também para que não tocassem as favoritas", confirma Biafra, que também afirma ter sido o impulso por trás dos shows para todas as idades. "Nunca pediam minha identidade quando eu ia a shows punk em Londres, na época em que tinha 19 anos, em 77. A chave em San Francisco era o Dirk. Todos os shows no Mabuhay eram para todas as idades". Como resultado, no "Fab Mab" prevalecia uma atmosfera que era algo entre a camaradagem e a confrontação.

"Eles faziam uma reunião todos os meses, onde representantes de cada banda deveriam ir e discutir com Dirk Dirksen se queriam um show", lembra Biafra, "quem tocaria com quem, etc. Era mais uma coisa livre para todos do que uma negociação. Eu era um cara bem baixo na hierarquia, porque nunca tínhamos tocado e ninguém nunca tinha nos visto. No entanto, eu já era um cara conhecido na cena. Eu agitava um pouco mais que a maioria, o que incomodava algumas pessoas, mas... Às vezes, eu pulava do palco enquanto outra banda estava tocando. Não era um verdadeiro stage dive, porque o palco não era alto o bastante. Parte do que levou as pessoas a nos assistir pela primeira vez foi, 'Ah, *esse cara* tem uma banda agora. Vamos ver o que é!'". Uma visão confirmada pelo fotógrafo local Ruby Ray. "Lembro-me de que estávamos todos imaginando o que Biafra faria, já que nós (os outros caras do hardcore) já o tínhamos visto em todos os shows. Ele dormiu no chão da nossa sala de estar por alguns meses, quando concorreu à Prefeitura".

Biafra era o maluco local? "Sim. Era considerado o maluco local, principalmente pelos Dils e os Nuns. Infelizmente, duas bandas importantes que separaram antes da nossa estreia. Então foi algo bom para nós, mas não por um bom motivo, porque perdemos os Sleepers, uma das minhas bandas favoritas de todos os tempos, assim como o U.X.A.. Então as pessoas estavam ansiosas por uma banda nova. Além disso, a cena estava prosperando, mas era bem pequena. Então as pessoas ficavam entediadas se vissem várias vezes a mesma banda com as mesmas pessoas que eles conheciam e ninguém trazia nada de novo. O que tornou as cenas punk e underground especialmente diferentes, principalmente para as bandas grandes de hoje, era que a pressão não era para que todas as bandas soassem iguais, agradassem ao público e suprissem suas expectativas. A pressão era para que cada banda soasse diferente, que oferecesse algo novo. Se você fodesse completamente com as pessoas, como o [disco] *Metallic K.O.* [dos Stooges] ou o Negative Trend, melhor ainda".

Dirksen pediu um histórico da banda e uma foto. "Desde aquela época, não tínhamos um baterista", continua Biafra, "então pegamos o Carlos e ele posou como baterista". Até hoje, Carlos/6025 é erroneamente creditado como o primeiro baterista da banda, devido àquela primeira foto promocional. "Dirk Dirksen fazia todo o agendamento e divulgação do clube", explica Ray. "Ele fez com que se tornasse o que era. Ele disse que precisava de uma foto 20 x 25. Ele estava tentando nos treinar um pouco no lado burocrático do negócio da música".

"O Dick só me dava shows de abertura para bandas de metal excêntricas", continua Biafra, "Magister Ludi e uma banda new wave popzinha, chamada Beans. Carlos e eu balançamos nossas cabeças por causa dessa banda. 'Merda, todos precisamos começar de algum jeito, mas por que isso? Então fui até Billy Hawk, [guitarrista] do The Offs e implorei para que ele nos desse um show melhor. E ele nos colocou na programação de um dos shows do Offs como a quarta banda. Normalmente, eram só três. Mas era uma posição muito melhor, porque éramos nós, o Negative Trend e uma outra banda chamada DV8, antes do Offs tocar. O Offs nos livrou de, provavelmente, termos que passar mais seis meses batalhando para sermos vistos pelas pessoas certas".

Eles já tinham testado vários bateristas, incluindo um com o pseudônimo Rol Numb, que aparecia na fita que Ray havia gravado para conseguir um show no Mabuhay. "Tivemos um baterista que veio vestido com uma roupa de sadomasoquismo", lembra Ray. Ele tinha supostamente lido sobre a moda punk no Reino Unido. "Não, ele provavelmente estava envolvido com isso! Ele tinha o cabelo bem comprido, mas trazia uma garrafinha de água 'especial'. Ele era tipo um cara sadomasoquista 'orgânico'". Biafra não consegue se lembrar de ninguém fazendo teste com roupa de sadomasoquismo, "mas o cara de cabelo comprido [Rol Gjano, também conhecido como Gene 'Geno' Rhymer] tinha um pingente de suástica. O curioso é que ele tocava em uma banda chamada Loose Gravel. Eles tinham esse nome porque era a banda que Mike Wilhelm montou depois que saiu do The Charlatans, antes de entrar para o Flamin' Groovies. Então, mais tarde, ele ligou para o Ray e reclamou de mim, querendo que o Ray me chutasse da banda porque ele pensava que eu era um caipira! A parte triste é que ele era um baterista muito bom. Mas ele realmente não nos entendia. Nunca o vi em outra banda".

Com a procura ficando mais frenética, aparece Ted, também conhecido como Bruce Slesinger, formado pelo Instituto de Arquitetura Pratt, de Nova York, e a peça final do quebra-cabeça. "Tinha acabado de chegar do leste", lembra Ted. "Eu tinha um emprego aqui em um escritório de arquitetura, fazendo desenhos, esse tipo de coisa. Vim para San Francisco e coloquei meu nome em um quadro de avisos procurando outros músicos. Recebi uma ligação do Klaus. Se eu estava interessado em entrar para o Dead Kennedys ou, pelo menos, em fazer um teste? Como não tive resposta de mais ninguém, eu disse OK".

Assim como os outros músicos da banda, Ted tinha experiência. "Comecei a tocar bateria quando tinha uns 12 anos. Tocava na banda e na orquestra da escola. Então, meus pais compraram uma bateria usada para mim. Toquei nela por um tempo e realmente me envolvi com isso. Então, comecei a tocar com amigos. Toquei uma vez no Café Wha?, em Nova York, que era um clube no Village. Eu não levava isso a sério quando tinha quatorze ou quinze anos. Era simplesmente diversão com os amigos, só isso".

Na verdade, ele tinha visto o anúncio de Ray na Aquarius Records, mas ignorou-o. "Sim, o anúncio dizia 'Dead Kennedys – procurando baterista'. Estava em uma loja de discos local. Vi esse nome e pensei 'Não vou ligar para eles com *aquele* nome. Então coloquei meu próprio anúncio. Então, o Klaus me ligou! Acabou sendo melhor. Nessa época, havia muitas bandas realmente ruins, pessoas procurando outros músicos. Muita gente estava começando. Naquela época, todo mundo que sabia tocar dois acordes estava tentando formar uma banda. Fiquei agradavelmente surpreso quando fui fazer o teste e vi que Ray e Klaus eram ótimos músicos".

A apreciação era mútua. "Ele foi a primeira pessoa que nos acelerou em uma das músicas", diz Klaus. "Todos os outros eram arrastados. Na verdade, Bruce nos levou a tocar além do ritmo. Então eu simplesmente entreguei uma cerveja a ele e disse 'Quer fazer parte da banda?'. Ele disse, 'Claro', e foi isso. Então ensaiamos mais ou menos cinco dias por semana para nos preparar para aquele show". A lembrança que Ted tem daquele encontro é parecida. "Acho que o primeiro teste foi na casa do Ray. Ele me disse depois, 'Você é o primeiro baterista que consegue nos acompanhar. Quer tocar na próxima semana? Temos um show'". O que Ted fez com as músicas? "Elas pareciam simplesmente muito rápidas. Eram boas o bastante e eram divertidas de tocar". A primeira sensação de Ray foi de alívio. "Bruce entrou para a banda apenas uma semana antes do show. Mas, por sorte, ele é um baterista muito talentoso! Estávamos fazendo testes com bateristas na minha garagem. Ainda moro a um quarteirão de onde começamos. Infelizmente, a garagem foi demolida. Então, ensaiávamos lá, mas, assim que conseguimos um baterista, os vizinhos começaram a perceber. Tivemos que nos mudar". Carlos, aka 6025, foi indicado à banda pouco antes e teve os mesmos cinco dias antes da estreia ao vivo.

O Dead Kennedys fez sua estreia no Mabuhay Gardens em 19 de julho de 1978. Com o crescimento da popularidade do "Fab Mab", San Francisco tinha sua primeira casa estabelecida para bandas punk. Um dos principais motivos disso é que sua licença permitia a entrada de menores de 21 anos. Funcionava mais ou menos assim: a casa, na verdade, era um restaurante até por volta das 23h, quando os patrões eram chutados e uma multidão bem diferente entrava. Três horas de música e bebida. "O motivo das cenas punks não terem começado tão cedo em muitas cidades americanas", percebe Biafra, "é que as casas não eram para todas as idades. Então era mais banda de bar tocando covers do Fleetwood Mac, fazendo quatro entradas numa noite para adultos chapados. Isso era tudo que era permitido de música local. Incluindo minha cidade natal, dominada pelo country rock, e todos queriam ser os próximos Eagles".

O show provou a todo mundo que eles tinham algo de especial. "[O Mabuhay] era o máximo a que você poderia chegar em San Francisco", lembra-se Ray, "porque o Blondie tinha tocado lá na época, coisas assim. A coisa que eu me lembro é que não tínhamos um repertório completo, tocávamos durante 20 minutos. Mas estávamos tão animados que tocamos o repertório de 20 minutos em 15 minutos!". Klaus também estava extasiado. "Até fizemos um bis, mesmo sendo a banda de abertura, e havia várias outras bandas na programação. Então tivemos que repetir 'Rawhide' ou algo assim, porque não tínhamos mais nada". Biafra se lembra que o set acabou em apenas 11 minutos e que o bis foi "Man With The Dogs", que não fazia parte do repertório principal. "Foi realmente selvagem, muito divertido", entusiasma-se Ted. "Imediatamente, tivemos uma excelente recepção. Foi muito encorajador, uma viagem no palco. Realmente tocamos muito rápido e tivemos uma ótima resposta. A banda decolou naquela hora, foi muito excitante".

A partir daí, eles tocaram regularmente em San Francisco, apesar da notoriedade do nome necessitar de alguma variação na programação. The Creamsicles e Pink Twinkies foram duas bandeiras de conveniência, porém (e contrariamente aos registros em outros lugares) eles nunca foram conhecidos como The Sharks. "Cada um deles foi usado uma vez para tocarmos infiltrados em bailes escolares", lembra-se Biafra. "O primeiro funcionou; o segundo, não. The Sharks era como o Ray queria chamar a banda!" O citado show do Creamsicles, organizado na Moraga High School como um baile de Natal sob a bandeira do Whittler's Club (uma fraternidade sancionada, mas inativa), acabou sendo um show punk disfarçado com abertura do Sudden Fun e The Zeros. "A imagem que ficou", relatou John Marr no livro *Gimme Something Better*, "é da banda tocando sua música, enquanto Biafra era arrastado para o fundo da lanchonete. Foi muito divertido".

O terceiro show deles no Mabuhay resultou em uma pilha de móveis quebrados e um sermão de Dirksen sobre "violar o teatro da ilusão". Em um show no Project One (também chamado The Pit), a comunidade hippie local se opôs ao público que compareceu para ver o DK, Mutants e KGB. O promotor Paul 'Rat' Bakovich iria, posteriormente, mudar suas atividades para o número 330 da Grove Street e continuar, mas o show do The Pit é marcante por ter recebido a primeira atuação pública de "The Biafra" [em português, "O Biafra"]. Qualquer um que tenha visto o vocalista ao vivo sabe que ele gosta de atuar em suas criações, incorporando fisicamente personas de pregadores embriagados de poder, executivos e políticos corruptos. "The Biafra" viu pessoas do público escalarem o palco e tentarem imitá-lo, como uma dublagem sem sentido do refrão.

Inevitavelmente, o nome continuou a causar complicações. Entre aqueles que reclamavam de seu desrespeito à família-líder da América estava o colunista Herb Caen, vencedor do prêmio Pulitzer. Em 1978, ele escreveu no *San Francisco Chronicle*: "Justamente quando você pensa que o mau gosto atingiu o limite, surge um grupo punk rock chamado The Dead Kennedys, que se apresentará no Mabuhay Gardens no dia 22 de novembro, dia do 15º aniversário do assassinato de John F. Kennedy. Apesar dos vários protestos, o proprietário do Mabuhay diz 'Não posso cancelá-los agora – existe um contrato'. Aparentemente, não o tipo de contrato que algumas pessoas têm em mente". Claro, não foi a última vez na história da banda que a histeria da imprensa simplesmente deu mais atenção à sua causa. O Mabuhay recebeu diversas ameaças de bomba e havia um caminhão de bombeiros estacionado ameaçadoramente do lado de fora aquela noite – mas a casa estava lotada. Como Biafra diz, "todas as mentes estranhas da área se arrastaram das profundezas para nos ver".

A verdade é que Dirksen, inicialmente, *havia* cancelado a banda, mas somente para agendar um show da lenda do jazz Sun Ra. "Mas então Herb Caen reclamou, aí ele teve que nos trazer de volta!", brinca Biafra. "Sun Ra tocou primeiro, então o preço da entrada caiu e nós tocamos. A reação dos muçulmanos negros do público do Sun Ra, com suas gravatas borboleta, foi impagável: eles tentaram fugir do local o mais rápido possível. Sun Ra gostou da gente, no entanto!".

Search And Destroy era a estimada publicação punk de San Francisco fundada por V. Vale, que havia trabalhado ao lado do poeta Lawrence Ferlinghetti na livraria City Lights – o modelo sobre o qual Geoff Travis fundou a Rough Trade, no Reino Unido. Quando ele anunciou sua decisão de começar um fanzine punk, no Natal de 1976, tanto Ferlinghetti quanto Allen Ginsberg ajudaram a financiá-lo. *Search And Destroy* publicou o primeiro grande perfil da banda em setembro de 1978, sob uma falsa manchete do *San Francisco Chronicle*. Ao lado de letras e fotos da formação original com cinco integrantes, a banda apresentou uma lista de influências que incluía os Stooges, Silver Apples, Mick Farren, Hawkwind, Beefheart, Red Krayola e John Cooper Clarke, assim como seus pares contemporâneos F-Word, Deadbeats e Half Japanese. Na entrevista, Biafra criou um admirável precedente ao se referir a um grande número de temas políticos para promover a banda, vacilando por frações de segundos.

Dead Kennedys: Fresh Fruit for Rotting Vegetables (os primeiros anos)

As primeiras sessões de gravação do Dead Kennedys aconteceram no Different Fur Studios, já bem estabelecido em San Francisco, e sob patrocínio de Bruce Connos, um respeitado artista da era beat, que também tirou as fotos para o *Search And Destroy*. Seu filme de arte *Report*, de 1965, continha filmagens recorrentes da comitiva de JFK e foi exibido, sem o consentimento da banda, como pano de fundo de seu show no Mabuhay Gardens no aniversário do assassinato do presidente. "De repente, ele queria ser um produtor", lembra Ted. "Ele pagou por algumas sessões que fizemos nesse excelente estúdio de gravação chamado Different Fur. Biafra e Bruce nunca se olharam olho no olho. Foi um pouco produzido demais, não capturou a verdadeira essência da banda e a gravação não deu em nada". De acordo com Klaus, o resultado foram "versões incrivelmente lentas". Biafra acrescenta: "É, elas eram mais lentas, o hardcore ainda não havia chegado. Eu as escutei alguns anos atrás e achei que eram legais. Lembraram-me o Joy Division".

"Era a realização de um sonho que caiu do céu", lamenta Biafra. "Mas acabou não sendo o que achávamos que seria. Bruce Connor decidiu que ele queria começar a produzir bandas. Ele nos escolheu e fez um acordo em que trocaria arte com o [dono do estúdio e músico eletrônico] Patrick Gleason do Different Fur em troca de tempo no estúdio. Achamos que as coisas estavam soando muito bem. Mas então Connor fez uma mixagem bem diferente de 'California Über Alles' quando não estávamos por perto, que soava bem mais como Devo do que como Dead Kennedys. Não gostamos daquilo. Ele disse que era um direito do produtor interpretar a banda da maneira que ele desejasse. Não concordamos, então ele ficou louco com a nossa mixagem e disse que não deixaria nada daquilo ser lançado". Até hoje, não foram.

Extras de gravações confirmam que, nesse estágio, o repertório do Dead Kennedys ainda não tinha a pegada, malevolência e, especialmente, o ritmo do modelo finalizado. Mas, clandestinamente, circulavam fitas das demos da banda que valem investigações sobre o desenvolvimento do ciclo de músicas que levaram ao *Fresh Fruit*. A origem dessas gravações está, há muito tempo,

Acima, à direita: Jello Biafra às vezes incorporava um político em cima do palco e a resposta da plateia era primordial. Gladhand (CA), em 1978. (Foto: Ruby Ray)

Abaixo, à direita: O banheiro feminino do Mabuhay Gardens, em 1978. Sally Webster (da banda Mutants) e todo mundo passava o tempo ali. (Foto: Ruby Ray)

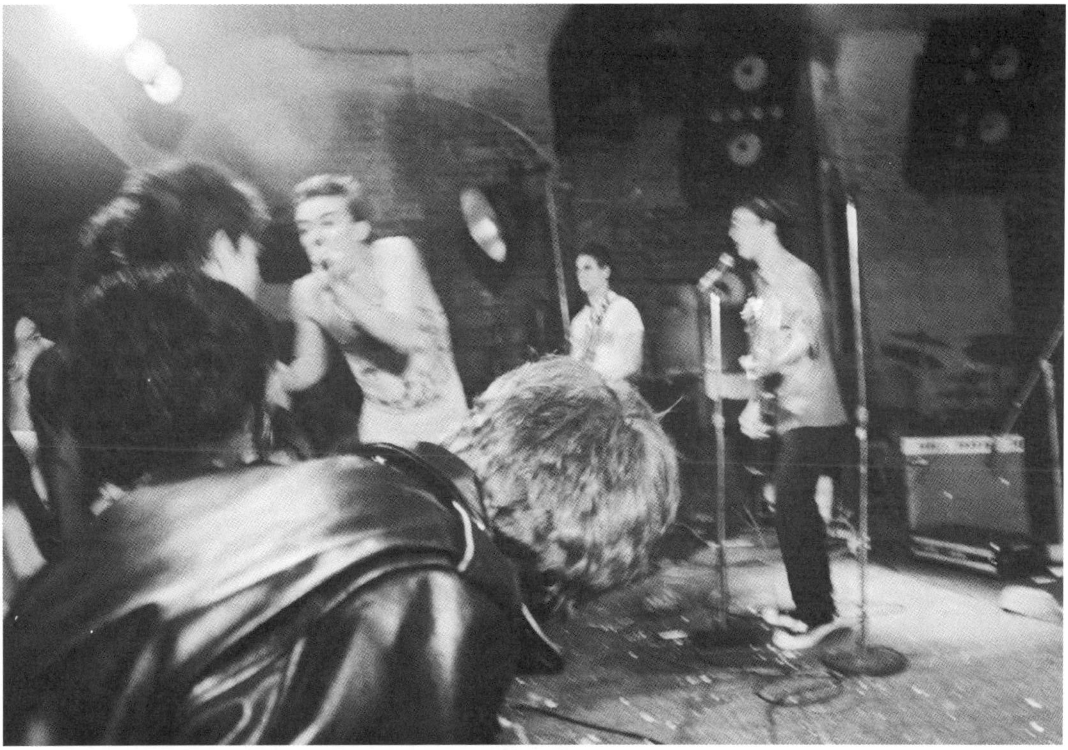

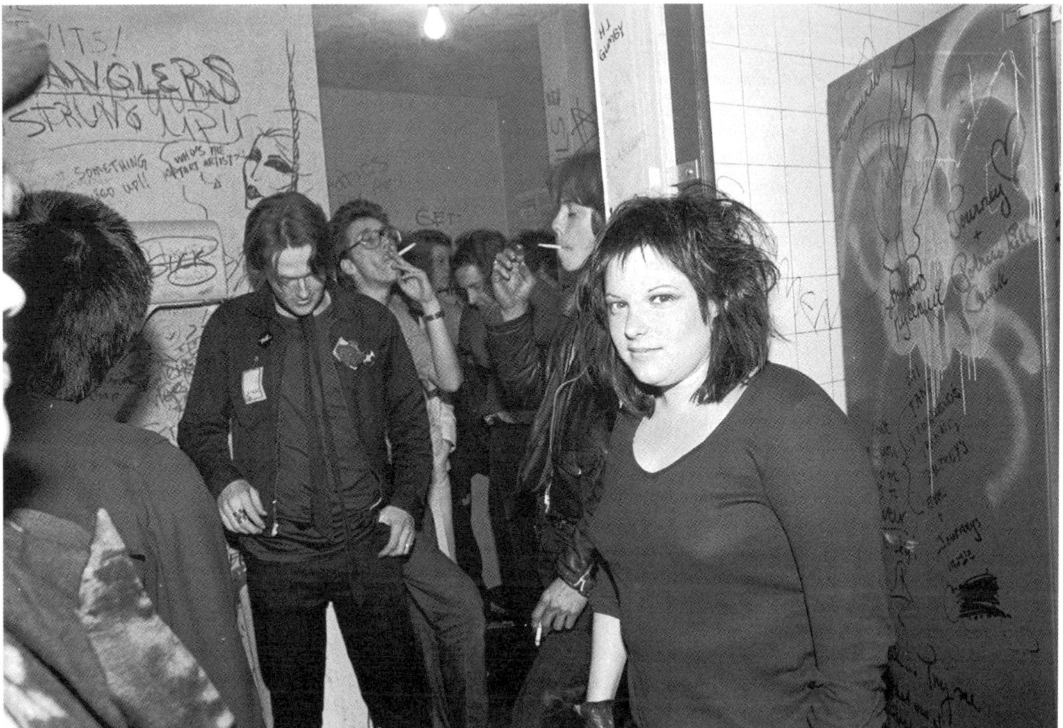
ITS!
ANGLERS
STRUNG UP!
SOMETHING
UP!!
WHO'S THE ART ARTIST?

KENNEDYS PLUS THE DEAD AND DV8 WITH NEGATIVE TREND

A DIRKSEN MILLER PRODUCTION

THE OFFS

WEDNESDAY JULY 19

MABUHAY Gardens
443 BROADWAY

m. ranger '78

envolta em mistério, apesar de Ray ter uma teoria de que a fonte pode ter sido um estúdio de gravação vizinho ao espaço onde eles ensaiavam. Biafra não caiu nessa. "Por que o Ray inventa essas histórias idiotas? Ele mesmo gravou as Demos de 78 em um gravador de cassete de alta qualidade em março de 1979! Nós o chamávamos de "Último Apoio do Carlos" porque era seu último ensaio antes de deixar a banda e queríamos ter tudo o que sabíamos gravado para a posteridade. Então, fizemos o show no Deaf Club e ele foi embora".

Certamente, a qualidade do som indicava – ao contrário das gravações no Different Fur – que as Demos de 78 eram sessões de ensaio, nunca com o objetivo de conhecimento público. E, mesmo assim, elas oferecem uma série de dicas e notas de rodapé. "Forward to Death" conta com um solo de guitarra roqueiro quase convencional. No entanto, "California Über Alles" é, estruturalmente, similar à versão conhecida, assim como na gravação de "Kill The Poor"; o vocal soa como se Biafra estivesse à beira de ter uma hérnia estrangulada. Enquanto "Your Emotions" tem um encerramento estendido, os "efeitos" que se tornariam a introdução de "Holiday In Cambodia" no álbum estão presentes, talvez como uma ameaça sombria menor. Em diversas outras faixas, os vocais são quase sussurrados ou falados, ao invés de empregar o estilo estridente geralmente associado a Biafra. A letra de "Holiday In Cambodia" também é diferente; a parte do verso "bragging that you know how the niggers feel cold" [em português, "se gabando de saber como os crioulos sentem frio"] é trocada aqui pela palavra menos visceral e controversa "blacks" ["negros"] (alguns bootlegs ao vivo confirmam que esse era o termo preferido nos primeiros shows). Há também pequenas mudanças na letra de "I Kill Children", apesar de ser a única música – ao lado do cover de "Viva Las Vegas" – que chega mais perto de replicar a urgência de sua encarnação em *Fresh Fruit*.

Entre as músicas não lançadas, "B-Flag" (como foi rotulada por engano) é uma versão primária de "Kepone Factory". "Take Down" apresenta um riff punk padrão com Biafra conduzindo como uma líder de torcida demente, enquanto "Cold Fish" é o mais próximo que a banda chegaria de um pastiche direto dos Ramones (à maneira de Johnny Moped). Mas as verdadeiras surpresas são "Undercover", também conhecida como "Dreadlocks Of The Suburbs", um bem humorado flerte com o reggae, e a estranha, repetitiva e *avant-jazz* instrumental "Psychopath", que revela-se (e deleita-se) como uma homenagem de 6025 a Beefheart. "'Psychopath' é, na verdade, 'Mexican Monster Babies'", diz Biafra, "que também é uma música dos Healers. Eu a excluí depois que o Carlos saiu e John Greenway me pediu que não usasse mais músicas dos Healers. E eu não usei".

No entanto, o tempo de Carlos na banda estava chegando ao fim. Ele sairia após um último show no Deaf Club em 3 de maio de 1979 (o repertório foi lançado em 2004, como *Live At The Deaf Club*). Ele voltaria para assumir o papel de convidado em *Fresh Fruit*.

Acima, à direita: Flyer do show do Dead Kennedys no Deaf Club. 3 de março de 1979.
Abaixo, à direita: Flyer do show do Dead Kennedys, Controllers e Young Adults, no Aitos, em Berkeley (CA). 25 de novembro de 1979.
Páginas 48-49: Algumas partes do famoso pôster que acompanhava o LP *Fresh Fruit For Rotting Vegetables*, concebido por Jello Biafra.

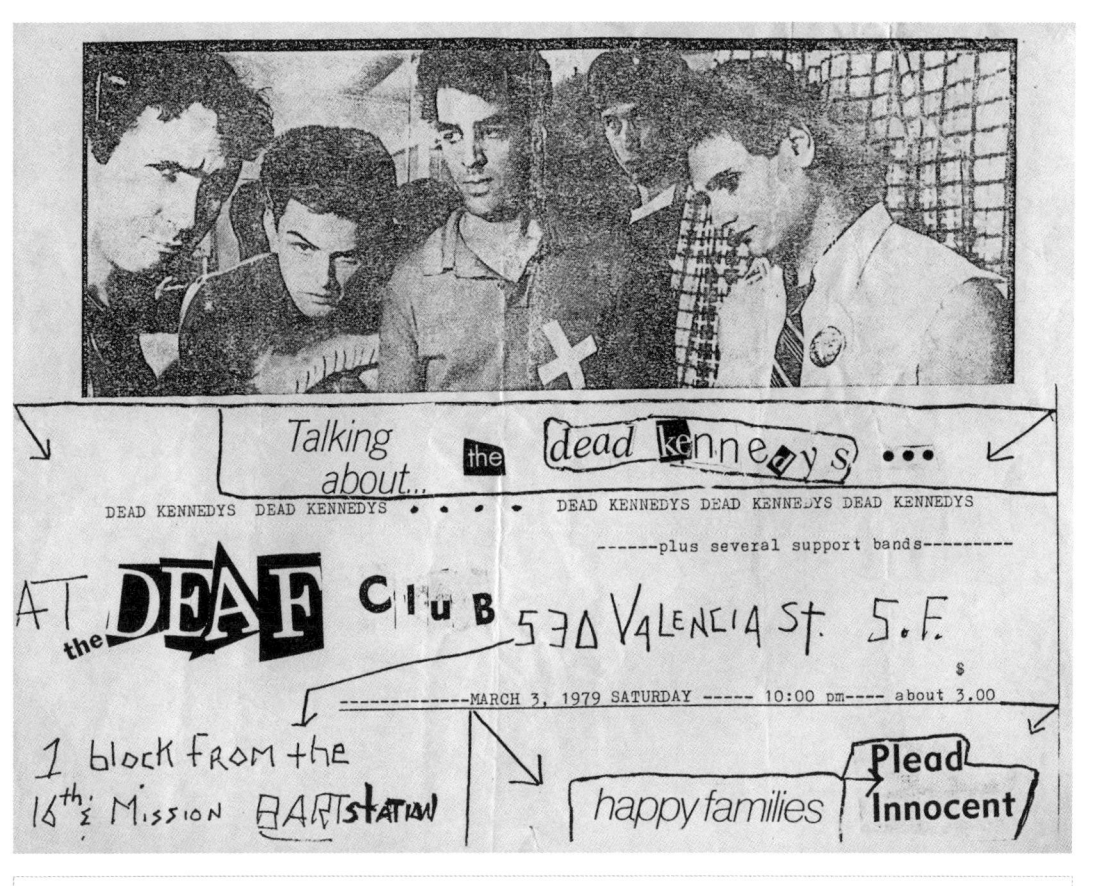

Talking about... the dead kennedys ...

DEAD KENNEDYS DEAD KENNEDYS • • • • DEAD KENNEDYS DEAD KENNEDYS DEAD KENNEDYS

---------- plus several support bands ----------

AT the DEAF CluB 530 Valencia St. S.F.

-------------- MARCH 3, 1979 SATURDAY ----- 10:00 pm ---- about $3.00

1 block from the 16th & Mission BART station

happy families | Plead Innocent

---

dead kennedys
controllers
YOUNG ADULTS

saturday nov 25
9:30 p.m.

AITOS
1920 san pablo (corner hearst)

3 bucks

new wave hits berkeley!!
call 654 8768 for info
sound by third ear
video by target
minors o.k.

Tina has never had a Teddy Bear.

SPECIAL WEAPONS AND TACTICS
S.W.A.T.

People used to play with toys; now the toys play with them

He who loves me follows me

Chi mi ama mi segua.

jesus jeans

Die,

Suckers

Roll-a-Role

Seduction

Xaviera's Happy Hooker Game

LIE CHEAT

The Claws of

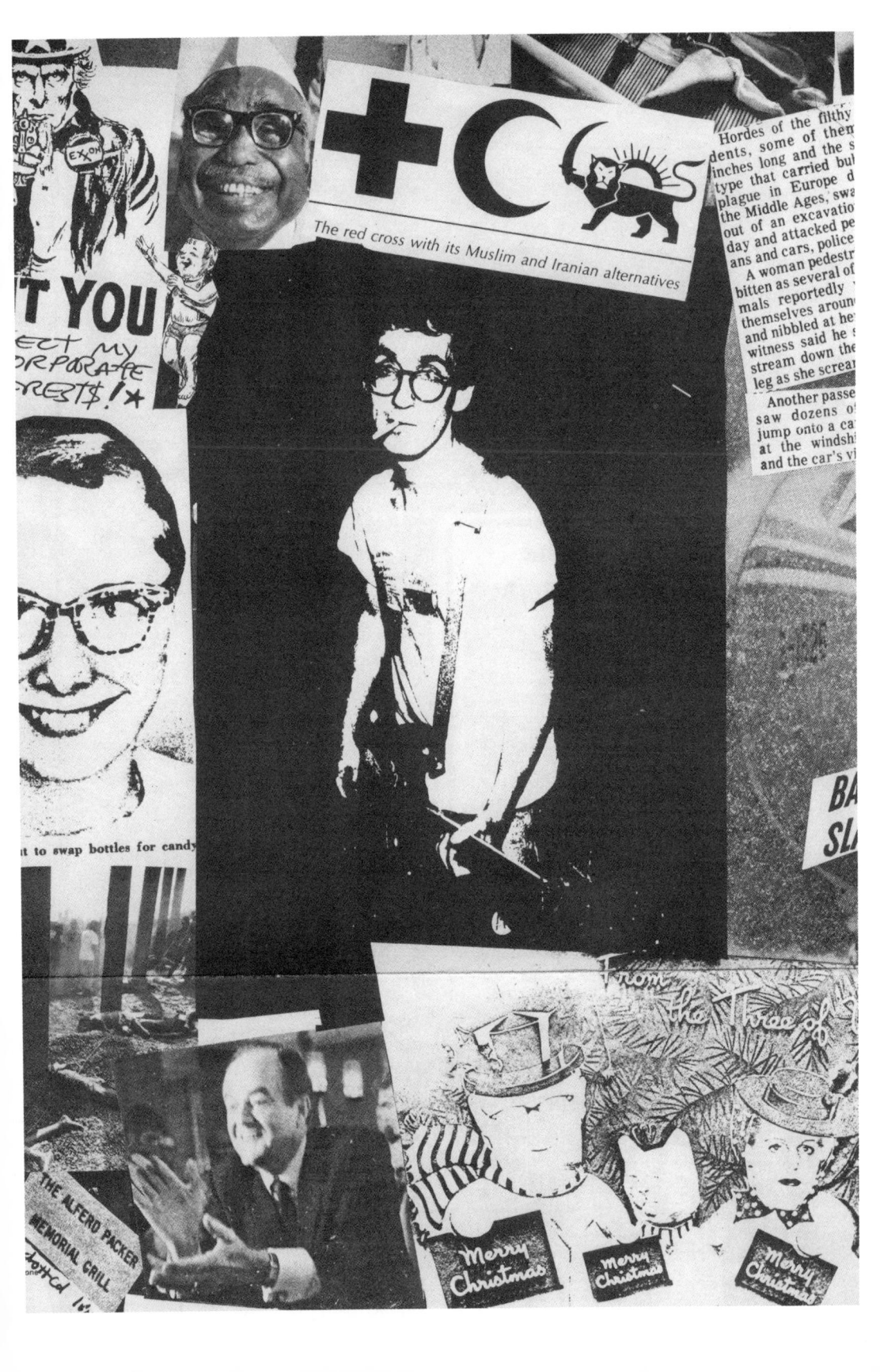

The red cross with its Muslim and Iranian alternatives

THE BOSS IS BACK!
Less hungry nonrewarded
Less hungry rewarded
Hungry nonrewarded
Hungry rewarded
Error scores
Days
"Degrees of Hunger, Reward and Non-Reward, and Maze Learning in Rats,"
Figure 69. The Effect of a Food Reward on Maze Learning in Rats
HI, I'M EXXON. KISS MY GASS!
BUY MORE WAR BONDS
AT THE SIGN OF THE OLD
EXXON
DOUBLE CROSS
AMERICAN RENEWAL
AMERICAN RENEWAL
By the Editors of Time, Life, Fortune, Sports Illustrated, Money, People and Discover
DO IT!
Fortune
Special Project

CAPÍTULO 3
Você vai correr a corrida principal

"De certa forma, a Califórnia é um lugar esquisito. Ela virou suas costas para o mundo e está virada para o vazio do Pacífico. Ela é absolutamente egoísta, muito vazia, mas não é falsa. E, pelo menos, não está cheia de falsos esforços."

(D.H. Lawrence)

Depois da frustração com as sessões no [estúdio] Different Fur, a banda se reuniu em um estúdio local para preparar seu single de estreia. O principal problema eram os meios de distribuição. Havia poucos executivos de A&R [executivos focados em contratar artistas ("A") e formar um repertório ("R")] nas redondezas para assinar com bandas daquele tipo, e muito menos para uma banda cujo nome era uma bomba cultural. "Não havia nenhum negócio a ser feito", relata Biafra. "As grandes gravadoras haviam desistido de ter um relacionamento com o punk desde 1978, despedaçando os corações de muitas das bandas-chave daquela época que acreditavam que assinariam contratos. Todo mundo: Weirdos e Screamers, em Los Angeles; Nuns, Crime, Dils, etc., em San Francisco". Na verdade, com exceção da improvável aliança não consumada, nenhuma grande gravadora contratou uma banda punk americana entre 1978 (os Dickies, pela A&M) e 1985 (o Hüsker Dü, pela Warner). E, mesmo nesse caso, foi somente quando o Hüsker Dü mudou substancialmente sua sonoridade. O punk estava "acabado", apesar de ninguém ter contado isso ao Dead Kennedys ou, mais particularmente, a Biafra. "Não tinha acabado. Foi uma daquelas coisas que, vez ou outra, acontecem com todo músico. Ou você toca porque gosta de tocar, ou não toca de jeito nenhum. Você não toca para conseguir um contrato. Você não toca para ser grande ou famoso; você toca porque você quer tocar. Quando me mudei para San Francisco, meu objetivo era, como colecionador de discos, colocar meu nome num single de 7 polegadas. E poder contar aos meus netos que realmente tinha visto bandas como os Dils, Avengers e Ramones em clubes, antes que eles começassem a tocar em estádios".

A banda respondeu criando seu próprio selo, sob o nome Alternative Tentacles, hoje bem conhecido. Existiam poucas opções – ao contrário de alguns relatos, não havia manifestações de interesse de grandes gravadoras pela banda até que *Fresh Fruit* tivesse vendido bem na Inglaterra. Nessa época, a cena independente do Reino Unido estava bem estabelecida, com o Rough Trade, Chiswick, Beggars Banquet e outros selos liderando o páreo – mas não havia um único representante nos Estados Unidos. A primeira era do punk independente em San Francisco havia começado. A 415 Records (do dono da Aquarius, Chris Knab, e do produtor Howie Klein) tinha laços financeiros com Bill Graham, quase universalmente desprezado pelos punks, e seria, em breve, adquirida pela Columbia de qualquer forma. Após lançamentos iniciais do The Nuns e do Mutants, ela se afastou do punk para se concentrar em artistas "new wave", como Romeo Void. "Howie Klein, com a Sire Records, era o cara que promovia bandas new wave e de gravatinhas", lembra Ray. "Mas isso era *anti-punk*. E ele era contrário a nós desde o início. Ele queria promover bandas do tipo gravatinhas, "My Sharona" e bandas como o Blondie. Não me entenda mal, o Blondie era uma ótima banda. Não estou dizendo que new wave é ruim. Mas Howie Klein pensava que o punk nunca daria em nada nos Estados Unidos e que precisava promover mais artistas new wave. Agora, ele fala como se estivesse ao nosso lado o tempo todo, nos ajudando – ah, a hipocrisia! Mas ele estava dizendo para baixarmos o tom de nossas músicas e deixá-las mais new wave. Agora, ele diz que nos apoiava 100%". Biafra tem uma visão mais caridosa de Klein. "Ele não odiava o punk, ele estava desesperado para encontrar o novo The Clash. Mas os Dils o rejeitaram, então ele ficou com os Red Rockers. Um cara da indústria, sim, mas foi ele quem convenceu a Sire a lançar "Cop Killer" do Body Count [projeto de fusão rap-metal de Ice-T] e fez a Warner deixar o Ministry fazer *Land of Rape & Honey*. Ele também é uma das poucas pessoas de dentro da indústria a protestar publicamente contra [a ex-mulher de Al Gore e ativista da censura] Tipper Gore. Ele ainda é um ativista".

A Subterranean Records, fundada por Mike Fox e Steve Tupper, iria posteriormente ajudar a preencher o vazio e dar aval a bandas punks de San Francisco. Mas toda uma gama de ótima música foi perdida nesse ínterim. "Como eu gostaria de ter criado nosso selo dois anos antes", lamenta Biafra, "e lançar todos aqueles álbuns prontos para acontecer na região de San Francisco. The Avengers poderia ter feito pelo menos três discos, e, minha banda favorita de todas, The Screamers [de Los Angeles], nunca chegou a fazer um disco!".

"California Über Alles" foi lançada em junho de 1979 e era uma criação totalmente caseira. "Fizemos o single de 'California Über Alles' nós mesmos", lembra

Ray. "Lembro-me de enviá-lo para o Texas e recebê-lo de volta em nossa casa. Ted [que fez a capa original] e eu o vendíamos no porta-malas de nossos carros". Após vender a primeira prensagem, ele foi relançado pela Optional Music. "California Über Alles" foi moldada em torno do espectro do sotaque do governador [da Califórnia] Jerry Brown. Brown era um político ambicioso com uma ostensiva política de esquerda, que incluía a defesa da "economia budista". Inicialmente, Biafra o considerava tão perigoso quanto Nixon, "só menos propenso a cometer erros bobos". A referência da música ao "grande irmão se aproximando no cavalo branco" ["Big bro' on white horse is near"] foi parafraseada diretamente de um de seus discursos: "O que o povo americano está procurando é por um homem em um grande cavalo branco". O que combinava bem com as evidentes referências Orwellianas da música (e, analisando agora, também combinava com as angústias da comunidade punk a respeito da questão "gravadoras grandes versus independentes"). Surpreendentemente, o início da carreira de Brown foi financiado por David Geffen, o homem cuja companhia beneficiou o Nirvana e muito da "segunda geração" punk, nos anos 90. Ele também era publicamente favorável a Linda Ronstadt. The Eagles, Jane Fonda (mais tarde, mencionada em "Kill The Poor") e Francis Ford Coppola estavam entre os apoiadores de Brown.

Outras referências a "zen fascistas" na música remetem à adolescência de Biafra em Boulder, onde o idealismo dos anos 60 se tornou a ganância dos anos 70, fantasiado com o falso misticismo hippie. Em essência, é uma herança espiritual de "Who Needs The Peace Corps" do disco *We're Only In It For The Money* do Zappa, a música que ridicularizava os hippies do distrito de Haight-Ashbury, em San Francisco. Há também um aceno ao filme sobre o nazismo de Ingmar Berman, *O Ovo da Serpente*, de 1977 (ele próprio uma referência a uma citação de Brutus no *Júlio Cesar* de Shakespeare, sobre o imperador). O lado B, "Man With The Dogs", retratava outro personagem de Boulder, cuja rotina diária consistia em levar os moradores da cidade à loucura ao batucar e olhar fixamente em seus olhos; exatamente o tipo de "estranho desocupado" que costumava fascinar Biafra. O fim de "Man With The Dogs", um tipo de *garage* psicodélico falado dos anos 60 com o [pedal] Echoplex de Ray enfiando um sequência repetida de acordes em indiferença sonora, era uma primeira indicação de que a banda não iria se limitar ao punk tradicional.

No fim, a política de Jerry Brown iria, perversamente, se aproximar daquela de Biafra. "Jim Carroll [o finado músico punk e autor do livro *The Basketball Diaries*] me disse que tinha visto Brown no Savoy Café, em North Beach; ele foi então à Recycle Records do outro lado da rua, comprou o single e deu a ele de presente, na época em que Brown era governador", Biafra se lembra. "Não ficamos sabendo disso. Vários anos depois, Brown realmente mudou muito seu posicionamento para a esquerda e estávamos os dois trabalhando com o grupo Earth First. Encontrei o [cineasta] Michael Moore em uma palestra em San Francisco. Todos fomos a um armazém em Oakland, onde o pessoal do Jerry Brown estava oferecendo um enorme jantar. Uma das pessoas que estava trabalhando com o Jerry se aproximou e disse 'Ah, Jerry, este é o Jello! Toquei sua música para o Jerry hoje de manhã!'. Nem imagino o tom de vermelho que minha cara ficou! Ele parecia mais ou menos compreensivo".

Na opinião de Ted, eles nunca superaram a versão original de "California Über Alles". "Para mim, aquela versão era a melhor. Era uma excelente gravação. Era muito mais crua do que aquela das sessões no Different Fur. Acho que a faixa ainda soa melhor do que aquela que está em *Fresh Fruit*. Era só um estúdio local, no porão da casa de Jim Keylor em San Francisco". Keylor, um músico renomado em San Francisco, que havia tocado no The Oxford Circle (precursores do Blue Cheer), estava em processo de montar o seu estúdio, chamado Army Street. Esse estúdio se tornaria, durante algum tempo, um ponto de encontro da comunidade musical local. "Ele era o engenheiro de som, ao lado de Ray, eu acho", continua Ted. "Mas o som era ótimo. Era excitante. Acho que tem muito mais energia do que a versão que fizemos no *Fresh Fruit*. A bateria era um pouco mais singular, em parte porque a música tinha acelerado bastante em comparação ao que havíamos criado até a gravação do *Fresh Fruit*. Nessa época, era difícil fazer todas aquelas partes com o dobro do ritmo".

Biafra – que já afirmou ter a ambição de colecionar todos os discos punks já lançados – foi vencido por uma antiga raridade inglesa da banda The Users, "Sick of You", lançada pelo selo Raw Records, de Cambridge. Ele se deu ao trabalho de levar o single ao estúdio para mostrar a Jim Keylor a sonoridade que ele queria alcançar na mixagem final. "Mas o timbre da guitarra de Ray era tão diferente, que não tínhamos nem chance". No entanto, ele concorda com Ted na primazia daquela gravação da música. "É, acho que as versões dos singles de todas as nossas músicas são melhores que as dos discos. Mas percebi isso em outros discos daquela época, que a versão da música no álbum raramente soava tão boa quanto no single. Na primeira vez que você grava uma música, principalmente se você nunca gravou antes, você dá tudo de si. E Jim Keylor foi além para fazer com que a gravação fosse boa. E regravar 'California Über Alles' e 'Holiday In Cambodia' foi meio que um saco. 'Espere um pouco, já fizemos isso antes!'".

De todo o catálogo do DK, "California Über Alles" teve a maior sobrevida, em parte porque Biafra a atualizou constantemente. (5) Um ano após o lançamento de *Fresh Fruit*, ela se tornou "We've Got A Bigger Problem Now" no EP *In God We Trust, Inc.*, refletindo a eleição de Ronald Reagan à presidência. "Aquilo era apenas o resultado de uma banda zombando em ensaios e passagens de som", comenta Biafra. "Will Shatter, do Flipper, que era um dos críticos mais severos – e um dos críticos mais severos de *todo mundo*! –, disse: 'vocês estão engessados, tocando [a música] sempre do mesmo jeito – porque não tocam *daquele* jeito?' Então acabou se tornando uma versão alternativa".

Dado que a Califórnia achou por bem eleger uma legião cada vez mais surreal de governadores, não é surpresa que a candidatura de Arnold Schwarzenegger, em 2003, tenha dado munição para que Biafra revisasse a letra novamente. Ela seria reimaginada como "Kali-Fornia Über Alles 21st Century", tanto com o Melvins (uma versão ao vivo foi incluída na segunda colaboração da banda com Biafra, o disco *Sieg Howdy*, de 2006) quanto com sua banda atual, o Guantanamo School of Medicine. Sua capacidade de incorporar um estereotipado e mordaz sotaque austríaco é uma deliciosa ironia.

A própria frase já caiu no jargão popular. O escritor germano-americano Gero Hoschek escreveu um roteiro (até agora não filmado, apesar de Biafra ter dado sua benção) com o título, depois de nomear o seu artigo na revista *Zeit* em honra ao estado dourado da Califórnia. Então, aconteceu um bizarro episódio em 2010, quando um comentarista de direita maliciosamente (afinal, ninguém é *tão* estúpido) insistia que "California Über Alles" era a música tema perfeita para a campanha da republicana Meg Whitman. Uma campanha na qual ela foi derrotada e perdeu para nosso velho amigo Jerry Brown. "O primeiro single da banda, lançado em 1979, fará o coração de qualquer conservador californiano pular, garanto", despejou Chip Hanlon. A calculada chuva de merda que se seguiu foi suficiente para que Ray aparecesse em seu programa de rádio, para corrigir a história.

A banda continuou tocando ao vivo sempre que podia. Sua primeira turnê na costa leste dos EUA foi uma aventura desconhecida para uma banda punk da

Califórnia, incluindo um memorável show no Rat, em Boston. "Primeiro, voaram os jarros de cerveja e as bandejas", lembra Biafra. "Então, a mobília voou. Quando voltamos para a segunda entrada, todos haviam se afastado, encostando-se nas paredes. A única banda que eu sei que teve uma reação assim foi o Stooges. Então eu estava muito orgulhoso por aquela noite – um dos meus shows preferidos de todos os tempos. 'Bem vindos à costa oeste, seus desgraçados!'". A história sobre ele ser agredido por uma garçonete indignada (incluída no DVD de aniversário de 25 anos de *Fresh Fruit*), infelizmente é falsa. "Ela arranhou meu peito – grande coisa – e deixou o recinto".

Eles também tocaram no Max's Kansas City em Nova York, abrindo para o Voodoo Shoes, uma programação no mínimo inapropriada. "Aquela turnê foi um saco", lamenta Biafra, "porque, no nordeste, os shows não eram para todas as idades. Era uma cena horrível de bandas de bares com mesas e cadeiras. Às vezes, alguém se levantava e dançava com seu par e... Argh! Isso foi no início de 1981, nós tínhamos acabado de chegar do sucesso no Reino Unido, onde finalmente tínhamos tocado em grandes casas e éramos influentes para exigir shows para todas as idades. Os críticos ridicularizavam isso, diziam que era uma jogada. Mas aqueles garotos montaram bandas de hardcore e os críticos perderam seus empregos". A viagem também se mostrou um desastre financeiro. "Fomos para Nova York e perdemos nossas camisetas nos voos", pontua Ray. "Quando voltei, Bob Last [fundador do selo Fast Product] me ligou e disse que queria eliminar 'California'".

"Jim Fouratt, do clube chamado Hurrah's, havia recepcionado Bob em Nova York e mostrou-lhe um monte de discos", lembra Biafra. "Os que Bob Last mais gostou foram 'California Über Alles', o EP de estreia do Middle Class e outro duo de San Francisco chamado Noh Mercy. Ele curtiu esses três. E 'California Über Alles' já existia como um single destruidor, então tínhamos algo para lançar sem precisar gravar ou pagar. Eu fiquei empolgadíssimo porque sabia o quanto a Fast Product era importante naquela época. As pessoas estavam esperando ansiosas pelo próximo single da Fast, afinal eles já tinham lançado Gang of Four, Mekons, Human League, Scars e outras bandas. Bob Last merece um agradecimento. Sem ele, o Dead Kennedys teria acabado em um ano e meio".

"Sentia como se tivesse sido arrebatado, porque tudo aconteceu muito rápido", diz Klaus. "Provavelmente, todos tínhamos o mesmo sentimento. Tivemos alguns momentos mais fracos; nossa primeira turnê na costa leste foi uma imensa bagunça. Quando voltamos da turnê, as coisas voltaram ao normal". Realmente, ninguém da banda tem boas lembranças desse período. "Fizemos uma turnê na costa leste e fomos a Nova York como totais desconhecidos", lembra Biafra. "Talvez tenha sido precipitado. Eu passei por um choque cultural. Alguns dos outros caras... Você começa a aprender um pouco mais sobre todo mundo dessa maneira, e eu não estava gostando do que via. Os caras que haviam tocado em bandas de bar estavam agindo daquele jeito novamente e eu estava tipo, 'bem, talvez seja o fim'. Mas eu ia esperar e ver se o single iria dar em algo. E deu! Eu sabia que era um disco realmente bom, as músicas eram boas e o som em si era mais poderoso do que muitos dos outros singles caseiros de punk que eram lançados naquela época".

Bob Last, cuja Fast Product realmente produziu uma quantidade de singles quase sem comparação antes de fechar o selo (para garantir a "mística do selo"), tem lembranças um pouco diferentes. "Jim Fouratt era um bom amigo, nessa época. Fui a Nova York e fiquei com ele, mas o Dead Kennedys, na verdade, foi uma completa coincidência. Tanto o Noh Mercy quanto o Middle Class eram coisas que chamaram minha atenção por causa do [crítico] Jon Savage, e eu adorei. Acho que ouvi o Dead Kennedys – não tenho certeza se o John Peel havia me falado deles. Nessa época, éramos muito próximos do Peel. Eu provavelmente liguei para ele durante seu programa – 'Quem diabos são essas pessoas – qual o telefone delas?' É assim que eu me lembro". Biafra admite que não consegue se lembrar da ordem das coisas: se foi Bob Last quem ligou para ele e mencionou Fouratt, ou vice-versa.

Em uma das primeiras notícias da banda na grande imprensa, a *Sounds* declarou o single como "punk Wagneriano produzido de maneira tão suja quanto a bunda de um urso". "California Über Alles" seria o último lançamento do selo, apesar de ter sido o de maior sucesso. "Eu achava que era uma música muito engraçada e legal", lembra Jon Langford, do The Mekons (que também era do selo Fast), "mas estávamos a ponto de sair da Fast para uma grande gravadora – Bob estava bem inclinado nesse sentido. Tive a impressão de que ele estava encerrando o selo". Bob confirma que era isso mesmo. "Só lançamos 'California' porque era o melhor que tínhamos para encerrar uma série de singles – não poderia terminar melhor que isso. Minha sócia Hillary e eu tivemos algumas discussões sobre fazer um álbum; não que eu não estivesse interessado no disco deles, era

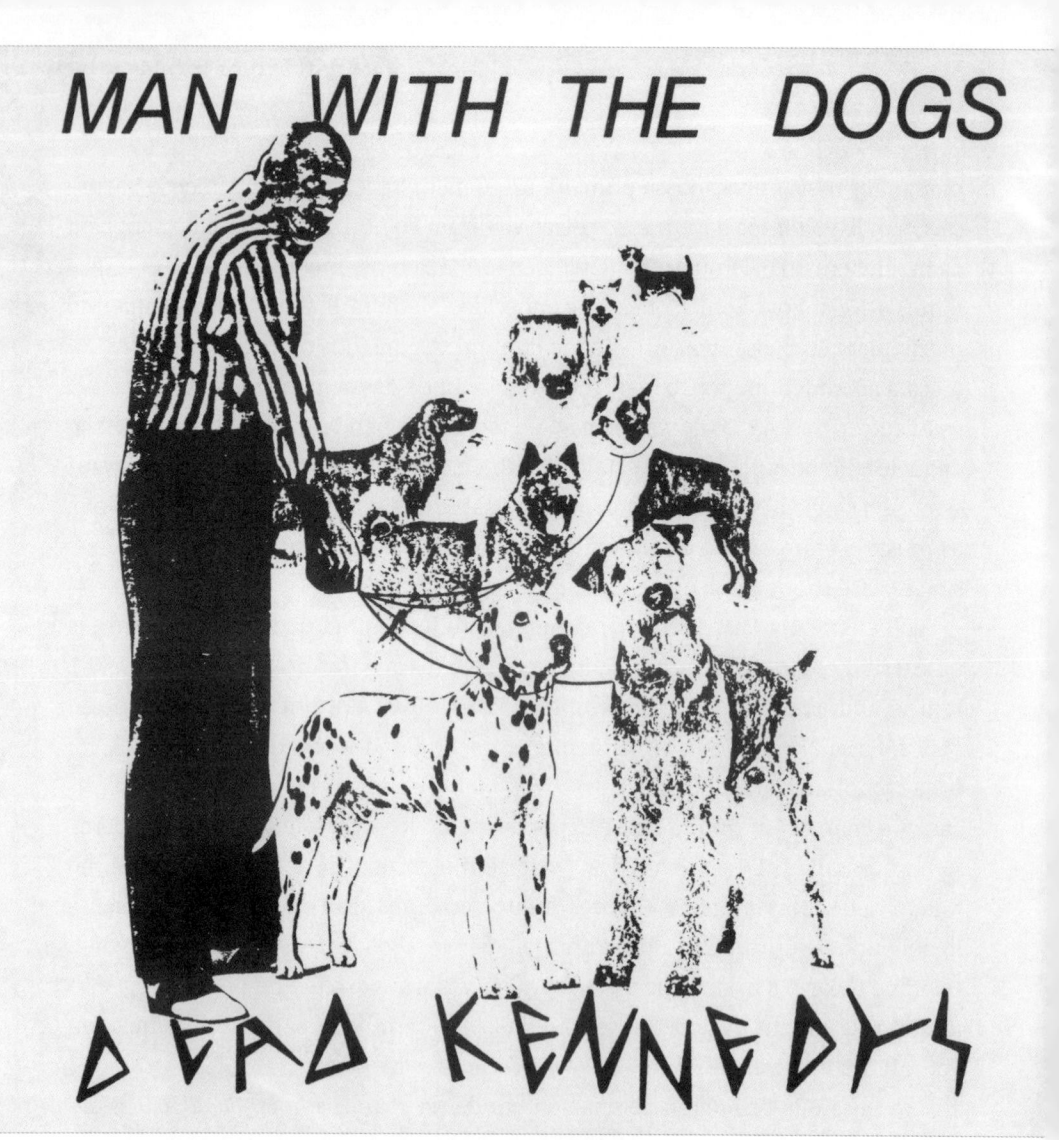

MAN WITH THE DOGS

DEAD KENNEDYS

I AM GOVERNOR JERRY BROWN
MY AURA SMILES AND NEVER FROWNS
SOON I WILL BE PRESIDENT
CARTER POWER WILL SOON GO AWAY
I WILL BE FUHRER ONE DAY
I WILL COMMAND ALL OF YOU
YOUR KIDS WILL MEDITATE IN SCHOOL
    chorus
CALIFORNIA UBER ALLES
UBER ALLES CALIFORNIA
ZEN FASCISTS WILL CONTROL YOU
HUNDRED PERCENT NATURAL
YOU WILL JOG FOR THE MASTER RACE
AND ALWAYS WEAR THE HAPPY FACE
CLOSE YOUR EYES, CAN'T HAPPEN HERE
BIG BRO ON WHITE HORSE IS NEAR
THE HIPPIES WON'T COME BACK YOU SAY
MELLOW OUT OR YOU WILL PAY
    chorus

NOW IT IS 1984
KNOCK KNOCK AT YOUR FRONT DOOR
IT'S THE SUEDE DENIM SECRET POLICE
THEY HAVE COME FOR YOUR UNCOOL NIECE
COME QUIETLY TO THE CAMP
YOU'D LOOK NICE AS A DRAWSTRING LAMP
DON'T YOU WORRY IT'S ONLY A SHOWER
FOR YOUR CLOTHES HERE'S A PRETTY FLOWER
DIE ON ORGANIC POISON GAS
SERPENT'S EGGS ALREADY HATCHED
YOU WILL CROAK YOU LITTLE CLOWN
WHEN YOU MESS WITH PRESIDENT BROWN
    chorus

DEAD KENNEDYS
JELLO BIAFRA: VOCALS
KLAUS FLOURIDE: BASS, VOCALS
E. B. RAY: GUITARS
TED: DRUMS

PRODUCED BY JIM KEYLOR AND DEAD KENNEDYS
ENGINEER: JIM KEYLOR
COVER ARTWORK BY BRUCE SLESINGER

SEND INFORMATION TO LUNCH'S LANE, SAN FRANCISCO, CA 94110

OPTIONAL MUSIC DISTRIBUTED THRU:
SYSTEMATIC RECORD DISTRIBUTION
BERKELEY INDUSTRIAL CT, SPACE 1
1331 HEINZ AV, BERKELEY CA 94710
(?) PUBLISHED

DEAD KENNEDYS

california über alles

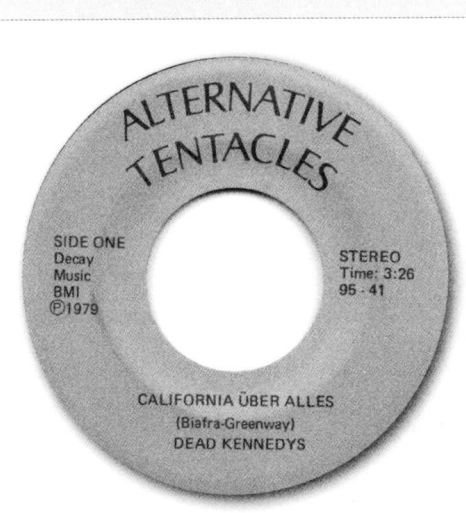

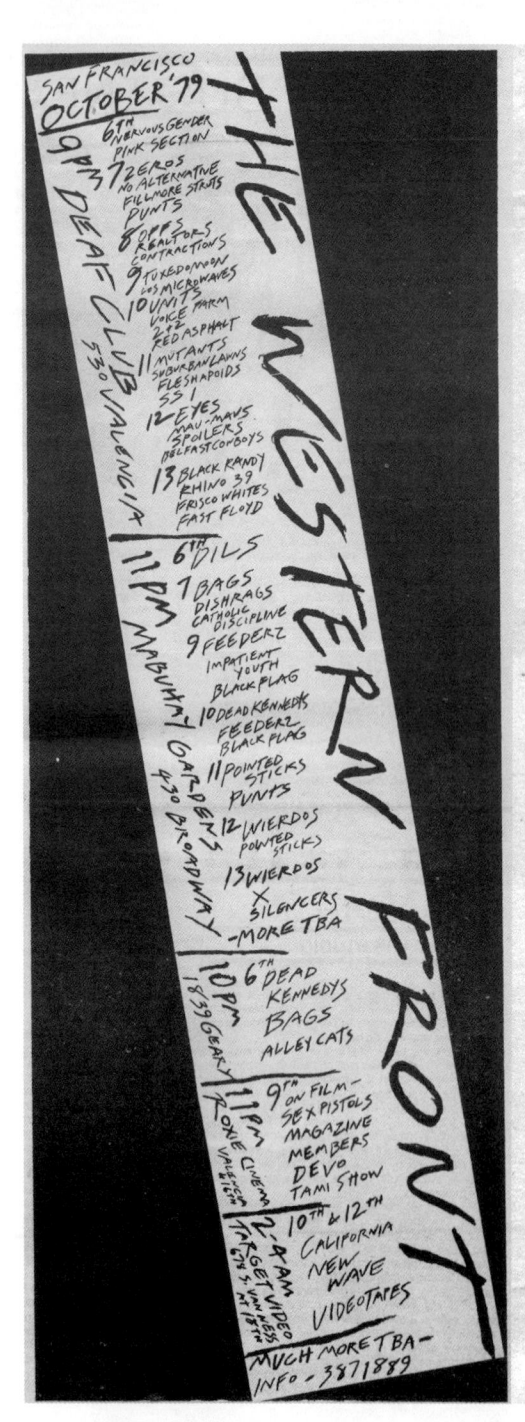

THE DEAD KENNEDYS (California Uber Alles/The Man with the Dogs)
Alternative Tentacles Records

"Alles" is a very apparent parody. This months great gimmick record, it should replace "Rock Lobster" in college dorm rooms as a hip single. With a name like Dead Kennedys I expected a lot more than a Jerry Brown as Hitler parody. But I did get more. The music for example — it's not your standard punk slam. True the guitar distort is on full throttle but there's a wierd echoplex warp device too, the drummers rhythms are closer to jazz than to 4/4 slam slam and lead crooner Jello Biafra has a bizzare Bryan Ferry type warble to his high pitched voice. Sweet and nasty. "Alles" has always been a high point of the Kennedys great live performance and though I find the mix too guitar heavy, the impact has not been lost in the vinyl transfer process. You know what? I like "Man with the Dogs" even better. More driving, more sarcastic fun and a great line, "What's inside is a pubic hair, a cobweb there, but you just don't care". The Dead Kennedys are much more than this year's political gimmick joke band. They are more than the Eighties answer to Country Joe and the Fish. In fact they might be one of the most important bands to come out of this scene. This single gives you all the clues as to why...

Z.

Páginas anteriores: Primeira e segunda prensagem do single "California Über Alles" / "Man With The Dogs", edição americana lançada em 1979 (Alternative Tentacles / Optional Music).
Acima: A resenha do single + lista de shows, publicados na revista *Slash* Vol. 2 No. 9, em outubro de 1979.
À direita: A edição inglesa do single "California Über Alles" / "Man With The Dogs", lançada em 1979 (Fast Product).

FAST
california über alles
Dead Kennedys

handwritten lettering
FAST PRODUCT
DEAD KENNEDYS
California Uber Alles (3.26)
(sound diagrams/decay music) ©℗
A side F12 stereo 45 rpm
ALL RIGHTS OF THE MANUFACTURER AND OF THE OWNER OF THE RECORDED WORK RESERVED UNAUTHORISED PUBLIC PERFORMANCE BROADCASTING AND COPYING OF THIS RECORD PROHIBITED

FAST PRODUCT
handwritten lettering
Made in France
DEAD KENNEDYS
CALIFORNIA UBER ALLES (3'26)
(sound diagrams/decay music) (C) (P)
A side F 12
stereo 45 rpm

WARning

It is remarkable that we are willing to sacrifice for a war but we won't sacrifice to avoid a war.

It is remarkable that we are willing to kill & die in order to keep our cars on the road. But what good is a car if you're dead? What good is a car if you can't afford to fill it with that precious gasoline?

It is remarkable that we are willing to spend billions of dollars on a massive war effort to "protect" oil fields that are no more ours than they are the Russians'.

It is remarkable that we will spend billions on war when we could spend that money on developing our own energy resources and on becoming independant and self sufficient.

Multinational corporations are virtually states unto themselves. They are not bound by the borders and laws of any one nation. They are neither constrained by our laws nor concerned with the welfare of the American people. Therefore it is remarkable that we let the "Vital Interests" of corporations, which are not even American, dictate foreign policy that will eventually erode our civil rights and conscript men and women into the armed forces to fight a war for corporate profit rather than such traditional American ideals as freedom & liberty.

It is remarkable that any thinking individual could join or let himself be drafted into an army whose administration has consistently ignored the plight of most Viet Nam veterans regarding unemployment and VA benefits from army inflicted disorders resulting in exposure to Agent Orange and atomic bomb testing.

It is especially remarkable that America seems willing to hand over the lives of their children in order to keep the transnationals out of the red and their microwaves in the black. We are a very obliging people. Up till now our autos have been running on corporate oil. Soon they will be running on the blood of our own children.

À direita: Pôster criado por Jamie Reid para promover "California Über Alles". Embora as imagens misturem [o filme] *O Triunfo da Vontade* com a tragédia do festival de Altamont, Reid na verdade usou uma foto do Reading Festival. A criação desse pôster coincide com o trabalho de Reid para o filme dos Pistols, *The Great Rock 'n' Roll Swindle*, e isso fica evidenciado pelas suásticas de maconha e pela utilização da frase "Never Trust A Hippie" ["Nunca confie em um hippie"].

NEVER TRUST A HIPPIE

california über alles

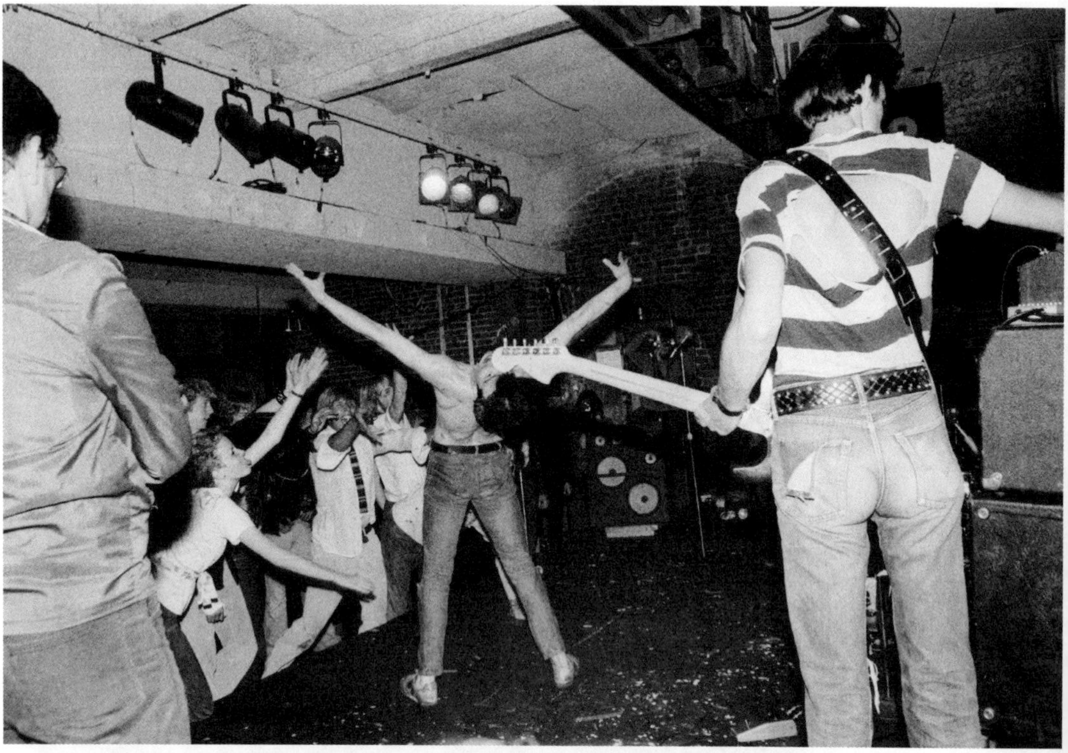
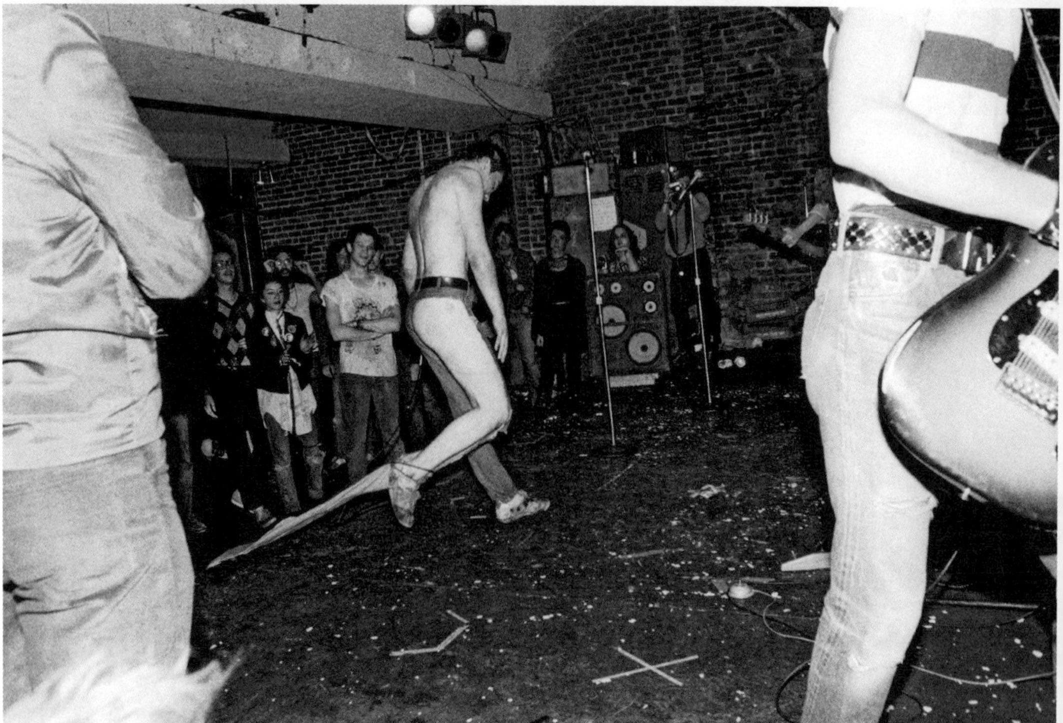

que eu não estava interessado o bastante em *fazer discos* naquela época. Não era o intuito do selo; o intuito do selo era focar naqueles momentos especiais". De acordo com Biafra, "Bob Last ofereceu dar sequência ao single com um EP de 12 polegadas, mas não queríamos fazer aquilo. Tínhamos músicas boas o suficiente para um disco e a América precisava de outro disco forte de punk underground. Só os Germs haviam feito isso. Inclusive chegamos a procurar Kenny Laguna para nos produzir, porque o disco dos Germs soava muito bem, mas não aconteceu".

"Tudo se encaixou por acaso, com Biafra, Klaus, 6025 e Ted", diz Ray. "Todos estavam no lugar certo e na hora certa. Primeiro, com 'California Über Alles' como single, e então, com Biafra se candidatando à Prefeitura, o que era um enorme chamariz. Meio que nos tornamos a banda punk número um de San Francisco, apesar de que éramos, na verdade, da terceira geração". Biafra se mantém firme de que sorte (para usar o vocabulário de Ray) e acaso foram chaves para que o DK se tornasse a principal exportação punk da Califórnia. "Era algo com que precisávamos ser bem cuidadosos em nossa cidade natal. Aqui, tivemos essa sorte aleatória que iludiu os Avengers, Dils, X, Weirdos e vários outros. Sempre tentei enxergar isso e continuar me lembrando de que não era necessariamente por sermos a melhor banda daquela época. Era sorte, pura e simples".

O Dead Kennedys continuou a tocar onde conseguisse, insistindo em shows para menores e agendando por conta própria, no esquema faça-você-mesmo. Como Michael Azerrad apontaria mais tarde no livro *Our Band Could Be Your Life*, foram os canadenses do DOA e o DK que "se tornaram os pioneiros do circuito de turnês punk, deixando um rastro através dos Estados Unidos que, até hoje, é seguido por outras bandas". Ou, como Greg Ginn do Black Flag diz no mesmo livro, "fizemos muito network com essas bandas, compartilhando informações. Encontrávamos um novo lugar para tocar, então os avisávamos porque eles estavam interessados em ir aonde quer que fosse para tocar. Dessa maneira, ajudávamos uns aos outros em nossas próprias cidades". Assim, o Black Flag abriria para o Dead Kennedys no Mabuhay Gardens em 10 de outubro de 1979; um show que Joe Nolte registraria em seu diário. "A única coisa que eu sabia sobre o Dead Kennedys era que seu vocalista, Jello Biafra, estava concorrendo a prefeito. Os outros

Acima, à esquerda: O retrato da vitória. Dead Kennedys ao vivo, em 1978. (Foto: Ruby Ray)
Abaixo, à esquerda: O retrato da derrota. Dead Kennedys ao vivo, em 1978. Geralmente, Biafra tinha a calça arrancada depois disso. (Foto: Ruby Ray)

três integrantes da banda subiram ao palco parecendo tão assustadores quanto os Crickets. Então, Jello deu um pulo e o pandemônio começou. Aqueles filhos das putas eram DEMAIS – uma das melhores bandas hardcore que eu vi por um bom tempo. Jello poderia ser muito hostil e caía sobre o público à la Darby [Crash, dos Germs]. Mas, ao contrário de Darby, ele NUNCA perdeu o controle, NUNCA parou de cantar... Caos controlado". (6)

É importante lembrar que a fama do DK tinha muito a ver com a recepção fora dos EUA. Numa época em que muitos críticos americanos tinham tendências anglófilas, isso significava que o DK tinha uma abertura internacional que pares como DOA, Black Flag e Minor Threat não podiam, inicialmente, alcançar. O burburinho ao redor da banda no Reino Unido após o lançamento de "California Über Alles" era, portanto, bem-vindo. No entanto, houve um certo temor em relação ao surgimento de uma banda punk altamente politizada da "ensolarada" Califórnia, em uma época na qual os formadores de opinião haviam concluído que o punk estava em estágio terminal – ainda que essa nunca tenha sido a visão de Biafra. "Havia toda uma geração agitando logo abaixo da superfície; e essa geração explodiu no ano seguinte. As bandas do selo do Crass, o Discharge, as bandas do [selo] Riot City e outras, todo mundo estava logo abaixo da superfície. Mas a imprensa musical britânica não estava interessada e não dava atenção a elas". Havia um bom motivo para isso. Alguns dos lançamentos do Crass Records eram extraordinários e o Discharge tinha, realmente, elevado as apostas; muito do restante era bobeira.

Coincidentemente, o Dead Kennedys garantiu shows de alto padrão ao abrir para gigantes do punk como The Clash no Kezar Pavilion, em 13 de outubro de 1979. "Aquele foi um grande show para nós", lembra Ray, "e estávamos no corredor olhando para o camarim principal. Esse foi um dos poucos shows em que Biafra perdeu suas calças. O que não nos deu notoriedade. Mas foi muito assustador para ele, eu imagino. Não foi planejado, nem era parte do show". O produtor Bill Graham ficou tão indignado com a nudez de Jello que ele jurou que o Dead Kennedys nunca mais apareceria em um de seus shows novamente, e foi fiel à sua palavra. "Eu me joguei na plateia e voltei só com meu cinto, minhas botas e minhas meias escocesas", lembra Biafra. "Então fiz o resto do show pelado. Pelo que me disseram depois, Bill Graham precisou ser fisicamente impedido de subir no palco e descer a porrada em mim. Mas Bill Graham não nos baniu. Nós simplesmente nos recusamos a trabalhar para ele. Essa foi a última vez que tocamos para ele. Cara, como fico feliz por isso. Sei que ele tem uma boa reputação em alguns meios, mas certamente não na cena punk underground daquela época. Ele tinha mão de ferro e tentou impor um monopólio: qualquer show que não fosse de Bill Graham não deveria existir na Bay Area de San Francisco". Circulava um rumor de que ele destruiu uma tiragem inteira do primeiro disco dos Nuns depois de escutar "Decadent Jew" ["Judeu decadente"], sem se dar conta de que ela havia sido escrita por um integrante da banda que era judeu (Jeff Olener), e que era feita para derrubar estereótipos (Biafra não acredita nessa história). "Mas quando tinha dinheiro na jogada", Biafra conclui, "claro que ele aparecia e agendava o Hüsker Dü. Até os Screamers já foram agendados por Bill Graham uma vez".

Sobre encarar o Clash, Biafra é irredutível. "Já os tinha visto antes", ele se recorda. "Não lembro se eu realmente os assisti na noite em que tocamos com eles. Acho que ficamos com uma má impressão deles, porque fizeram uma passagem de som de quatro horas. Eles mostravam que eram gente do povo dando guitarras para as crianças tocarem 'Louie Louie', enquanto o Cramps, o Dead Kennedys e o Rockabilly Rebels esperavam pela passagem de som que nunca aconteceu. Então, eles foram para o hotel e só voltaram instantes antes de subirem ao palco. Não foi um momento importante na história do Dead Kennedys".

Dead Kennedys: Fresh Fruit for Rotting Vegetables [os primeiros anos]

Acima: Dead Kennedys ao vivo, em 1978. Biafra fazia algumas danças malucas, que a plateia costumava imitar. (Foto: Ruby Ray)
Página ao lado: Subindo nos amplificadores, em 1978. Jello Biafra e Joe Rees [da Target Video] frente a frente. (Foto: Ruby Ray)

Você vai correr a corrida principal

BLACK FLAG

'20 minutes' respite from the sanctuary of sleep'

at Mabuhay Gardens Wed. Oct. 10 with
the Dead Kennedys

"There's a vice cop in every daisy chain"

Black Flag E.P. Available From: $2.00 PPD
SST Records, P.O. Box 1, Lawndale Calif. 90260

Raymond Pettibone Black Flag Flyer #16
noted ribelist

the DEAD KENNEDYS and the CIRCLE JERKS

A LIFETIME OF BROKEN DREAMS at the whisky a go go tues. aug. 19th

at night

So You're Skeptical?

BIAFRA for MAYOR
Campaign Fund Raiser

**SYMPTOMS
ANTI-BODIES
EYE PROTECTION
VS. JARS
CONTRACTIONS
PINK SECTION
DEAD KENNEDYS**

SEPT. 3 LABOR DAY MABUHAY

CAPÍTULO 4
Você acredita nos jornais matinais?

"Indo buscar seu filho de carro, Bennie alternava entre The Sleepers e Dead Kennedys, bandas de San Francisco com as quais ele havia crescido."
(de A Visita do Brutamontes, de Jennifer Egan, livro que ganhou o Prêmio Pulitzer em 2011, e que traz um capítulo sobre o "Fab Mab")

Neste ponto, Biafra já era, com roupa ou não, um *frontman* consumado. "Eu venho de um histórico de teatro. Eu gosto do clima. Gosto da vibração. Gosto de personagens. Durante anos, não percebi o quanto a encenação metódica influenciou tanto a música quanto as letras que escrevo e como eu combino as duas coisas. No que diz respeito à produção e mixagem, sou mais parecido com um diretor de cinema: mais interessado na vibração e no clima do que se cada instrumento está perfeito. As letras são bem visuais; muitas vezes, criam a sensação de 'você estar lá', ao invés de ficar fazendo discursos retóricos e enrolação a respeito de um assunto específico sobre o qual eu tenho uma opinião formada". Ainda na época em que morava em Boulder, em um "esquecível" papel como ator, ele apareceu como o nazista principal em uma produção escolar de *A noviça rebelde*, e interpretou Boris Karloff em *Esse mundo é um hospício*. "Alguns de meus melhores momentos em cima de um palco são de quando os personagens ganham vida dentro de mim e eu consigo enxergar onde eles estão, com os olhos de minha mente".

Isso também deu ao Dead Kennedys uma marca visual imediata. "Eu percebi, bem no início, que eu deveria deixar aflorar partes de mim que eu não via nos principais 'visionários' de outras bandas", ele continua. "Havia espaços para preencher. No palco, eu era mais teatral que qualquer outro vocalista que eu conhecia em San Francisco. Eu percebi uma clara falta disso e tentei preencher esse buraco, mas, ao mesmo tempo, misturar também um pouco da energia dos Stooges e dos Germs. Eu ainda faço isso, é a mesma coisa que faço hoje". Do mesmo modo, ele foi esperto em distanciar sua marca lírica de seus pares. "Tento escrever músicas sobre coisas que outras pessoas ainda não escreveram. Claro, o Circle Jerks e o Youth Brigade [de Washington DC] vieram com músicas sobre a [organização cristã] Moral Majority na mesma época em que escrevi a minha, mas, no longo prazo, sabia que a minha seria a mais cruel...".

A teatralidade andava de mãos dadas com a antiga devoção à criação de problemas. Nunca tão sério quanto alguns críticos afirmam, Biafra sempre gostou de uma travessura – para saber mais, procure sua entrevista na coletânea *Pranks!* da RE/Search Publications. No entanto, foi seu maior desafio no outono de 1979 que lhe deu mais notoriedade. Um evento beneficente para sua campanha foi realizado no Dia do Trabalho, no início de setembro. The Symptoms, Anti-Bodies, Eye Protection, Contractions e Pink Section estavam entre as bandas de abertura que, juntamente com um banquete de espaguete, conseguiram uma verba de US $1,500. O Mabuhay era sinônimo de espaguete à bolonhesa barato, a refeição mais nutritiva que muitos dos punks locais poderiam pagar, assim como de música noturna; então parecia apropriado. A maior parte da verba foi gasta para comprar um espaço na cédula de votação. "Se uma pessoa não consegue assinaturas suficientes na petição para concorrer à Prefeitura de San Francisco", diz Biafra, "eles aceitam que você pague tipo US$10 por cabeça para cobrir a diferença". O manifesto foi escrito em um guardanapo enquanto assistia a um show do Pere Ubu – depois que Ted o provocou dizendo que ele falava tanto que deveria concorrer à Prefeitura.

Suas políticas tinham diversas vertentes, incluindo a contratação de funcionários municipais demitidos para trabalhar como pedintes, com uma comissão de 50%, para recuperar as reservas perdidas durante a profundamente impopular Proposição 13 (uma alteração da constituição da Califórnia que garantia ajuda financeira a empresas). Essa legislatura particularmente irritante apaziguou proprietários enquanto explodia o déficit do orçamento municipal ao fixar imposto máximo a 1% do valor de qualquer propriedade – com base em valores de 1975. "Na verdade, é popular ao ponto de ser aceito hoje", Biafra nos atualiza. "Mas o município estava falido". A polícia teria que fazer guarda em eleições e invasões de prédios abandonados seriam legalizadas. Um Conselho de Suborno seria estabelecido para criar taxas de "influência". A mais empreendedora das promessas do manifesto de Biafra: no centro da cidade, executivos teriam que se vestir como palhaços das 9h às 17h. Apesar disso, o manifesto de Biafra era apoiado pelas mais inesperadas fontes, como o então xerife Mike Hennessey, que era um grande fã de punk rock e um habitué do Fab Mab. Isso apenas em San Francisco...

"Sempre há espaço para Jello" era um dos slogans de campanha (parodiando um anúncio real de 1964, utilizado pelos produtores da gelatina Jell-O, a Kraft); outro slogan era "Apocalipse agora, vote em Biafra" [referência ao filme *Apocalypse Now*, de Francis Ford Coppola], e o simples, mas enfático "E se ele ganhar?". Outras táticas incluíam limpar com aspirador as folhas do jardim de sua oponente Dianne Feinstein (desmistificando sua manobra publicitária de varrer as ruas de Frisco). "Fiz isso porque, desde que eu tinha seis ou sete anos", relata Biafra, "descobri que eu tinha um talento particular para incomodar as pessoas e fiquei cada vez mais interessado em aperfeiçoar isso ao longo dos anos".

Os *headliners* do segundo show beneficente foram os ingleses do The Members, que estavam em sua primeira turnê americana. "Estávamos fazendo um show no Waldorf Ballroom, através da empresa de agenciamento do FBI, que era dirigida por Ian Copeland", lembra o vocalista Nicky Tesco. "Começamos a tocar e Jello estava enlouquecendo na primeira fila! Tínhamos ouvido falar do Dead Kennedys e ele veio ao camarim e, cara, como ele fala! Gostei mesmo do Jello. Passei momentos brilhantes com ele em San Francisco. Jello queria fazer um evento para levantar uma verba, então ele nos chamou para participar. Foi em um lugar na Geary Street, uma sinagoga desativada (The Temple), onde aconteciam muitos eventos punk. Dissemos 'Sim, vamos fazer'. Provavelmente, foi o melhor show que fizemos na turnê – porque não era em um bar ou em um clube: pessoas mais jovens podiam entrar e isso ajudou a arrecadar bastante dinheiro. Naquela noite, Jello e eu saímos para beber e foi demais. Ele me levou a esse lugar onde havia um bar estreito e eu não estava realmente prestando atenção – e eu não sou homofóbico de maneira alguma –, mas eu deveria ter percebido que estava em um bar gay. Olhei atrás do bar e vi uma mulher de meia idade com um vestido Dior e... Ela tinha barba. Jello sempre foi muito focado. Era bem difícil às vezes – a América não é Londres. A América tem vários tipos loucos andando por aí, mas Jello realmente falava o que pensava. Todos os loucos dos Estados Unidos vão para o oeste e, quando chegam à Califórnia, não podem ir além. Se você ler as coisas que ele disse, Jello era premonitório e muito articulado. Muitas de suas letras são altamente inteligentes. Lembro-me dele sendo engraçado e incisivo. Até hoje, meus filhos e eu tocamos 'Cambodia' e 'California Über Alles'".

O resultado foi que Jello ficou em quarto entre dez candidatos na votação de novembro, com 3,79% dos votos (mais de 6.500 votos). Ouviram o gerente de campanha de Feinstein resmungar que se "alguém como *aquilo*" alcançasse a vitória nas urnas, "essa cidade teria um verdadeiro problema". Feinstein ficou no cargo por dez anos antes de se tornar uma senadora Democrata. Numa estranha coincidência ligada ao DK, testemunhou o casamento de Jerry Brown em 2005, e estava preparada para concorrer contra ele até desistir da campanha ao governo do Estado em fevereiro de 2010.

O mais importante disso é que a candidatura de Biafra provou a existência de um ponto central das comunidades punk e underground de San Francisco (Lap, editor do fanzine *Damage*, diria: "Temos nosso próprio jornal, nossa própria emissora de televisão [a Target] e nosso próprio candidato a prefeito"). Independentemente de estar ou não diretamente relacionado, uma massa de novas bandas se formou e elas encontraram novos lugares para tocar além do Fab Mab: X's, The Hotel Utah, Rock City, The Back Dor, etc. Houve uma ressureição simbólica na performance local e a mídia visual abriu espaço para "clubes de arte" como o A-Hole e o Club Generic. Tudo isso poderia ter acontecido sem a campanha para prefeito ou sem o Dead Kennedys, mas eles também não atrapalharam. No entanto, apesar da notoriedade da campanha e do imediato sucesso de "California Über Alles", Biafra insiste que, nessa época, o Dead Kennedys estava pouco à frente dos Dils e dos Mutants em popularidade local.

"Minha lembrança de Jello Biafra como artista é que ele interagia mais com o público que muitos vocalistas do punk", nota a autora Jennifer Egan, que assistiu a diversos shows da banda no Fab Mab e em outros lugares. "Ele saltava sobre o público e era carregado durante um tempo, antes de voltar ao palco. Acho que me lembro de sua calça sendo rasgada em ao menos uma dessas ocasiões – uma coisa excitante para uma colegial testemunhar! Eu estava naquele show [de abertura para o Clash no Kezar]. Minha sensação é a de que Jello era menos perturbado do que a maioria dos vocalistas punk – ele tinha energia e vitalidade, um tipo de ludicidade que era bem diferente daquela, digamos, do Ricky Sleeper. Jello não parecia realmente nervoso ou depressivo. Não fazia ideia do tipo de droga que ele usava, mas acho que ele não era um viciado. O fato de ele ter concorrido à prefeitura de San Francisco também sugere uma visão mais ampla do que muitos dos vocalistas de bandas punk pareciam ter".

O sucesso de "California Über Alles" também rendeu ao grupo uma aparição no BAMMIE Awards de San Francisco, em 25 de março de 1980. "A *Bay Area Musician*, ou *BAM*, era como uma *Rolling Stone* de San Francisco", lembra Ray. "Ela fazia esses eventos de premiação todos os anos. Você dá prêmios às pessoas e aquilo acaricia seus egos. Era isso que eram os BAMMIES. Como jornalista, um de seus maiores medos é não ser descolado. E os BAMMIES perceberam que estavam deixando de ser descolados porque o Clash estava bombando; todas essas coisas estavam vindo da Inglaterra, toda essa nova música que estava no Top 10. E não havia nada assim nos Estados Unidos. Então nos chamaram para tocar, para conseguirem algum crédito local, eu acho. E, claro, deveríamos tocar nosso grande hit, 'California Über Alles'. Mas a mudamos um pouco e tornou-se 'Pull My Strings'".

O Dead Kennedys subiu no palco do Warfield Theatre com um figurino "new wave", composto por camisas brancas estampadas com um grande "S". Durante a introdução de seu "single de sucesso", Biafra pegou o microfone. "Espere. Precisamos provar que somos adultos agora. Não somos uma banda punk, somos uma banda new wave!". É importante reparar na diferenciação de gênero – não explícito no anúncio original de Ray para a banda. A encarnação americana da "new wave" foi considerada uma diluição, uma maneira do mercado continuar vendendo discos com uma decorativa e falsa roupagem "extrema". "Os BAMMIES conheciam a new wave por causa do sucesso do The Knack", discorre Biafra. A insossa new wave dessa banda foi amplamente ridicularizada na comunidade punk como paradigma desse hibridismo, através da campanha jocosa 'Nuke the Knack' ['Exploda o Knack', em português]. Eles vestiram gravatas pretas e finas que, sobre a estampa em S das camisas da banda, formavam um cifrão. A paródia ficou completa com os acordes de abertura de "My Sharona", rebatizada de "My Payola" ["Meu Jabá", em português]. Biafra instigou a confusa plateia a cantar junto com ele. Ray também deu suas cartadas, regurgitando um solo de guitarra completamente repugnante, ao estilo de Hendrix, usando os dentes e tudo mais, enquanto seus companheiros bocejavam. "'Pull My Strings' também é a única música em que Ted escreveu a melodia", completa Biafra. "Acho que dei a letra a ele antes do tempo. Precisávamos de uma música new wave, então fui atrás do cara da banda que mais queria que fôssemos pop! E ele realmente se saiu bem".

Entre o público que presenciou esses acontecimentos surreais (mais tarde, eleito o 26º maior "momento rock" de todos os tempos pela NME) estavam Carlos

Santana, Jerry Garcia, Ronnie Montrose, Francis Ford Coppola, Eddie Money, Boz Scaggs e Journey. "Aquilo era um mundo diferente, nós o odiávamos tanto que não queríamos estar ligados a ele", afirma Biafra, que insiste que a manobra foi ideia sua e que o resto da banda estava resistente, mas que, no fim, "eles se divertiram com ela". Scaggs ficou particularmente ultrajado e Coppola supostamente prensou Ted contra a parede quando passou por ele nos bastidores; por outro lado, tanto Eddie Money quanto Steve Smith (baterista do Journey), viram o lado engraçado disso e parabenizaram Biafra pelas travessuras.

O registro ao vivo de "Pull My Strings" foi outra gravação do início do Dead Kennedys que teve seu lançamento póstumo na coletânea *Give Me Convenience Or Give Me Death*. Provisoriamente, a intenção era inseri-la como parte de um disco ao vivo com quatro músicas, que incluía as versões para o filme *Urgh! A Music War* de "Chemical Warfare", "Government Flu" e "Bleed For Me". Mas a faixa acabou sendo excluída da trilha sonora (apesar de ter sido acrescentada no lançamento do DVD, em 2009, pela Warner). O filme, produzido por Miles Copeland, tem fotografia estonteante, se você ignorar as cenas mal sincronizadas do público. E é interessante reparar, na letra de "Bleed For Me", o ataque a Rosalynn Carter, a então primeira-dama. Ronald Reagan – também conhecido como "Cowboy Ronnie" – seria o tema da versão lançada, mas ele estava a apenas um mês de garantir a candidatura Republicana. Prova, mais uma vez, de que Biafra gostava de manter seu discurso atualizado.

Acima, à direita: East Bay Ray, em 1978. (Foto: Ruby Ray)
Abaixo, à direita: Dead Kennedys ao vivo e Jello Biafra jogado no chão, em 1978. (Foto: Ruby Ray)
Página seguinte, lado esquerdo superior: Ilustração de Vasilia Dimitrova retratando os Dead Kennedys durante o show do prêmio BAMMIES.

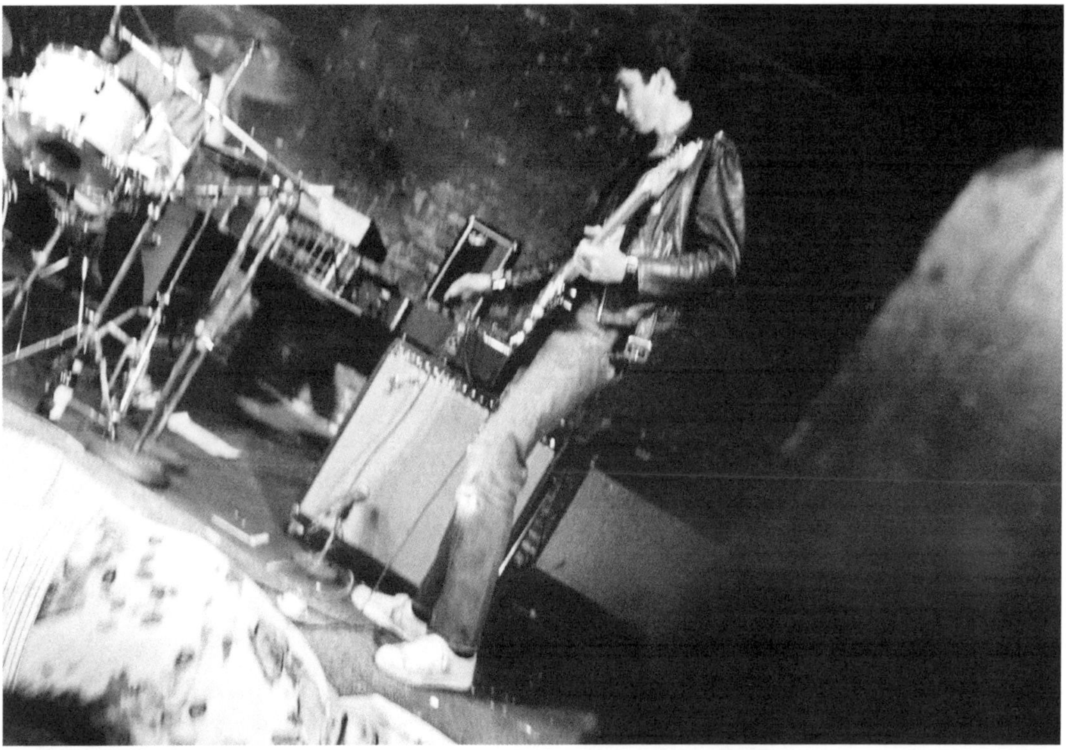

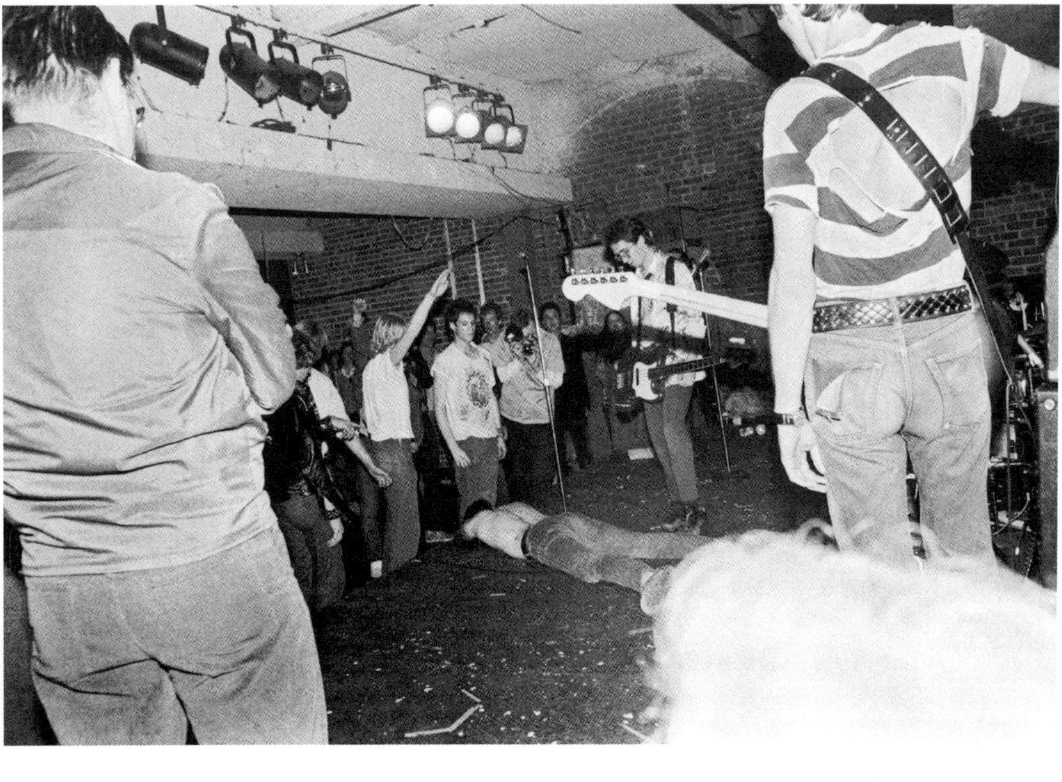

TIM MAZE PRESENTS
DEAD
KENNEDYS
SATURDAY
AUG. 11
with
Raw Power
from italy
and
R.I.P from LA
WIN
ADAMS AVE. THEATRE

DEAD
BIAFRA FOR MAYOR
KENNEDYS
ALLEY
CATS
the
BAGS
1839 GEARY BLVD. S.F.
TEMPLE BEAUTIFUL
OCT. 6th
1980
10

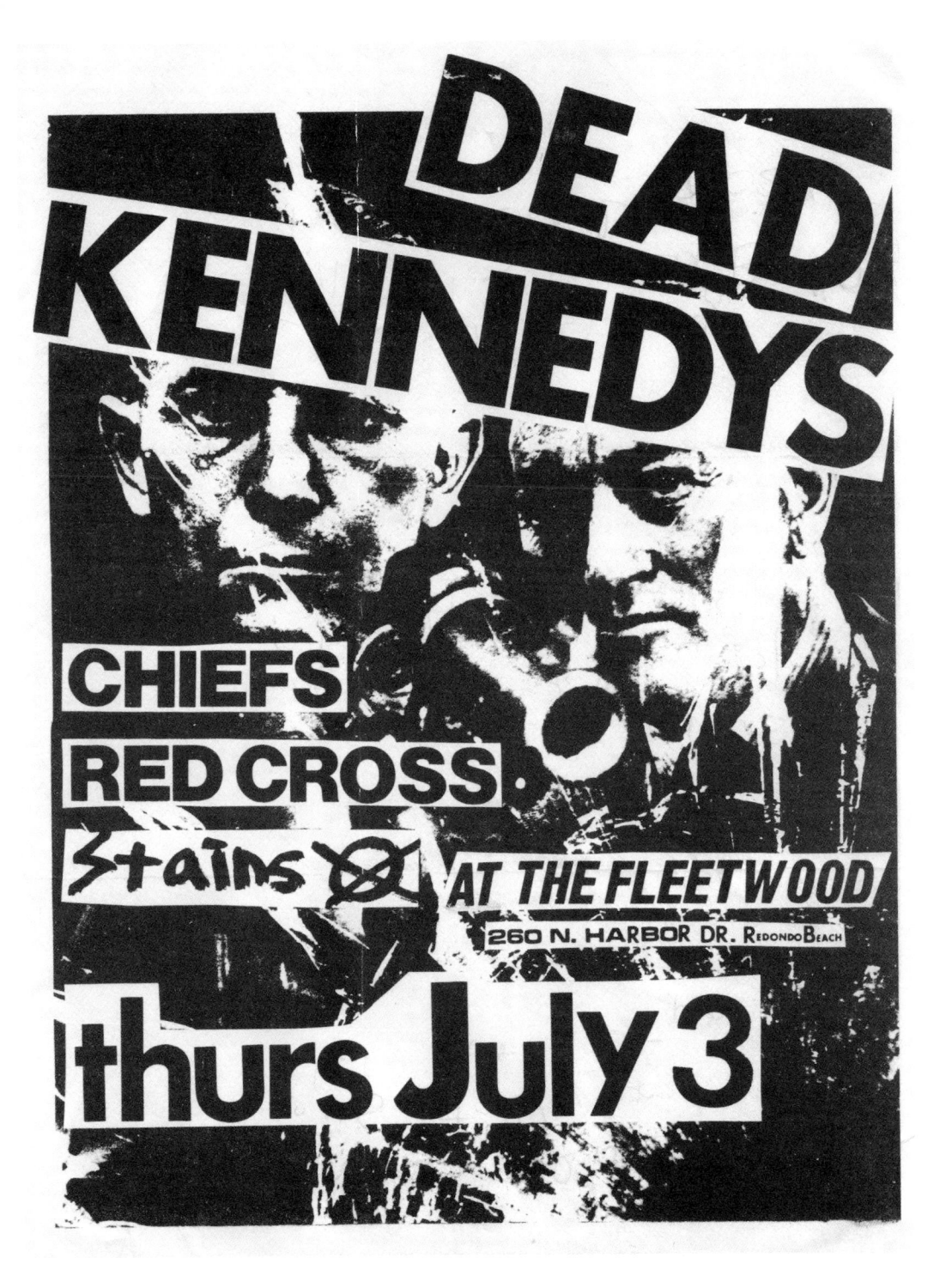

Página seguinte: Páginas da HQ *Dead Kennedys*, da série *Hard Rock*, originalmente publicada pela Revolutionary Comics. Reproduzidas com permissão de Jay Allen Sanford, da Rock 'n' Roll Comics. Texto por Deena Dasein, ilustrações por Joe Paradise.

JELLO WAS A PRODUCT OF THE '60'S— WHEN THE BROTHERS KENNEDY WERE KILLED AND YOUTH WAS POLITICAL.

"I'M LOOKING FORWARD TO TONIGHT'S PERE UBU SHOW."

"I'M GONNA RUN FOR MAYOR?"

"GO FOR IT!"

THE BACK COVER OF THE OCTOBER 1979 ISSUE OF *DAMAGE* FANZINE DELIVERS THE NEWS.

"GET THIS! BIAFRA'S RUNNING FOR MAYOR OF SAN FRANCISCO!"

"WHAT A WAY TO CELEBRATE THE WESTERN FRONT FESTIVAL!"

JELLO CAMPAIGNS AROUND SAN FRANCISCO!

Signs: "Jell'O", "IF HE DOESN'T WIN... I'LL KILL MYSELF", "Bums for Biafra", "WHAT IF HE WINS?", "FOR YOUR LOREN'S SAKE VOTE BIAFRA", "APOCALYPSE NOW VOTE BIAFRA", "FEINS for X-MAYOR JEL BIA", "WE LOVE BIAFRA"

DIRK DIRKSEN HOSTS A BENEFIT AT THE MABUHAY TO RAISE FUNDS FOR THE CAMPAIGN.

"I WILL HIRE LAID-OFF CITY WORKERS TO PANHANDLE AT 50% COMMISSION TO REPLACE FUNDS LOST THROUGH PROPOSITION 13!"

"POLICE WILL HAVE TO BE ELECTED!"

"AND I'LL CLEAN UP MARKET STREET BY REQUIRING BUSINESSMEN TO WEAR CLOWN SUITS BETWEEN NINE AND FIVE!"

"WE WILL ERECT *DAN WHITE* STATUES AROUND TOWN *AND* HAVE CONCESSION STANDS SELLING EGGS AND TOMATOES TO *THROW* AT THOSE STATUES!"

"WE'LL BAN AUTOMOBILES DOWNTOWN, AND IMPOSE RENT CONTROL TO THWART THOSE GREEDY LANDLORDS!"

"AND WE'LL HAVE A BOARD OF BRIBERY TO SET 'INFLUENCE' RATES."

ALTHOUGH HE WAS UNDERAGE, RAN UNDER A FALSE NAME, AND SPENT AN UNGRAND TOTAL OF $1500 ON THE CAMPAIGN, JELLO BIAFRA FINISHED 4TH IN A FIELD OF 10, GETTING 6,591 VOTES.

BIAFRA (KPIX)

"SAYS A LOT ABOUT THE *OTHER* 9 CANDIDATES, HUH?"

⑦

THE ELECTION IS OVER BUT THE POLITICS GO ON. A DEAD KENNEDYS GIG IN VANCOUVER, NOVEMBER 22, 1979:

"HEY, ISN'T TODAY...?"

"YEP, THE ANNIVERSARY OF JFK'S ASSASSINATION."

"THIS IS FOR CALIFORNIA'S GOVERNOR JERRY BROWN."

"IT'S CALLED 'CALIFORNIA ÜBER ALLES'."

"HEY—WHERE'S OL' 6025? MUST'VE QUIT THE BAND!"

MORE SONG SUBJECTS INCLUDE PATTY HEARST'S KIDNAPPING, AMONG OTHER UNCONVENTIONAL INSPIRATIONS.

"MR. EAST BAY RAY, WOULDN'T YOU SAY THAT A DEAD KENNEDYS SHOW IS IN BAD TASTE?"

"OF COURSE IT'S IN BAD TASTE! BUT THE ASSASSINATIONS WEREN'T TOO 'TASTEFUL' EITHER!!"

"THIS IS GREAT! THE SUCCESS OF 'CALIFORNIA ÜBER ALLES' GOT US INVITED TO PERFORM AT THE BAMMIES!"

"WHAT'S THE BAMMIES?"

THE FRISCO GRAMMIES! IT'S THE BAY AREA MAGAZINE'S AWARD CEREMONY.

"YEAH, A BACK-SLAPPING CIRCUS BANQUET!"

"THE PLACE'LL BE FULL OF INDUSTRY BIGWIGS AND HORRID ACTS LIKE JOURNEY!"

"LET'S DO SOMETHING REALLY INTERESTING!"

ONSTAGE AT THE BAMMIES...

"THEY THINK WE'RE GONNA DO 'CALIFORNIA ÜBER ALLES' LIKE WE DID AT DRESS REHEARSAL!"

"WAIT'LL THEY HEAR OUR ATTACK ON THE MUSIC INDUSTRY, COMPOSED ESPECIALLY FOR THIS OCCASION*!"

*"PULL MY STRINGS"

AFTERWARDS:

"I DON'T THINK WE'LL BE INVITED BACK!"

"WHO CARES! WE DON'T NEED NO GOOD-WILL FROM A BUNCH OF BAY AREA MAGAZINES!"

"WANNA BET?"

JIMMY CARTER'S EYES

SALMON AND NOODLE CASSEROLE

DISTRIBUTED BY
TOPCO ASSOCIATES, INC.
SKOKIE, ILLINOIS 60076
©TOPCO

36800 20414

INTERNMENT

TOP CAT

These lounge pajamas are the leopard's roar. Super soft woven polyester is trimmed with black for a great look in all your lives. Leopard only.
SET S M L XL
$39.95

Bombay a mob poured gasoline over a police officer and set his clothes ablaze. He wa

Spraying Vietnam in 1968,

A Vietnam war hero with a history of mental illness was arrested

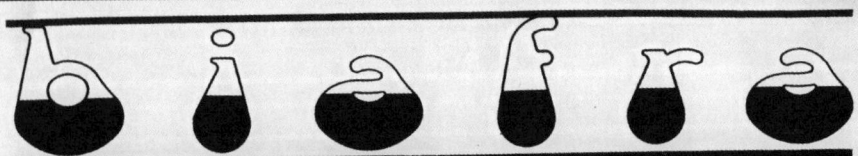

biafra

MAYOR /S.F. '79

CAPÍTULO 5
Qualquer um pode ser rei por um dia

"Não busque o sabor da multiplicidade; ela raramente vem por meios honestos e lícitos. Mas busque o testemunho de poucos e não conte as vozes, mas pese a força delas."
(Immanuel Kant)

As coisas estavam acontecendo rapidamente no Reino Unido. "Bill Gilliam ligou e disse 'Vocês gostariam de fazer uma turnê na Inglaterra?'", lembra Ray. "Dissemos: claro. Aí, ele nos ligou de volta e disse: 'É difícil agendar uma turnê com um single. Vocês têm material suficiente para um LP?'. Claro. Então, ele colocou Iain [McNay, co-fundador da Cherry Red] em contato comigo e trabalhamos a partir daí". Gilliam tinha descoberto a banda através de três faixas – "Police Truck", "Short Songs" e "Straight A's" – na coletânea *Live At The Deaf Club*, gravada em outubro de 1979. (7) Ele assume a história. "Costumava ser agente de agendamento para bandas como o Sham 69. E, enquanto fazia o Sham 69, farejava essa banda dos Estados Unidos com esse nome bobo. Eu simplesmente pensei que seria divertido trazê-los para cá. No fim, consegui um contrato para eles com a Cherry Red. Antes disso, fui chutado de praticamente todas as gravadoras sem que elas ao menos escutassem as fitas". No fim das contas, Gilliam comandaria a divisão britânica do selo da banda, Alternative Tentacles.

Ele não era o único na Inglaterra que estava interessado; e nem a única conexão com o Sham 69. "Tony Gordon [empresário deles e, mais tarde, a figura por trás do sucesso do Culture Club, entre outros] também foi atrás de nós depois que nos viu abrindo para o Sham 69 no Whiskey, em LA", relembra Biafra. "Ele estava extasiado. Ele propôs que fôssemos ao Reino Unido, fizéssemos uma turnê com o Sham e gravássemos um disco ao vivo no Marquee, para ser lançado pela Safari [um pequeno selo independente criado pela antiga equipe de empresários do Deep Purple, cujo principal artista era o Toyah]! Consegue imaginar o desas-

---

À esquerda: Biafra para Prefeito. Pôster da campanha de 1978. (Foto: Ruby Ray)
Páginas 84-85: Algumas partes do famoso pôster que acompanhava o LP *Fresh Fruit For Rotting Vegetables*, concebido por Jello Biafra.

tre que *aquilo* teria sido? No auge do problema do Sham com hooligans? Não tínhamos noção. Por sorte, escolhemos a Cherry Red porque eles eram os únicos oferecendo um disco completo de *estúdio*".

Iain McNay conheceu Gilliam através de Chris Gilbert, empresário dos Hollywood Brats e sócio de Gilliam em uma agência de agendamento e gerenciamento, em Westbourne Grove. Gilbert ligou para McNay para dizer que Gilliam estava trabalhando com uma banda chamada Dead Kennedys. "Obviamente, eu estava ciente da banda", relembra McNay, "porque eles tinham lançado 'California Über Alles' pela Fast Product. Eu tinha escutado e gostado de verdade daquilo". Gilliam explicou que a banda havia pedido dez mil dólares para gravar um disco [Biafra acredita que eram oito mil dólares]. "Disse que eu estava definitivamente interessado e saí para pensar no assunto. Pude ouvir a demo da versão original de 'Holiday In Cambodia', que eu guardei. Ouvi aquilo e pensei – isso é ótimo. Simplesmente sabia que o disco seria tão bom quanto. Não tinha dez mil dólares naquela época, porque a Cherry Red estava começando. Então fiquei imaginando como eu iria conseguir dez mil dólares, mas não falei sobre isso com o Bill. Minha única reserva era que eu gostava do nome Dead Kennedys por ser controverso, mas imaginava se isso me impediria de tocar no rádio ou em outros lugares".

Ele superou isso. "Eu meditei e decidi que estava tudo bem com o nome e iria em frente numa boa", continua McNay. "Naquela época, tinha uma relação próxima com a Caroline Records, empresa de exportação da Virgin. Um dia, estava almoçando com o comprador Richard Bishop e contando sobre o meu dilema e que eu tinha uma oportunidade com o Dead Kennedys, mas que não tinha o dinheiro para pagar o que eles queriam. Richard disse: 'Talvez possamos fazer um negócio em que nós te damos o dinheiro, você nos dá um bom preço de exportação e três meses de exclusividade, o que significa que, durante esse período, você não pode vender a nenhum outro exportador'. Eu pensei, 'Não é uma má ideia'. Então acabamos fazendo negócio e a Caroline me deu os dez mil dólares". Como todos que trabalharam com ele confirmam, McNay não é o tipo de pessoa que aposta todas as suas fichas em um único artista e não foi a primeira nem a última vez que ele assumiu o risco de se envolver em um projeto. O investimento se tornaria o momento de definição da história inicial do selo, antes de sua era *Pillows & Prayers*, quando Mike Alway assumiu a área de A&R e criou a fundação do que seria um dos mais bem sucedidos e duradouros selos independentes do Reino Unido.

"Quando estava nos Estados Unidos", lembra McNay, "eu os vi tocando num show de faculdade a uma hora e meia de San Francisco. Lembro-me que era tudo muito cru e caótico. Mas aquilo era punk e aquilo era o Dead Kennedys. Toda a turnê no Reino Unido deu certo. Eles não tinham os mesmos problemas que os Sex Pistols ou nada daquilo. As datas aconteciam, tinha um bom público e um mínimo de problema, que eu me lembre".

Nesse meio tempo, a banda se ocupou com um segundo single e buscou se superar. "Holiday In Cambodia" cristalizou o que eram os Dead Kennedys. No seu coração existe sarcasmo de padrão olímpico sobre a complacência do centro dos Estados Unidos e sua geração focada no próprio umbigo, traçando uma linha direta com a injustiça de sua política externa. Mas a construção é desafiadoramente não-linear. A famosa história de escola primária de Dr. Seuss, chamada *The Sneetches*, é invocada em referência a criaturas com estrela na barriga, hierarquias desagradáveis e o carrossel de inveja e conformidade. "E eu percebi que *sneetch* também rima com *leech* [sanguessuga, em inglês]", explica Biafra, generosamente.

A música transmite um congruente senso de perigo e repulsa. O arrepiante zumbido do baixo de Klaus cria o ambiente para a guitarra de Ray, entrando e saindo do ritmo, antes de rasgar uma série de frases afiadas. Aquela sensação de ameaça é atribuída por Ray ao uso de uma "quinta diminuta" – alcançada ao tocar uma nota quinta dissonante com a remoção de meia oitava na sequência de acordes. É uma técnica comum tanto no bebop jazz quanto no hard rock, mas também conhecida como "intervalo do diabo" (*diabolus in musica*). Músicos medievais eram enforcados por usar essa técnica: padres acreditavam que ela destruía o tecido e a consonância de uma oitava perfeita. A conclusão da música é acalorada, toda a peça é perfeitamente arranjada. "Não percebi isso na época", diz Klaus, "mas a linha do baixo é composta por, basicamente, duas coisas. Tem a coisa do Velvet Underground de ter lá a corda mecânica, como em 'Venus In Furs'. Fiz essa coisa mecânica constante. Era essa sensação e também um pouco de Led Zeppelin. Acabei de perceber que o que eu fiz, inconscientemente, era um riff acelerado do Zeppelin e o joguei contra uma coisa mecânica. Em música, nada é completamente original, a não ser que você entre no terreno de John Cage. Eu estava simplesmente pegando minhas raízes e transformando-as".

"Aquele foi um daqueles momentos em que a banda criou uma música como uma unidade", confirma Biafra, "e não foi só um integrante trazendo a música completa e, provavelmente, é por isso que é tão boa. Eu havia trazido uma 'Holiday In Cambodia' original que era uma música punk rock mais no estilo motosserra dos Ramones. Ray e Klaus disseram que não haviam gostado e não queriam tocá-la; fiquei muito magoado e chateado – isso nunca havia acontecido antes. Aí, Klaus começou a tocar a linha de baixo no mesmo dia, enquanto eu saía da garagem. Voltei correndo e disse 'espere um pouco' – desacelere 'Holiday In Cambodia', tire o meu riff das estrofes, coloque este no lugar, e use a estrutura original de pré-refrão, refrão e ponte, e isso pode ser uma música realmente legal. E, certamente, era... Ray não conseguia criar sua parte. Eu ficava dizendo 'Ray, pense em Syd Barrett!' Aí, finalmente, o Ray descobriu aquela parte de guitarra que ele colocou sobre o baixo do Klaus no início das estrofes e a 'Holiday In Cambodia' que conhecemos nasceu".

De certa forma, a inspiração para a letra de "Holiday In Cambodia" pode surpreender. "Eu a escrevi em Boulder, antes de me mudar para San Francisco", declara Biafra. "É basicamente uma reação contra ter que entregar pizzas para estudantes bêbados e mimados na Universidade do Colorado durante um ano e meio. Eu achei que aquilo era uma coisa boa para fazer naquela época. São os mesmos palhaços que também inspiraram 'Terminal Preppie' [do disco *Plastic Surgery Disasters*], se você quiser chamar isso de inspiração. Foi sobre essas pessoas que eu escrevi em ambas as músicas".

Geza X, também conhecido como Geza Gedeon, seja como produtor ou como engenheiro, moldou o som do início do punk californiano através de lançamentos dos Germs, Avengers, Black Flag e X, e tocando com The Bags e Deadbeats. "Acho que devia estar com meus vinte e tantos anos", ele lembra. "Em alguns casos, eu era de cinco a dez anos mais velho que os outros. Eu já tinha umas manhas das ruas. Eu era um radical nos anos 60, participando de debates quando tinha 14 anos e de um jornal underground no segundo grau. Já tinha várias ideias sobre como mobilizar pessoas. Quando o punk rock surgiu, eu me joguei de corpo e alma naquilo. Sempre fui muito interessado em gravações, mas não fiz muitas. Eu morava com Joe Nanini e Stan Ridgeway do Wall of Voodoo, antes de existir o punk. Tocávamos em vários clubes e cafés e era simplesmente ridículo – você não podia aumentar o volume de um amplificador, senão todo mundo surtava. Então estávamos famintos por música alta. Um dia, Joe trouxe um disco dos Ramones; simplesmente o escutamos inteiro e piramos. Aconteceu basicamente a mesma coisa, logo depois, com o disco dos Sex Pistols. De qualquer forma, escutei os Ramones e entendi na hora. Então, Joe e eu estávamos imediatamente tentando entrar em uma banda de punk rock. Saímos para ver algumas bandas: os Weirdos, os Screamers, e estávamos genuinamente empolgados. Os Germs também já existiam. Conversei com Brendan [Mullen, fundador da famosa casa punk de Los Angeles, The Masque] e perguntei se poderia alugar um pequeno espaço lá. Eu me tornei o técnico de som e o braço direito do Brendan. Fiz o som dos Germs, das minhas bandas Deadbeats e Bags [na Dangerhouse Records] e elas deslancharam na Califórnia. Muitas bandas queriam falar comigo depois disso. Eu também era o engenheiro de som residente de várias pessoas, varrendo toda a costa – indo a San Francisco e mixando bandas no Mabuhay Gardens e em outros lugares. Também era assim que as pessoas ficavam me conhecendo. Quando viram os discos, a notícia se espalhou. Todo o contingente punk era relativamente pequeno. Todos escutavam os mesmos discos – os de 45 rotações que vinham da Inglaterra, de Nova York ou de LA".

Sua ligação com o Dead Kennedys surgiu "praticamente do nada", mas ele era conectado aos então favoritos de Biafra, os Screamers. "Eu era meio que roadie e técnico de som dos Screamers e ia aonde quer que eles fossem. Íamos frequentemente a San Francisco. A Target Video começou a filmar essas bandas". A Target, fundada por Joe Rees, rapidamente se estabeleceu no coração da Califórnia underground, com seu prédio preto de três andares, cujos estúdios de vídeo, gravação e edição (e sua jukebox punk rock) se transformaram na 'sede' natural da emergente cena punk de San Francisco.

"Eles amavam os Screamers", explica Geza, "porque era a maior banda de arte. Íamos fazer uma gravação ao vivo em vídeo dos Screamers e eu mixava o som e a maioria daquelas coisas ficava muito boa. Estávamos fazendo uma dessas tomadas de vídeo e fui convidado para almoçar por um desses garotos que tinha acabado de terminar o segundo grau [Biafra acredita que os 'garotos' eram Carlos e ele]. Eles nos contaram sobre essa louca fantasia que tinham de uma banda que eles iam formar, chamada Dead Kennedys. Pensei 'Puxa, esse nome é muito bom!'. Eles estavam simplesmente *pirando* – eles eram só entusiasmo. Marquei o nome na cabeça e tive a chance de voltar um ou dois meses depois. E quem estava fechando a noite no Mabuhay se não os Dead Kennedys? Então eu precisava vê-los. Eu estava parado bem em frente ao PA – nunca vou me esquecer disso – e o Dead Kennedys veio e tocou 'Holiday In Cambodia'. Eu me arrepio até agora, não sei quantos anos depois, só de falar sobre isso. Meu cabelo simplesmente ficou de pé. Estava ouvindo aquela música vindo do palco e vendo o Biafra, essa incrível pessoa, de frente. Pensei, 'Meu Deus, essa música é um hit. É inacreditável. Esses caras são demais!'. Eu estava rindo, não dava para acreditar que aqueles garotos que vieram com essa ideia louca, essa fantasia maluca, pudessem ser uma das melhores bandas que eu já tinha visto na costa oeste *em todos os tempos*. Eles já eram muito bons. Eles eram fenomenais. Eu teria sido maluco de não trabalhar naquela música! Recebi um telefonema inesperado algumas semanas depois. Eram os Dead Kennedys. Eles tinham juntado algum dinheiro e iam gravar seu segundo single, 'Holiday In Cambodia'. 'Você quer fazer?'. Porra, claro que eu quero fazer! Foi assim que rolou. Provavelmente foi o Biafra, porque ele e eu tínhamos, naquela época, um certo relacionamento. Depois do show, tenho certeza que fui até eles, babando, e disse como eles eram demais. É assim que eu me apaixono por uma banda ou por uma música. Talvez a sinceridade disso tenha conquistado a banda – sei lá".

"Era muito difícil encontrar um engenheiro de gravação que quisesse jogar fora seu treinamento de estúdio dos anos 70", reflete Biafra, "e toda a mentalidade de estúdio daquela década, que tudo precisava soar limpo, abafado e meloso. Se não, você nunca teria o novo Eagles ou o novo Electric Light Orchestra! Muitas das pessoas que fizeram os primeiros singles punk estavam aprendendo como gravar aquele tipo de música alta e ardente por tentativa e erro. Poucos, como Geza X, estavam usando o que haviam aprendido diretamente no mundo dos estúdios para fazer um single punk com um som mais cheio e mais desagradável que alguns de seus pares. Mas muitos dos engenheiros, na verdade, brigavam com as bandas a respeito do som que elas queriam. O que torna ainda mais irônico que algumas das bandas retrô dos últimos dez anos adaptaram suas guitarras e amplificadores para soarem como os singles punk mal gravados do final dos anos 70, que, para início de conversa, nem deveriam soar daquela maneira".

"Era uma loucura", comenta Geza sobre as sessões. "Foi no Tewksbury Studio (em Richmond) que fizemos 'Holiday In Cambodia'. Assim como em todos os outros discos de punk rock, era um estúdio meio decente, mas eu tive grandes problemas com equipamento. O que eles tinham lá era incrível, mas o dono [Dan Alexander] tinha meio que um fetiche por esses microfones valvulados antigos.

Eles são um estouro, melhores que quaisquer outros microfones e ainda são reverenciados até hoje. Muitos deles vieram imediatamente após a Segunda Guerra Mundial. Eu era pouco familiarizado com microfones valvulados, mas havia consertado um na minha época no Artist Recording Studio [onde Geza havia, originalmente, montado sua base de operação, próximo ao Masque]. Ele os tirava dessas gavetas cobertas de veludo vermelho. Eu ficava 'Meu Deus, parecem brinquedos sexuais!'. Ele trouxe todos esses microfones, inclusive um Neumann U47 [extensivamente utilizado por George Martin para gravar os Beatles] que soava particularmente bem. Então ele sacou esse U47 – eu dizia que Biafra tinha uma grande voz masculina e queríamos captar todo aquele som".

Os microfones também tiveram um impacto na acústica geral da gravação. "Tínhamos dois microfones", continua Geza. "Usamos um deles, um enorme Sony antigo, tipo pirulito, como o microfone ambiente na guitarra de eco amplamente reverberante. Eu gostava do som seco, mas tinha algo na guitarra dele [Ray], precisava de algo mais. Amarrei o microfone, então ele não captava tanto o eco e coloquei esse Sony pirulito mais afastado. Era um experimento – não sabia como aquele microfone iria soar. E soou incrível no microfone ambiente de seu amplificador. Então nós também, acho, tínhamos alguns microfones nos tom-tons, microfones *deluxe*. Na sala de controle, havia um enorme gravador de fita Ampex MM1000 antigo. Se você nunca viu um desses, parece um refrigerador industrial que vai até o teto! E, para cada canal, você tem que usar interruptores no próprio canal. Não existe controle remoto para controlar todas aquelas coisas – é como uma peça de antiquário. É uma boa máquina de som – se você conseguir fazê-la funcionar, ainda assim seria uma boa máquina de som. Aprendi como usar toda aquela parte dela, mas os freios não estavam funcionando. Então, durante toda a gravação, eu parava a fita com minhas próprias mãos. Se eu apertasse o *stop*, ela sairia voando. Eu tinha que alternar entre o botão de rebobinar e o de acelerar até que conseguisse reduzir a velocidade o suficiente para que pudesse parar a fita e pegá-la com minhas mãos. Aquela música inteira poderia ter derretido na gravação – isso é o mais engraçado de tudo. Porque, se a fita se esticar, você está ferrado. Tive queimaduras nas mãos por ter feito aquilo!".

Assistir a banda no estúdio era tão inspirador quanto na apresentação no Mabuhay. "Biafra era um artista louco", continua Geza, "ele tem uns trejeitos do mundo real, não é como o Ray. O Ray era uma pessoa realmente estudiosa. Mas no que diz respeito às coisas de estúdio, Biafra tinha tudo mapeado para os dois lados. Ele tinha tudo sublinhado e havia mapeado onde tudo precisava estar, ele sempre estava na mesa ajudando a ligar e desligar as coisas quando eu precisava mexer com os dedos, já que não tinha automação. Muitos de nós ligávamos e desligávamos as coisas. Deveríamos ser muitos quando mixamos, porque era muito difícil fazer todos os movimentos ao mesmo tempo".

Outro distinto elemento sonoro na versão do single de "Holiday In Cambodia" era a bateria. "Tem essa coisa estranha com a caixa da bateria", repara Geza. "Eu tentei colocar uma fita na caixa, como faço normalmente, mas ele [Ted] tinha essa pele única que eu nunca tinha visto antes. Parecia fibra de vidro, tipo a que você usa em uma prancha de surf. Era como uma malha. Qualquer coisa que eu colocava, atrapalhava o som, então simplesmente deixei como estava. Mas aquela caixa tinha uma coisa doida e legal por causa da pele. Tinha um 'sibilo'. Eu ainda não era o melhor engenheiro de som – ainda estava aprendendo. Não tínhamos muito tempo para ficar testando as coisas várias vezes, então muita coisa foi tipo 'Isso soa bem aqui. Aquilo soa bem lá'. Ajustávamos e modificávamos um pouco, mas houve uma certa sorte pelo fato de o disco soar tão bem. Muito disso foi a paciência que Biafra tinha comigo. Eu queria fazer o negócio e ele me ajudou a torná-lo realidade. E também sua paciência com todas as dobras. Quando chegamos à mixagem final, estávamos colocando e tirando coisas aos montes no refrão. Biafra e eu desenhamos um gráfico de onde dobramos ou quadruplicamos tudo, então os ligávamos e desligávamos na mixagem".

"Usei duas *masters* de produção", ele continua, "nós não gravamos a banda simplesmente. O que realmente estava escondido ali eram as dobras de todas as guitarras – em alguns lugares no refrão, as guitarras foram quadruplicadas e os vocais no refrão também foram dobrados ou quadruplicados. Mas era punk rock, todos esses elementos precisavam ficar escondidos, e esse era um dos motivos pelos quais a música soou tão grandiosa. Já havia aprendido muito sobre esses truques. Apesar de Ray ter um Echoplex e todo aquele *reverb*, coloquei seu amplificador de guitarra em uma câmara de eco e o gravei com microfone de perto e de longe. Então havia não só todas essas coisas de eco e reverberação, mas também existia o eco da sala que ele insistia que não ia funcionar, mas que acabou soando incrivelmente bem na guitarra. Quero deixar registrado que eu realmente respeitava o Ray. Ele é um amor. Ele sempre fez um trabalho muito bom no lado empresarial [Geza afirma que, de todos aqueles discos que ele produziu no final dos anos 70, os Dead Kennedys foram a única banda que o pagaram]. Sou totalmente correto com ele. Ele sempre foi um bom cara de negócios, desde o início. Ele é a razão de tudo que eles fizeram ter dado certo como deu. Ele é uma pessoa realmente competente – um excelente guitarrista. Comigo, ele sempre ficou bem à vontade e disposto. Na verdade, eu retiro um pouco do que disse. Houve alguns conflitos durante os dias de gravação. Ele queria ser um produtor e existia uma tensão entre Ray e mim; não entre Biafra e mim. Biafra embarcava em todas as minhas ideias e Ray as rebatia. Então Biafra me agradava um pouco mais do que Ray, naquela época. Estávamos todos aprendendo e experimentando. Mais tarde, minha relação com Ray se tornou bem melhor, porque entendi o que ele queria e respeito-o por isso. Biafra sempre foi uma pessoa pomposa e espalhafatosa, e essa era a beleza de sua personalidade no palco, em entrevistas e tudo mais".

O single confirmou e até impulsionou o crescimento da reputação de Geza como cronista sonoro do punk da costa oeste. "É engraçado: na época, o Dead Kennedys era tão conhecido e eu fui tão promovido por 'Holiday In Cambodia', e, até hoje, todo mundo sabe que eu fiz aquilo. Eu só fiz algumas partes dos outros discos, quando eles tinham outra pessoa gravando as faixas porque... Provavelmente, Ray preferia assim. Foi Thom Wilson [produtor do disco *Plastic Surgery Disasters*] quem fez umas ótimas gravações naquela época, sem nada a reclamar. Então me colocou para fazer os vocais com o Biafra, o que era um trabalho grandioso, mas muito divertido. Um cara intenso, mas ele não gostava de trabalhar com ninguém além de mim. Tínhamos uma ligação muito boa".

No que diz respeito a Ted, ele novamente prefere a versão do single, como sempre. "Sempre gostei de 'Holiday In Cambodia', mas não a versão do *Fresh Fruit*". Jello concorda. "A versão do single causa mais arrepios nas costas. Parte disso é também o fator Geza X". Ray não está convencido. "É interessante que tanto Biafra quanto Ted gostem mais da versão do single. E aquela foi a versão que eu mixei! [Biafra disputa com Ray os direitos dos créditos por ambas as mixagens do single]. Na verdade, eu as mixei [os dois lados do single, 'Holiday In Cambodia' e 'Police Truck'] sozinho. Não tinha ninguém lá. O que aconteceu foi que Geza as estava mixando e ninguém gostou delas. Aí eu disse, 'Deixe-me mixá-las, então'. Eu as trouxe de volta e a banda escolheu duas delas ao invés das do Geza. Mas eu não queria podar o Geza. Eu queria que o som ultrapassasse os alto-falantes. Queria que soasse como se a banda estivesse no mesmo ambiente que você".

"É", confirma Geza, "ele [Ray] as mixou. Fiz uma mixagem e, quando eles a escutaram em outros ambientes, acharam que não tinha graves suficientes, então ele mesmo foi e mixou. Tudo bem. Eu me lembro que a primeira mixagem não tinha graves o bastante. E ele estava certo: quando fomos checar, não tinha graves o bastante. Naquela época, isso era um problema crônico de mixagem que eu tinha, então não era exagero deles. Para mim, parece que, no final, ele foi e mixou por conta própria, porque não me lembro de ter voltado e feito nada daquilo. Eu me lembro vagamente de ter concordado com isso, porque a mixagem soava como deveria soar – ele a manteve exatamente como soava".

"Holiday In Cambodia" teve 3.000 cópias prensadas nos Estados Unidos pela Optional, que havia recebido os direitos de seu predecessor, antes que ele fosse relançado pela Faulty Products. Braço "indie" de distribuição da IRS, sob o comando de Miles Copeland, a Faulty foi criada quando Jerry Moss, da A&M Records, companheiro de iatismo de Ted Kennedy, se recusou a distribuir o material da banda por causa do nome. No Reino Unido, o lançamento de maio de 1980 carregava o selo da Cherry Red. No fim, os mesmos acordos seriam estendidos também para o disco de estreia da banda (apesar de, significativamente, o lançamento americano ter acontecido quatro meses após o inglês, em janeiro de 1981). Se já existiu um single punk mais completo e hilário que "Holiday In Cambodia", esse correspondente ainda não o ouviu. "Se os outros caras tivessem forçado a barra tanto quanto eu", lamenta Biafra, "e continuássemos compondo em conjunto como em 'Holiday In Cambodia', ao invés de eu escrever a maioria das músicas, imagine o quanto a banda teria sido boa! Éramos uma ótima banda, mas poderíamos ter sido uma banda *ainda melhor*".

Página seguinte, à esquerda: Dois registros de Jello Biafra literalmente deitando e rolando no encardido palco do Mabuhay Gardens, em 1978 (Fotos: Ruby Ray)

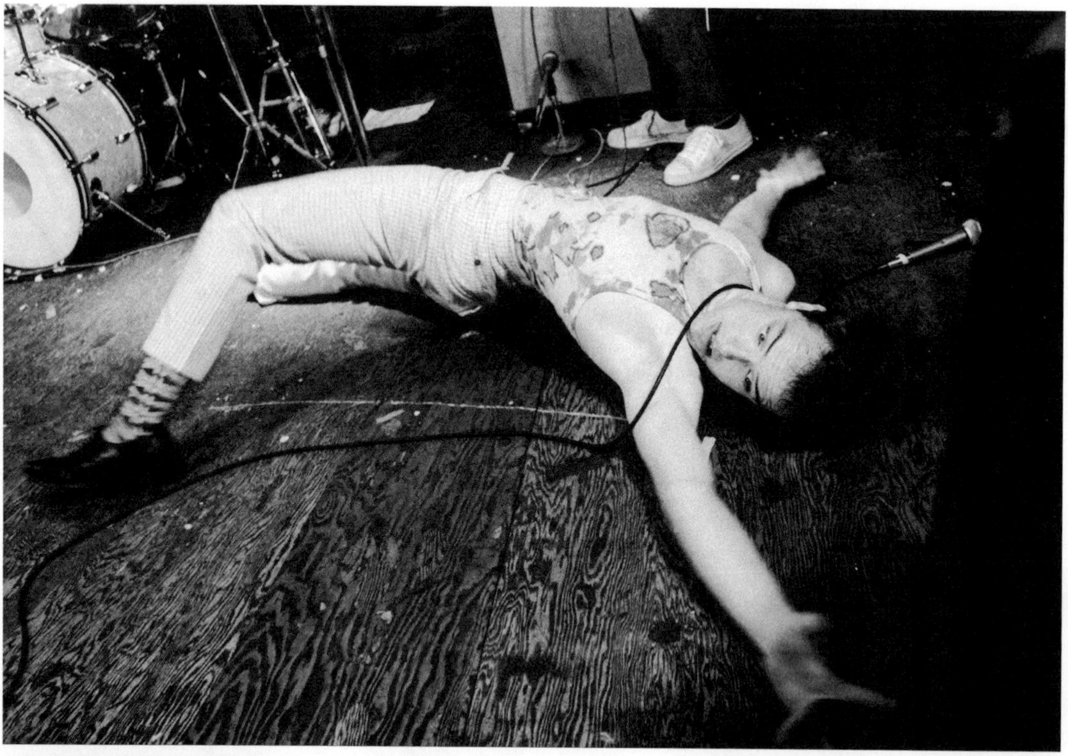

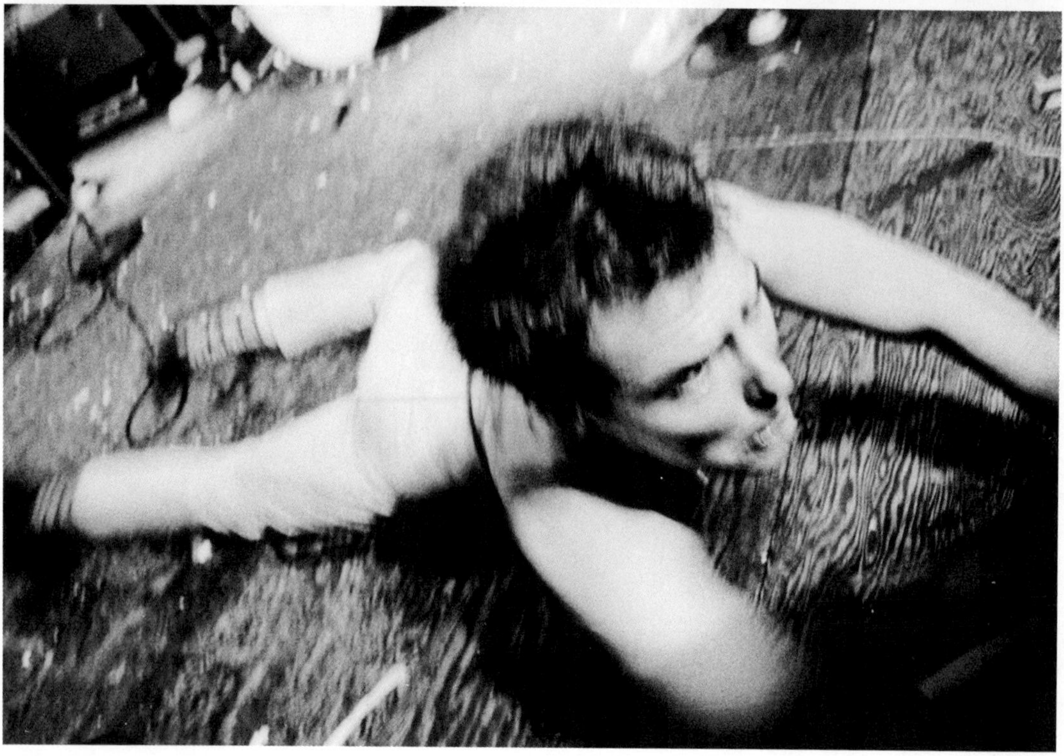

NEW WAVE TURNS SILVER

Mabuhay Gardens
Mon., Oct. 29, 1979
8 p.m. Buffet
8:30 p.m. Music
443 Broadway
$4.00 Donation

Dead Kennedys
Jim Carroll
SST
Cory Airs
Fleshapoids
Times 5

BENEFIT For **Carol Ruth Silver**
District Attorney

LE CONTEST RESULTS

UN-OPENED PACKAGE OF BICENTENIEL
CAN OF B
CAVELLINI STICKER
"KISS" TEE SHIRT
AEROPLANE
RONALD REAGAN 10kt GOLD PLATED INAUGURAL MEDALION
CAVELLINI 1914-2014
VENEZIA — PALAZZO DUCALE
OTTOBRE
SPACE SHUTTLE

THE PEOPLE MUST BELIEVE THAT THEY ARE NOT MANIPULATED IN ORDER FOR THEM TO BE MANIPULATED EFFECTIVELY.

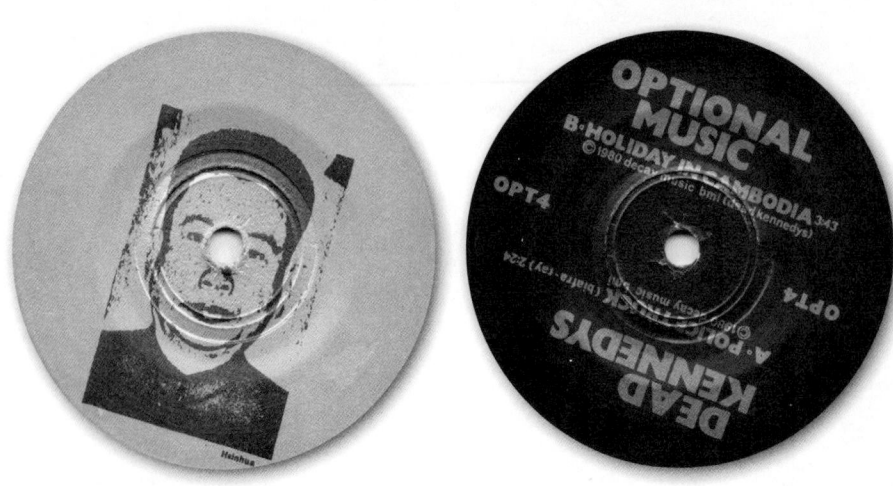

DEAD KENNEDYS

POLICE TRUCK

PRODUCED BY GEZA X

OPTIONAL MUSIC

B- HOLIDAY IN CAMBODIA
© 1980 decay music bmi (dead kennedys)

OPT4

A- POLICE TRUCK (biafra-ray) 224
© decay music bmi

DEAD KENNEDYS

OPT 4

DEAD KENNEDYS
HOLIDAY IN CAMBODIA

DEAD KENNEDYS
A• POLICE TRUCK (biafra-ray) 2:24
©1980 decay music bmi
IR-09016-A

IR 9016

B• HOLIDAY IN CAMBODIA 3:43
©1980 decay music bmi (dead kennedys)
IR-09016-B

FAULTY PRODUCTS
℗1980 Faulty Products, Inc.

Hsinhua

Cherry 13

CHERRY 13....DEAD KENNEDYS/HOLIDAY IN CAMBODIA b/w POLICE TRUCK......

..P & C 1980 CHERRY RED RECORDS,199 KINGSTON ROAD,LONDON S.W.19

HOLIDAY IN CAMBODIA TAKEN FROM FORTHCOMING DEAD KENNEDYS ALBUM A RED 10.....

...DISTRIBUTION BY SPARTAN,LONDON ROAD,WEMBLEY,MIDDLESEX 9AH 7HQ

Jello Biafra/vocals....
..E.B.Ray/guitars.....
Klaus Flouride/bass,vocals
Bruce Slesinger/drums..
Produced by GezaX & Dead
Kennedys......Mixed by
R.Pepperell... = +++++++

design/annie horwood

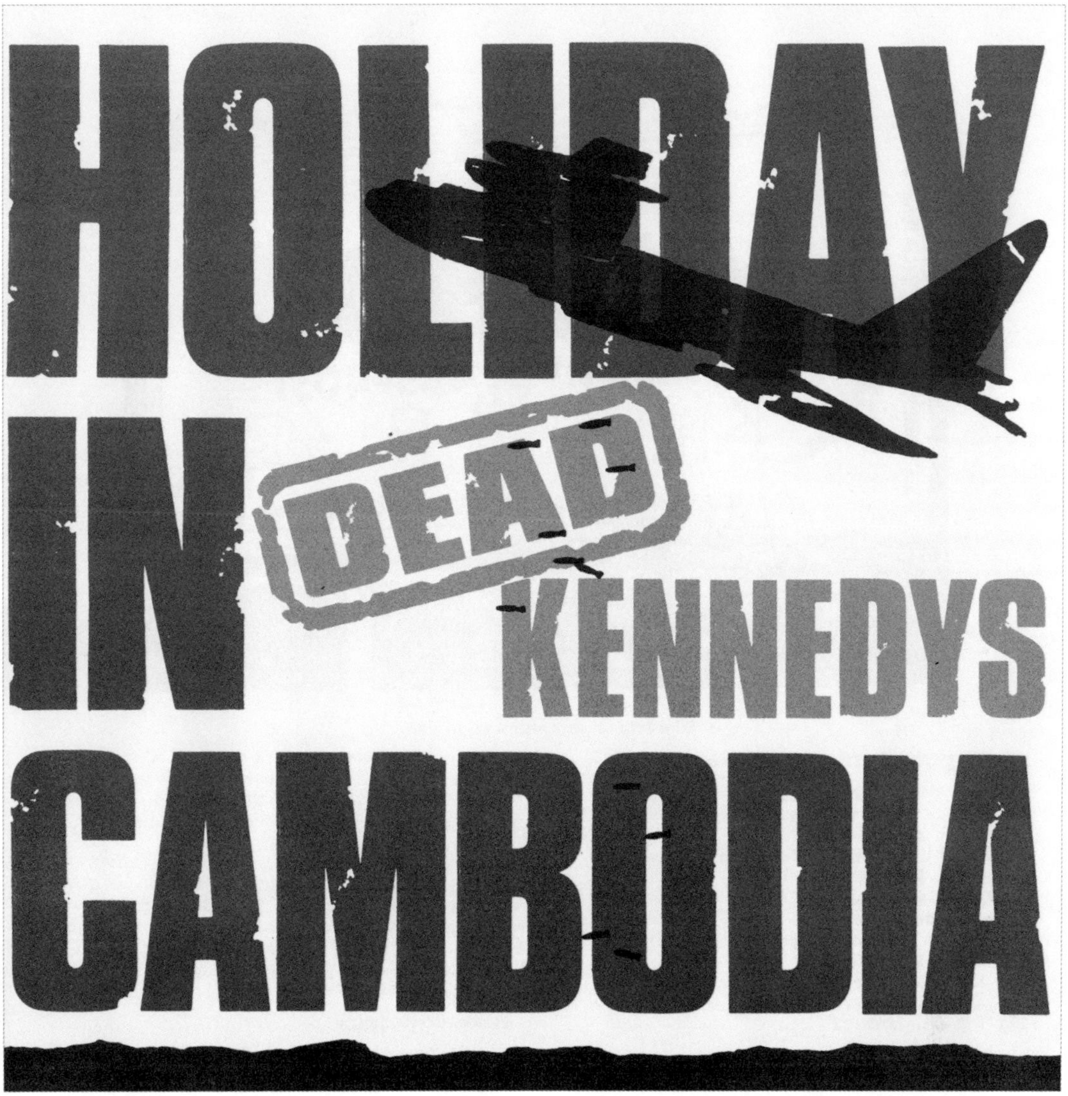
HOLIDAY
IN
CAMBODIA
DEAD
KENNEDYS

HOLIDAY
IN
CAMBODIA
DEAD
KENNEDYS

POLICE TRUCK
....JELLO BIAFRA/VOCALS.....E.B.RAY/GUITARS.....
.KLAUS FLUORIDE/BASS:VOCALS.....BRUCE SLESINGER/DRUMS...
....PRODUCED BY GEZA X & DEAD KENNEDYS.....MIXED BY R.PEPPERELL ......
.....ⓟ&ⓒ 1980 CHERRY RED RECORDS,53 KENSINGTON GARDENS SQUARE, LONDON W2 4BA...

A frightening communication gap . . .

POLICE TRUCK (w-Biafra/m-Biafra,Ray)

Tonight's the night that we got the truck
We're goin downtown Gonna beat up drunks
Your turn to drive I'll bring the beer
It's the late late shift No one to fear
AND RIDE, RIDE HOW WE RIDE
WE RIDE, LOWRIDE
It's roundup time Where the good whores meet
Gonna drag one screaming Off the street
AND RIDE, RIDE HOW WE RIDE
Got a black uniform And a silver badge
Playin' cops for real/Playin' cops for pay
LET'S RIDE, LOWRIDE

Pull down your dress Here's a kick in the ass
Let's beat you blue 'Til you shit in your pants
Don't move, child Got a big black stick
There's six of us, babe So suck on my dick
AND RIDE, RIDE HOW WE RIDE
LET'S RIDE, LOWRIDE
The left newspapers Might whine a bit
But the guys at the station They don't give a shit
Dispatch calls 'Are you doin' something wicked?
No siree, Jack, We're just givin' tickets
AS WE RIDE, RIDE, HOW WE RIDE (3)
LET'S RIDE, LOWRIDE

(c) DECAY MUSIC (BMI)

Páginas 102-103: A edição americana do single "Holiday In Cambodia" / "Police Truck", lançada em 1980 (Optional Music / Faulty Products).

Páginas 104-105: Primeira e segunda prensagens da edição inglesa do single "Holiday In Cambodia" / "Police Truck", lançadas em 1980 (Cherry Red). Edição italiana do single "Holiday In Cambodia" / "Police Truck", lançada em 1981 (Ariston) .

Acima: O encarte com letras da edição americana, lançada em 1980 (Optional Music).

À direita: Edição francesa do single "Holiday In Cambodia" / "Police Truck" (Cherry Red, 1980). Mais à direita: Primeira prensagem da edição australiana do single "Holiday In Cambodia" / "Police Truck" (Missing Link, 1980).

HOLIDAY IN CAMBODIA

(w-Biafra/m-Biafra,Ray,Fluoride,Slesinger)

So you been to school For a year or two
And you know you've seen it all
In daddy's car Thinkin' you'll go far
Back east your type don't crawl
Play ethnicky jazz To parade your snazz
On your five grand stereo
Braggin that you know How the niggers feel cold
And the slums got so much soul
It's time to taste what you most fear
Right Guard will not help you here
Brace yourself, my dear
IT'S A HOLIDAY IN CAMBODIA
IT'S TOUGH, KID, BUT IT'S LIFE
IT'S A HOLIDAY IN CAMBODIA
DON'T FORGET TO PACK A WIFE
You're a star-belly sneech You suck like a leech
You want everyone to act like you
Kiss ass while you bitch So you can get rich
But your boss gets richer off you
Well you'll work harder With a gun in your back
For a bowl of rice a day
Slave for soldiers Til you starve
Then your head is skewered on a stake
Now you can go where people are one
Now you can go where they get things done
What you need, my son.....
IS A HOLIDAY IN CAMBODIA
WHERE PEOPLE DRESS IN BLACK
A HOLIDAY IN CAMBODIA
WHERE YOU'LL KISS ASS OR CRACK
(chant) POL POT/POL POT/POL POT/POL POT/etc.
And it's a HOLIDAY IN CAMBODIA
WHERE YOU'LL DO WHAT YOU'RE TOLD
A HOLIDAY IN CAMBODIA
WHERE THE SLUMS GOT SO MUCH SOUL

(c) 1979 DECAY MUSIC (BMI)

Band: 70 Lundys Ln, SF CA 94110
Distribution: Systematic, 729 Heinz, Berkeley CA 94710
415/845/3352

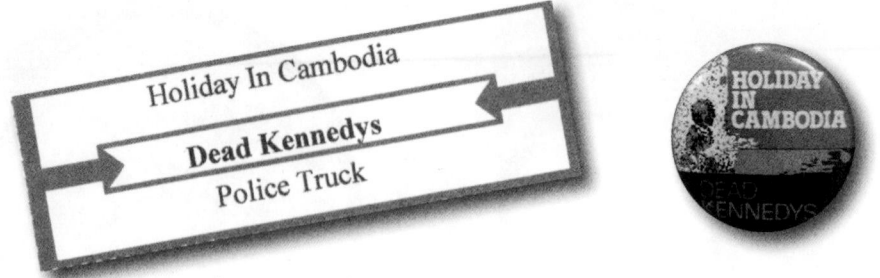

Acima: Segunda prensagem da edição australiana do single "Holiday In Cambodia" / "Police Truck" (Missing Link, 1980).

'We Have Done What We Had to Do'

A case of CIA mismanagement?

tm

❶ "I would have made a good Pope." — Richard M. Nixon

Holiday In **CAMBODIA**®

ASTRO-RAT SAYS: ARE YOU NEXT?

out that our government dumped the stuff, that's different.

the tWits PTA and the DipShits

NOW AT THE ORB
$3.00 AT THE DOOR

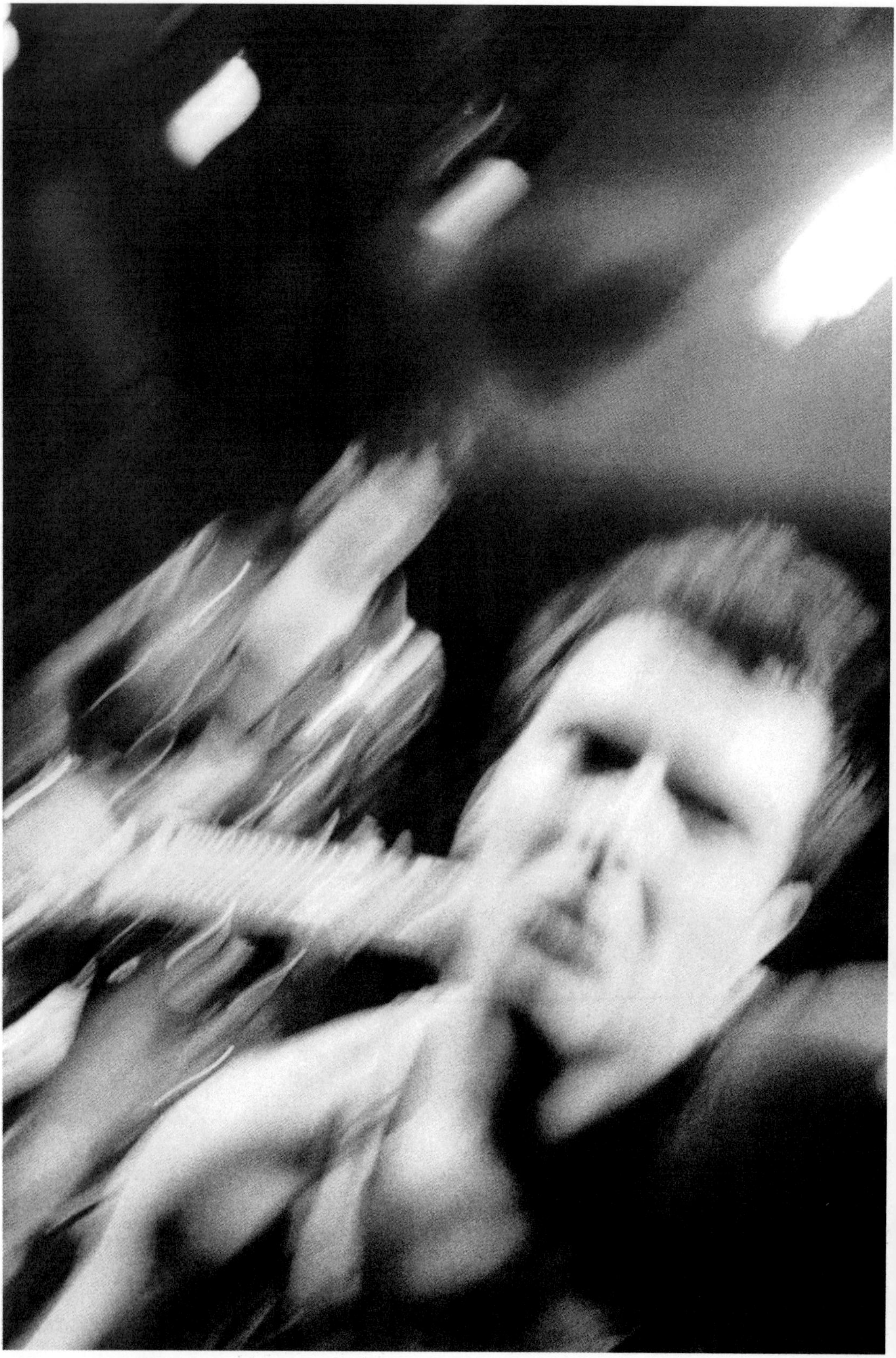

CAPÍTULO 6
Eficiência e progresso são nossos outra vez

"A música, como performance, é um tipo de escultura. O ar em uma apresentação é esculpido para se transformar em alguma coisa."
(Frank Zappa)

Fresh Fruit For Rotting Vegetables foi gravado no Mobius Music, em San Francisco. "Iain e eu arriscamos", reflete Bill Gilliam, "ao mandar dinheiro para fazer o disco de uma banda de San Francisco que poderia ter enfiado tudo pelo nariz". Na verdade, havia mais risco de que Biafra (que não era usuário de drogas e de bebidas) gastasse o dinheiro em sua sempre crescente coleção de discos. Mas eles não precisavam se preocupar. As sessões foram disciplinadas e em ordem. "Acho que sou bem confiante por natureza", diz McNay. "Estava confiante de que tudo ficaria bem".

A banda escolheu o estúdio de Oliver DiCicco em Noe Valley, que havia sido recentemente convertido para 16 canais e era carinhosamente chamado de "caixa de sapato", com a banda montada em uma sala central coberta de carpete, sem cabines isoladas. As sessões, que duraram um mês, geralmente aconteciam à noite, graças ao trabalho diurno de Klaus, com pouco mais de uma semana para cada uma das etapas de gravações de base, overdubs, backing vocals, teclados, overdubs de sopro e, finalmente, mixagem. "Havia carpete no chão, painéis de fibra de vidro nas paredes forradas de tecido e placas de gesso à mostra", lembrou DiCicco a Heather Johnson em 2005. "Era uma sala pequena e era difícil conseguir isolamento acústico. Provavelmente, era o estúdio mais básico que poderia existir. Não era refinado, mas tinha dezesseis canais de duas polegadas, então havia espaço de fita suficiente para colocar som. Chiado de fita não era um problema porque o som nunca parava!". Ted confirma: "Era um estudiozinho bem simpático em San Francisco. Uma atmosfera bem confortável".

À esquerda: Um borrão, em 1978. Biafra raramente ficava parado em cima do palco. (Foto: Ruby Ray)

Como DiCicco sugere, toda a sonoridade do álbum pode ser atribuída à variedade tanto de melhorias como de contenções; sua maior problemática foi a base de som que a banda criou e sua dificuldade de distinguir os elementos que a compunham. Ray usou um pré-amplificador DOD Overdrive nas sessões, um Fender Super Reverb e seu Echoplex de confiança – uma câmara de eco frequentemente utilizada nos anos 60 para produzir efeitos de OVNIs em séries de ficção científica. Ele comprou um após escutar Scotty Moore usando um em "Mystery Train". Biafra passou a usar microfones Neumann U47 de melhor qualidade, por sugestão de Geza X, para ajudar a dar brilho nos vocais. DiCicco supervisionou a mixagem final em seu Ampex 351 de dois canais. De acordo com DiCicco, "nada era alto ou rápido o bastante" para Biafra, que monitorava as mixagens em uma sala no andar de cima, onde uma estrutura de alto falantes lhe permitia ouvir uma aproximação de como as gravações poderiam realmente soar em vinil.

"A Cherry Red nos deu dez mil dólares," lembra Ray, "e eu sugeri à banda que usássemos seis mil e ficaríamos com mil dólares para cada, porque aquele era, provavelmente, o único dinheiro que iríamos ver! Então gravamos com seis mil dólares. Eu estava lendo livros e assinava revistas naquela época. E eles diziam que a maneira de maximizar seu tempo em estúdio é fazendo pré-produção. É aí que você realmente fica sabendo o que você vai fazer: está tudo mapeado. Você tem esse tanto de tempo para fazer as guias, gravar o baixo e a bateria, então tem aquele tanto de tempo para os overdubs de guitarra, e tanto tempo para os vocais principais e backings. Tal tempo para firulas como teclados e sopros e mais tanto tempo para mixagem. Tudo planejado. As pessoas não entendem. Você lê sobre esses músicos na MTV e tudo parece diversão e brincadeira. Mas é 99% transpiração e 1% inspiração".

"Éramos meticulosos", confirma Biafra. "Nunca fomos – e eu nunca fui – rápido no estúdio. Só o maldito single de 'California Über Alles' demorou um mês. Mas os resultados falam por si só. O resto da banda caía em cima de mim por ser tão exigente e não ficar de olho no relógio, como Ray sempre fez. Talvez porque eu não tivesse um naquela época. Minha sensação é que aquilo não era só uma tentativa de documentar o que fazíamos nos shows ao vivo. Eu me sentia como um colecionador de discos e um fã, pensando que aquelas versões das músicas são as que todo mundo vai ouvir daqui a cinco, dez, 50 anos. Então, pelo que eu entendo, é melhor que seja a melhor versão daquela música que já tocamos. Esse era o padrão que eu tentava manter. Quantas discussões ele criou!".

Biafra queria que Geza X produzisse o disco, baseado no bom resultado de "Cambodia". "Os outros caras derrubaram essa ideia", ele diz. "Então eu percebi que teríamos que fazer por conta própria e torcer para dar certo". Ted se lembra como as sessões aconteceram. "Ray, Klaus e eu chegamos primeiro. Fizemos as bases de três ou quatro músicas, e achávamos que estavam muito boas. E isso foi antes do Biafra aparecer. Biafra veio e dispensou todas elas, dizendo que elas deveriam ser mais rápidas ou coisa assim. Ficamos um pouco chateados com isso, mas acho que acabou dando certo. Provavelmente, houve um pouco de tempo desperdiçado, mas, no geral, toda a sessão foi bem organizada. A maior parte das músicas estava bem ensaiada; estávamos fazendo muitos shows na época e também ensaiando bastante. Tínhamos a maior parte das coisas prontas antes mesmo de entrar em estúdio. Houve alguns overdubs, mas as faixas básicas foram feitas em uma ou duas tomadas".

A confiança crescente conquistada em seus shows ao vivo significava que eles estavam embalados para a ocasião. "É, foi excitante para mim", continua Ted. "'California' foi a primeira vez que entrei em um estúdio de gravação, então foi aquilo que saiu, por assim dizer. Não estávamos tão encantados por estar em um estúdio pela primeira vez. Foi meio divertido. Sabendo ou não o que eu queria fazer com a sonoridade, eu tinha uma ideia de como queria que minha bateria soasse, mas foram Ray e Biafra que a produziram mais".

"Havia diversas tomadas diferentes de cada uma daquelas músicas, pelo que me lembro", recorda Biafra. "Acabei sendo o responsável por escolher quais tomadas ou mixagens deveríamos usar. Com 'In-Sight' tínhamos uma mais rápida que Ray achava melhor, mas eu gostei da que usamos porque achei que a música estava mais redonda e mais bem captada". ["In-Sight" não entrou no álbum, mas foi a música adicional gravada durantes as sessões e, mais tarde, se tornou o lado B da versão single de "Kill The Poor".]

"Oliver nunca tinha trabalhado com esse tipo de música", continua Biafra. "Seu grande lance antes de nós eram pessoas que se tornaram grandes músicos de new age. Um foi Andy Narrell, outro foi Alex Di Grassi. É importante, porque Oliver estava longe, em outro campo, mas, ao mesmo tempo, ele tirou de letra. Ao contrário de vários engenheiros consagrados hoje, ele entrou no jogo para conseguir o tipo de som que queríamos. Eu diria que ele foi o maior responsável, então Ray entrou na cabine de controle com ele. Eu estava no andar de cima, onde havia outra estrutura de alto falantes. Eu ficava simplesmente escutando, enquanto Oliver consertou vários instrumentos. Então, quando ele mixou, ele colocou para tocar nas outras caixas e eu fiz anotações, voltei e decidi o que fazer a partir desse ponto. Ainda uso este método até hoje. Tento ficar completamente isolado do engenheiro de som e deixo-o fazer seu trabalho, até que tenha algo concreto. De outra maneira, eu poderia reclamar e resmungar sobre o som da caixa por seis horas. Aí, quando eu conseguir o som perfeito para a caixa da bateria, todo o resto estará terrível. Então eu aprendi a ficar afastado dessa parte do processo. Até hoje, fico fora da sala até o engenheiro achar que tem algo. Aí eu faço uma sintonia fina a partir disso ou, ocasionalmente, jogo tudo fora e tento outra coisa".

É justo dizer que Biafra e Ray não disputam os créditos de produção. "No disco, o problema é [que] eu não tive controle o bastante sobre a mixagem", declara Ray. "Biafra entrava e metia o nariz. Eu ficava olhando para trás, pensando que seria melhor se o chutássemos da sala, fizéssemos a mixagem e disséssemos 'Aqui está!'. Biafra diz que Oliver supervisionava a produção. Na verdade, éramos Oliver e eu. Tenho todas as planilhas de equalização e 90% delas estão com a minha caligrafia. Tenho as planilhas de overdub com a minha caligrafia. Eu posso provar! A verdade é que Biafra ter se esquecido disso não é problema meu. Aquilo foi gravado em 16 canais. Então 16 canais basicamente duplicados, mas um para o baixo, a guitarra, as vozes e diferentes partes da bateria. Você precisa manter o foco nisso em um nível intelectual, onde as coisas estão, como elas estão sendo direcionadas e combinadas. Não percebia isso naquela época, mas sou um bom arranjador – levo as coisas a algum lugar. Você não quer ficar muito tempo no mesmo lugar, você quer manter os ouvidos das pessoas interessados".

Finalmente, o status de produtor foi dado ao gato de DiCicco, Norm. "O Oliver tinha dois gatos, Norm e Motto", continua Biafra. "Mas Norm era bem mais amigável. Não tinha convivido com gatos desde que saí de casa, então estava feliz por ter a companhia e o apoio inabalável de Norm. Mesmo que ele estivesse dormindo no meio da mesa de mixagem quando Oliver precisava mexer em alguns botões. Obviamente, Norm foi o produtor. Até hoje, bandas me perguntam se posso colocá-las em contato com o Norm, para que ele produza seus discos. Mas, infelizmente, assim como Joe Meek, acredito que ele tenha falecido".

Fresh Fruit confirma enfaticamente o pedigree de composição dos dois singles. Nenhuma das 14 faixas carece de ganchos musicais ou líricos singulares. Em alguns momentos, o humor é frenético e travesso ("Stealing People's Mail", ou no cover de "Viva Las Vegas"); em outros, arrepiante e antagônico ("I Kill Children", "Funland At The Beach" e "Ill In The Head"). Os críticos de Biafra sempre miraram no último subconjunto, tido como particularmente sinistro. Mas elas foram sua terapia de choque em sua jornada pessoal de rejeição das banalidades morais americanas. "Eu não ficava antecipadamente imaginando e planejando como quebrar este ou aquele tabu", ele diz. "Só estava tentando dizer coisas que eu achava que precisavam ser ditas. Uma vez que eu sabia que poderia escrever canções, compor música e escrever letras, e percebi que era muito bom nisso, nada poderia me parar. Então meu padrão sempre foi que cada uma daquelas canções tinha que ter algo que eu, o fã exigente, gostaria de ouvir várias e várias vezes. Eu havia passado muitos anos escutando rock and roll e pensando que a maior parte das letras eram estúpidas. Isso é, parcialmente, o motivo de o punk ter sido um sopro de ar fresco. As letras eram voláteis, extremas. Havia uma verdadeira pressão para se ser inteligente, principalmente em San Francisco". E isso também se aplica à música. "Todos na banda tinham um lado competitivo", nota Ray. "Queremos escrever uma música melhor que a *daquela* banda. Tínhamos isso em comum. Felizmente, tínhamos talento para isso. Algumas pessoas têm simplesmente o ego e o ego sem talento...".

Parece impossível que alguém pudesse escutar por aí, digamos "Funland At The Beach" e seu refrão "Crushed little kids adorn the boardwalk" ["criancinhas esmagadas enfeitam a calçada"], e não sorrir com sua gloriosa profanação. Mas eles o fizeram. "O que eu estava tentando fazer com a música era tentar fazer uma música do Dead Kennedys que tivesse a força do Sonics", lembra Biafra. "Mas o que eu tinha na época era um longo poema sem métrica com muitos detalhes, chamado 'Funland At The Beach'. Então tive que cortá-lo e transformá-lo em uma música punk rock inspirada no Sonics. Inicialmente, quando estávamos tentando mixá-la, ela estava meio embolada e a guitarra sem definição. Não consigo me lembrar qual de nós teve a ideia, mas foi sugerido que Ray adicionasse outro canal de guitarra em que ele tocava a corda mi grave, no estilo *twang* de corda única como Duane Eddy. Então ele meio que o 'disfarçou' na mixagem, onde você não consegue realmente ouvir a guitarra Duane Eddy, mas o riff está muito mais claro e definido".

Mas uma letra ganharia a indignação moral de diversas camadas. "A que mais me fez ouvir merda durante anos foi 'I Kill Children'", confirma Biafra. "A premissa da música era: por que a América tem mais assassinos de massa e serial killers que os outros países? Supostamente, a América teve, em toda a história, mais serial killers do que todos os países do mundo em conjunto. Por quê? Era essa lacuna que a música queria preencher. Ironicamente, as pessoas que têm objeções mais profundas a essa música são religiosos de direita dos Estados Unidos e os primeiros punks britânicos do Crass. Eles achavam que era violenta demais e muito inconsciente e sanguinária. Novamente, Alice Cooper também faz parte do que eu sou! Só tentei criar as cenas de terror a partir da vida real, ao invés de usar vampiros e monstros".

"Kill The Poor" abriu o disco, ancorada pelas batidas enérgicas e aceleradas de Ted. "Uma das coisas que Ted fez", relembra Klaus, "é que ele mudava as coisas toda hora. Quanto mais acelerávamos, mais ele queria mudar as batidas. Às vezes, Biafra se irritava um pouco com isso. Isso se tornou um ponto de conflito naquela época. Ted estava experimentando. Assim como Biafra fazia em sua performance, ele queria saber até onde isso chegaria. O resultado dessas coisas é que 'Kill The Poor' acabou sendo a coisa meio disco do álbum *Deaf Club*, por exemplo".

Na verdade, a versão da música daquele show em março de 1979, que aconteceu no clube underground homônimo no Mission District de San Francisco (e foi lançado em 2004), tem Ted fazendo exatamente isso, apesar de soar mais como jazz-funk. "Bruce [também conhecido como Ted] é um baterista de batidas firmes", continua Klaus. "A introdução de 'Kill The Poor' é um padrão de progressão doo-wop, então ela se transforma em um padrão punk estilo Sex Pistols, só que mais rápido". De fato, a música foi originalmente pensada como um pastiche de "You're Gonna Kill That Girl" dos Ramones. Pouquíssimas pessoas percebem a semelhança do refrão, quando a enunciação gritante de Biafra de 'tonight' tem mais oscilações que o detector de mentiras de Dickie Nixon. Mas, segundo o cantor, era "um aceno a Buddy Holly".

"Kill The Poor", que faz uma falsa adoração à bomba de nêutron e seu despacho "limpo" (que Scrooge já chamou de "excesso de população"), é um excelente exemplo da propensão de Biafra a padrões distorcidos de retórica punk. Sua histeria contida era uma reminiscência da sátira de Jonathan Swift, *Uma Modesta Proposta para Prevenir que Filhos de Pessoas Pobres da Irlanda Sejam um Fardo para Seus Pais ou o País*, que propunha o abandono de pesos-mortos econômicos com a venda de seus filhos como comida para os ricos. Não era, na superfície, uma música de protesto com imperativos, o denominador comum entre as bandas punk que abordavam o assunto. "Existem vários tipos de músicas antinucleares sendo lançadas", confirma Biafra, "principalmente pelas antigas bandas hippies da Califórnia ou bandas britânicas com outra perspectiva. Então por que não entrar no meu método de pensamento e fazer uma música a partir da visão dos *militares? Ou do ponto de vista dos loucos do Pentágono?* Isso a torna muito mais cruel. Foi assim que 'Kill The Poor' nasceu". (8)

No entanto, nem todos entenderam o lado sarcástico de Biafra. Em um show no Brooklyn, uma garota (explorando os mais longínquos alcances do sentido literal das coisas) correu até ele no camarim gritando: "OK! Mate os pobres!". A versão alemã do disco não incluía o encarte com letras (como medida para corte de gastos) e, como resultado, reivindica Biafra, algumas pessoas "a entenderam como um hino para a abertura de caça aos turcos. Imediatamente, corrigi aquilo em cima do palco". Na verdade, e por motivos óbvios, foi "California Über Alles" que mais criou problemas na Alemanha. Mais tarde, a banda contratou – mais por coincidência que por planejamento – um produtor de shows turco para seus shows em Berlim, em uma ação falsamente retratada como uma "trapaça" pelos jornais racistas alemães. "Kill The Poor" já havia criado um certo nível de dificuldade local. "Um dos motivos que nos forçaram a deixar nossa garagem", confirma Ray, "era que os vizinhos que se irritavam com os ensaios, a ponto de chamar a polícia, estavam aprendendo a cantar 'Kill The Poor'. Acho que era por causa da repetição de 'Kill Kill Kill Kill'".

A sonoridade da banda havia se flexibilizado antes das sessões. "Na época em que o disco foi gravado", nota Klaus, "havia uma coisa orgânica, que germinava. Brincávamos com todos os diferentes tipos de alterações de como as músicas poderiam ser executadas. Foi assim que todas as músicas se tornaram o que são; alguém surgia com uma ideia. Ou fazíamos jams em cima de algo, entre as músicas. Eu, Ray e Bruce começávamos e Biafra ligava o gravador e vinha mais tarde com alguma letra para o que havíamos tocado. E a música crescia a partir disso. Era uma coisa muito orgânica e levou um tempo para termos um álbum de

38 minutos. Não acho que exista algum 'tapa-buraco' naquele disco. Havia algo de muito legal nele".

"Uma das coisas que deu início a isso", aponta Ray, "é que todas as pessoas na banda escutavam diferentes tipos de música. Tínhamos o punk rock em comum, mas o Klaus tinha uma grande coleção de discos 78 RPM de jazz dos anos 30 e também as coisas esquisitas de comédia do Spike Jones. Biafra tinha muito da coisa de garage rock. 6025 escutava coisas mais *avant garde* como Captain Beefheart. É isso que, para mim, faz uma banda melhor que um artista solo. Você tem diferentes músicos talentosos, eles trazem diferentes pontos de vista e você mistura tudo e sai com algo novo. Foi mais ou menos assim que o rock 'n' roll teve início: country, blues, gospel, jazz, uma coisa híbrida".

Uma boa – e comum – ideia na teoria, mas raramente funciona tão bem na prática. "Bem, o básico é que", declara Ray, "nós detonamos! Havia um crítico de jazz na *New Yorker,* chamado Whitney Balliet. Ele era um redator muito, muito bom. Mesmo que você não goste da pessoa sobre quem ele está falando, você lê assim mesmo, por causa do texto. Seu critério era se o músico de jazz tinha *swing* ou não. E é parecido com uma banda de rock 'n' roll, se a energia está lá".

Um dos aspectos mais agradáveis de *Fresh Fruit* é sua prontidão para superar as expectativas dos ouvintes, o deleite de encontrar o fim de uma música logo quando você pode ter entendido a estrutura. As pessoas entenderam o humor das letras imediatamente. Mas muito dessa sagacidade também está incorporada na música. "Sim", confirma Ray, "definitivamente existem piadas musicais ali. 'Police Truck' não está no disco, mas foi gravada mais ou menos na mesma época. Logo antes do início do solo, Klaus e eu tocamos o tema do *Batman*".

"Police Truck" também é uma das favoritas de Ted, que acredita que a essência das performances no álbum se deve ao alicerce ao vivo. "Tocávamos muito ao vivo, então existe uma certa energia quando você toca ao vivo. A parte mais difícil disso – e muitas bandas têm o mesmo problema – é capturar a crueza da energia ao vivo em um disco de estúdio. Alguns dias eram melhores que outros, por conta dos horários em que gravávamos, se não era muito cedo ou muito tarde. É difícil capturar essa sensação crua e ao vivo e a excitação que você tem em cima do palco. Há uma corrente de adrenalina quando existe um público ali, participando. O tipo de música que estávamos tocando exigia algum estímulo desse tipo. Acho que fizemos o melhor que podíamos naquela hora". De acordo com Biafra, "Police Truck" era uma das "únicas três músicas que eu escrevi em 30 minutos ou menos de uma vez só. 'Nazi Punks Fuck Off' e 'Voted Off The Island' são as outras duas. Ray acrescentou uma guitarra característica muito legal mais tarde. Então, sim, ele ganhou o crédito de co-autor".

"Let's Lynch The Landlord" foi parcialmente inspirada na experiência de Klaus e Biafra com aluguéis, apesar das histórias que falam sobre o último se vingando do vilão do título ao criar uma colônia de ratos no porão do prédio serem "inteiramente ficcionais", ele relata. Bem, a culpa é dele mesmo por ter antecipado a ideia em uma entrevista a John Tobler para a *Zig Zag*, quando ele relatou a história da cobrança atrasada de reparos no encanamento em seu aluguel e, como resultado, um cavalheiro muito grande e rude batendo em sua porta. "Ainda é a mesma proprietária, até hoje", ele diz agora. "Se ela ainda estiver viva, ela pode nos processar por difamação! Se você realmente quiser continuar com isso, você pode dizer que, aparentemente, houve *pouquíssimos* reparos até hoje".

A música se mostrou a mais difícil de finalizar. Ninguém sabe inteiramente o porquê. "Por fim, todos concordamos que Bruce precisava refazer o bumbo de 'Let's Lynch The Landlord' e pensar em algo mais simples", continua Biafra. "Você quase consegue ver a fumaça saindo de seus ouvidos enquanto ele estava no estúdio com nada além do bumbo, só marcando o tempo. Mas isso foi bom para a música. 'Let's Lynch The Landlord' era a música que você deveria conseguir dançar e não conseguíamos entender por que ela não estava alcançando seu objetivo. Então Oliver me levou à sala de controle e disse 'Escute o bumbo. Ele vai dar problema durante a mixagem'. Aí fizemos Bruce refazê-lo. Oliver percebeu bem no início que eu era o mais envolvido emocionalmente com o disco e nós dois nos dávamos muito bem".

"Chemical Warfare" faz referência a uma fantasia de massacre em um clube de campo. Mais tarde, a paranoia da Guerra Fria garantiria que a perspectiva de extermínio biológico se tornaria outro tema favorito no meio punk. Mas nenhuma música com título similar empregou imagem de gás asfixiante encobrindo verdes campos de golfe e dry martinis se espatifando no chão enquanto os endinheirados e complacentes morrem asfixiados. E ninguém tampouco criou (até onde eu saiba) uma impressão razoável de uma banda marcial. "Ah, a valsa", relembra Biafra. "Aquilo surgiu do meu amor pelos Sparks. Eu adorava o humor malvado de Frank Zappa e as letras secas, mas realmente dementes dos Sparks em *Kimono My House*, *Propaganda* e, principalmente, *Indiscreet*. Acho que os irmãos Mael foram mais influentes no meu estilo de composição que qualquer outra pessoa". Na verdade, a citação impressa nas primeiras prensagens do disco – "Well?? Who ARE The Brain Police???" ["E aí?? Quem É a Polícia Cerebral???", em português] – vem de uma música de Frank Zappa and the Mothers of Invention.

A cena de "asfixia" contava com o Coral Rocky Mountain Arsenal, batizado em homenagem à infame instalação de armas químicas. "Não tenho certeza se fizemos tudo em uma tomada ou se Oliver nos fez repetir duas ou três vezes. Tínhamos várias pessoas lá, algumas delas acabaram virando o Flipper". Na verdade, Will Shatter, ex-Negative Trend e, mais tarde, do Flipper, foi um dos que contribuíram, ao lado do jornalista (e letrista ocasional dos Tubes) Michael Snyder; o então empresário da banda, Chi Chi; Dirk Dirksen e Ninotchka. Esta última, também conhecida como Therese Soder (da banda punk The Situations), mais tarde se casaria com Biafra. Em um cemitério. Eu disse a seu ex-marido que a música claramente antecipa a atual falácia ou obsessão dos Estados Unidos com a "segurança da nação". "Você disse isso, eu não. Mas a ilusão da segurança da nação, a falácia, ou como você quiser chamar, é uma boa maneira de descrever 'Chemical Warfare'".

Ela foi escrita "pelo ponto de vista de como seria fácil invadir o arsenal de Rocky Mountain no Colorado, roubar gás asfixiante e despejá-lo em um campo de golfe nas redondezas", continua Biafra. "Nenhuma outra música aborda o tema das armas biológicas dessa maneira. De certa forma, é um jeito atual de pensar no assunto. Não seria necessariamente um brincalhão degenerado, seria um terrorista bem metódico como da Al-Qaeda. A administração Bush tinha todos os tipos de alarmes e apitos para aterrorizar passageiros aéreos, trancar decentemente pessoas do Oriente Médio e prendê-las sem julgamento, mas nossos armazéns de armas militares e usinas de energia nuclear são altamente desprotegidos, assim como nossas rotas de navegação. Dificilmente algum dos cargueiros que chegam aos nossos portos é inspecionado. Você não poderia simplesmente contrabandear Osama Bin Laden em um dos contêineres, você poderia contrabandear a porra de um míssil. Osama poderia estar dirigindo um táxi em Nova York agora e ninguém saberia". Esses comentários foram feitos, claro, antes da "ação decisiva" de Obama para eliminar o hirsuto inimigo da paz, da democracia e do "American Way". Enquanto isso, o arsenal de Rocky Mountain foi finalmente esvaziado e transformado em um santuário natural.

Assim como "Holiday In Cambodia", que no disco tem uma introdução estendida de certa forma replicando o som de um humano gritando, Ray empregou seus Echoplex em outras músicas como "Drug Me" e em diversos solos, inclusive de "Let's Lynch The Landlord". Quase inacreditável: sua incrível variedade de sons agudos no disco foi criada com equipamentos ultra-baratos. "Toquei uma imitação japonesa de Telecaster que comprei por US$ 100 em uma loja de penhores. Coloquei captadores Seymour Duncan – um humbucker na ponte e um tipo Strat no braço – e uma ponte Schecter nela. Ainda tenho essa guitarra e ela tem uma sonoridade única".

"Your Emotions", com letra de Ray, deve muito aos antepassados punks da banda em San Francisco. "Na linha do baixo", explica Klaus, "tem uma parte em que vai para o refrão e faz essa coisa um-cinco-um, que eu vi nos Avengers. Os Avengers vieram antes de nós, eles eram uma das bandas que eu gostava de assistir. Eles foram uma das bandas que me fizeram decidir que queria entrar para uma banda punk. O baixista é Jimmy Wilsey, que acabou tocando guitarra com Chris Isaak. Naquela época, em 77/78, ele tocava um baixo espantosamente agressivo. Ele fazia uma parte em que tocava muito rápido e eu pensei 'OK, vou colocar aquilo *nisto*. Novamente, partes disso são influências muito antigas. Algumas são influências que surgiram no último ano. Você pega emprestado. Você rouba. Amadores pegam emprestado, profissionais roubam".

"Forward To Death", um thrash brutal e niilista, foi composta pelo ex-integrante 6025, apesar de ter tocado no disco finalizado apenas em "Ill In The Head", adicionando overdubs. "6025 queria fazer mais coisas *avant garde*", diz Ray. "Ele achava que éramos muito comerciais e pop! Apesar de 6025 ter contribuído com 'Forward To Death', ela realmente foi resultado de esforço da banda. As pessoas têm dificuldade em conhecer a dinâmica do trabalho da banda em uma situação musical. Ele trouxe essa música, mas era um punk rock muito direto, o padrão de acordes – não importava quem tocasse aquilo. Mas, depois da primeira estrofe, faço algumas linhas. Alguém descreveu isso como a parede sonora com pichações. Então tem partes de pichação ali, se você escutar. Elas, provavelmente, foram criadas em ensaios ou, talvez, em um show. Quando você toca para um público, a música muda um pouco". De acordo com Ted, "através de jams e ensaios, todos nós descobrimos por conta própria o que era melhor. Havia sugestões de outros integrantes da banda – 'Por que não faz isso ou aquilo?' –, então era, de certa forma, um esforço colaborativo na maioria das músicas. Mas, no geral, todos eram responsáveis por trazer sua própria parte ou a forma como deveriam tocá-las".

"Ill In The Head" era "muito mais angular", segundo Ray. "Acho que tentávamos torná-la mais digerível para as pessoas do punk rock". Ela ainda mantém, no entanto, diversas seções separadas e andamentos, ostensivamente mudando de uma estrutura 13/8 para uma 11/8. Ambos os casos são extremamente incomuns na composição musical ocidental (apesar de Grateful Dead, Van der Graaf Generator, Caravan e outros grupos de rock progressivo terem experimentado essa estrutura), mas são mais proeminentes nas tradições turcas e romanas. "Ela teria tido ainda mais partes, se não tivéssemos editado!", brinca Ray. "Uma das partes do processo criativo é a edição. O que você exclui pode fazer o que sobra soar melhor". Mas, como Klaus nota, "em todas as músicas existe uma coisinha que alguém trouxe. 'Ill In The Head' era basicamente uma música do 6025. Mas o que era puramente dele naquela faixa era o final, no que diz respeito ao que as guitarras estão tocando. Minha parte do baixo – ele não me disse o que tocar, mas a ideia daquelas três pequenas seções no final era do 6025. Era algo estranho para aprendermos, mas ele insistiu. Então tive a ideia de tocar as três contra as quatro no baixo. 6025 queria que tocássemos alto tipo 1/18 em uma parte do final. Tinha coisas assim colocadas lá totalmente para incomodar os outros".

A música surgiu quando Biafra entregou a Carlos um conjunto de letras sem música – a única vez, ele garante, que fez isso sem a banda. "Simplesmente as entreguei ao Carlos e o deixei brincar com as palavras e criar alguma música a partir daquilo. Eu reduzi bastante a composição de músicas enquanto ele estava na banda, porque ele parecia surgir com mais surpresas rapidamente e eu perdi a confiança por um tempo. 'Chemical Warfare' foi a primeira música que eu fiz depois que ele saiu da banda. Anos mais tarde, ele me mostrou uma versão completamente diferente das letras para 'Ill In The Head', que ele disse que eu havia dado a ele antes. Acabou que a versão que ele tinha era melhor, mas o disco já tinha sido lançado, então era um pouco tarde para isso".

Na sequência, Carlos trabalharia com o colaborador dos Residents chamado Snakefinger (ele aparece no vídeo "The Man In The Dark Sedan"). Existem rumores sobre a subsequente fragilidade mental do segundo guitarrista do DK. Aparentemente, ele continua finalizando sua ópera punk cristã. "Ele era profundamente religioso no segundo grau", relembra Biafra, "aí ele largou a religião quando estava no Dead Kennedys. Assim, ele escreveu a música 'Religious Vomit' [que a banda gravaria no disco *In God We Trust, Inc.*]. Mais tarde, ele voltou para a religião e, a certa altura, disse-me que queria ser o Captain Beefheart da música gospel". Sua última aparição notória foi em abril de 1993: ele participou de um show na casa punk Gilman Street e ficou tão ultrajado pela lasciva performance de Marian Anderson do InSaints (envolvendo sessões de dominação lésbica) que chamou a polícia. A cobertura do evento fez referência a *fist-fucking* e bananas, que podem ter acontecido ou não. Mas Biafra acredita que "duas mulheres se beijando podem ter sido o suficiente para o Carlos". Isso levou seus ex-parceiros de banda a responderem a uma enxurrada de perguntas constrangedoras sobre por que um ex-Dead Kennedys havia se transformado em um puritano e um informante da polícia, da noite para o dia.

"Ele saiu", confirma Ray, "mas as músicas eram boas, e as estávamos tocando e demos nosso toque nelas para mantê-las. Em 'Ill In The Head' há uma parte com harmonia de duas guitarras, então o convidamos para vir e tocar sua parte. Acho que não a tocamos ao vivo depois que ele saiu da banda. Ela precisa de duas partes de guitarra interligadas. Talvez eu pudesse ter arranjado uma guitarra de dois braços!". A recordação de Biafra é diferente. "'Ill In The Head' ficou em nosso repertório até o fim, 'Drug Me' também. Nós *sempre* sabíamos todas as nossas músicas. Então nossos shows mudavam todas as noites. Se você pedisse 'Drug Me' no calor do momento, poderíamos tocá-la. A parte de guitarra entre a parte cantada de 'Ill In The Head' é o Carlos tocando a parte que ele escreveu para o Ray *ao contrário*. Carlos tinha muito orgulho daquilo".

"Ele queria ir mais na direção do rock progressivo do que os outros caras da banda", continua Biafra. "A certa altura, ele até me perguntou se eu poderia tocar flauta, porque era o que Ian Anderson tocava com o Jethro Tull. Diferentemente do resto da banda, ele não tinha cortado o cordão umbilical com os excessos do rock dos anos 70! Acho que ele pode ter sido o músico mais brilhante que já tivemos na banda. Ele podia tocar qualquer coisa. Ele até sentou atrás da bateria para mostrar ao Bruce como ele queria que ele tocasse o final de 'Ill In The Head'. E ele a tocou perfeitamente! Ele era um gênio musical".

"Por que Biafra não diz *isso* sobre Klaus e eu?", exige Ray, inadvertidamente cuspindo uma enorme "bola de pelo" emocional. "Seria legal se ele dissesse algo de bom sobre meu jeito único de tocar guitarra. Vou começar a chorar!". Ele também está só parcialmente brincando. Sem entrar em detalhes de créditos de composição, Biafra, devido a outros fatores, sempre foi discreto ao creditar a excelência das contribuições musicais de Ray e Klaus no Dead Kennedys. Ray é indiscutivelmente um ótimo guitarrista, com uma inacreditável paleta e sonoridade distinta. Klaus também tinha um toque altamente pessoal, com suas linhas de baixo controladamente harmônicas, independente da brutalidade do fundo musical, enquanto seu talento como arranjador é uma faceta comparativamente não reconhecida de *Fresh Fruit*. (9)

Sobre manter as contribuições compostas por 6025 para a banda, é importante perceber que a eventual seleção de faixas foi deliberadamente congelada no tempo. "Na época em que fizemos *Fresh Fruit*", diz Biafra, "acho que tínhamos a sensação de que duraríamos um certo tempo. Não precisávamos jogar todas as nossas fichas em um disco. Já tínhamos 'Bleed For Me' e talvez até 'Moon Over Marin' naquela época, além de algumas músicas que entraram no *In God We Trust, Inc*. Mas eu tinha uma forte sensação de que não devíamos simplesmente abandonar as primeiras e mais simples músicas punk e ir em direção ao que se tornou o *Plastic Surgery Disasters*, para nos mostrar exatamente naquele momento. Achava que era mais importante documentar tudo, passo a passo. Assim, não gravamos 'Bleed For Me', mas gravamos músicas como 'Your Emotions' ou 'Ill In The Head' que não estávamos mais tocando com tanta frequência. Acabei escolhendo as mixagens finais e a ordem das músicas. Fiz da mesma maneira que escolho a ordem das músicas hoje – simplesmente dou uma volta de carro escutando uma delas até que funcione". Ray, como era de se esperar, disputa com Biafra a escolha da ordem de reprodução. "Existe um monte de notas com a minha caligrafia. O que aconteceu foi que nós escolhemos quatro ordens e as colocamos em um chapéu. E todos votaram nelas". E Biafra conta: "Que piada! Eles não podem me dar crédito por uma coisinha sequer!".

"Stealing People's Mail" deve muito à grande afeição de Biafra pelo garage rock dos anos 60. "Aquele foi o primeiro rock 'n' roll escutado. Mesmo mais tarde, quando eu estava conhecendo os discos do Music Machine, 13th Floor Elevators e Seeds em lojas de usados, eu percebi o quanto eu ainda gostava daquela música.

E como aquelas músicas eram escritas e arranjadas de um jeito diferente das do Led Zeppelin. Outra inspiração para 'Stealing People's Mail' foram os Screamers também. Essa era meio que a estrutura dela; também poderia ser tocada em um teclado distorcido. Até trouxemos Paul Roessler dos Screamers para tocar na versão de estúdio dessa música, mas ele acabou fazendo o solo no lugar do Ray, que tocava algo completamente diferente ao vivo". Roessler também proveria acompanhamento de teclado em "Drug Me", ao lado de Ninotchka.

Em termos de inovação, a frenética "Drug Me" antecipou o thrash na velocidade da luz que os Dead Kennedys iriam explorar em *In God We Trust, Inc.* – que se tornou um marco para a recém-chegada geração "hardcore". "Drug Me" parecia quase o pronunciamento de um manifesto, como se eles estivessem se forçando musicalmente ao máximo que pudessem. "Não sei no que estávamos pensando!", admite Ray. "Hoje, com ProTools, poderíamos fazer tudo se encaixar perfeitamente. Mas estávamos simplesmente tocando. Agora que você mencionou isso, 'vamos ver o quão rápido conseguimos tocar isso, ainda fazendo sentido e ainda detonando?', acho que aconteceu um pouco disso". No entanto, ela acabou se tornando um peso em suas costas. "Era impossível tocar aquela música ao vivo", nota Klaus. "Tenho vídeos de nós a tocando ao vivo. Incrivelmente, tocávamos, mas tenho certeza que foi a que tivemos que gravar mais vezes em estúdio para que saísse certa... Claro, estávamos tentando forçar o máximo que podíamos. 'Stealing People's Mail' também era incrivelmente rápida, considerando que 'Let's Lynch the Landlord' é bem direta. Se alguém estudá-las, é possível encontrar facilmente as raízes daquele riff. Estávamos pensando no velho clássico Nugget do Blues Magoo, '(We Ain't Got) Nothing Yet'".

A letra de "Drug Me" varia entre o fantástico e o extremamente mundano – de "máquinas de foda" a "palavras cruzadas"; "Parte daquilo era eu falando não só sobre vícios químicos", diz Biafra, "mas o que David Thomas do Pere Ubu chamava de 'Psychobulk' [algo como "louco em massa"] em sua entrevista na *Search And Destroy*. É onde você tem a televisão, ou outra coisa que entre e saia de sua cabeça, mas da qual você não se lembra. Como um tipo de narcótico calmante. Isso são as palavras cruzadas. Assim como as tendências, os modismos e o rock 'n' roll. Eu não inseri TV na letra, porque isso é um exemplo óbvio."

No caso de sua velocidade fulminante, a evolução foi tanto conceitual, quanto musical. "Às vezes, tenho esse problema", nota Biafra, "em que eu visualizo – ou

Dead Kennedys: Fresh Fruit for Rotting Vegetables [os primeiros anos]

escuto a música ou um riff em minha cabeça – e, normalmente, é bem mais lento do que como eu imagino que deva soar com a banda de verdade. Então essa não parecia funcionar devagar e deveria ser uma daquelas músicas mágicas, tipo Screamers. Mesmo se você começar tentando fazer um tipo de música, geralmente acaba soando completamente diferente. Consigo pensar nos Screamers nas estrofes e em algo completamente diferente no refrão. Posso pensar em um *clima* dos Screamers nas estrofes, porque eu não estava roubando seus riffs ou coisa do tipo".

Enquanto isso, "Viva Las Vegas" era a escolha perfeita para fechar o disco. "'Viva Las Vegas' deu início à tradição do Dead Kennedys que eu mantenho até hoje de escolher covers muito improváveis", continua Biafra. "Algo que vai criar uma onda de choque entre o público – 'por que diabos eles estão tocando AQUILO?'. Nunca fizemos covers de 'I Wanna Be Your Dog' ou 'Folsom Prison Blues' [apesar de Biafra ter gravado backing vocals na versão de estúdio dos Red Rockers]. E não seguimos as bandas de bar dos anos 70 e covers de músicas de Chuck Berry – até chegar ao ponto em que você estragaria Chuck Berry para sempre para várias pessoas. Foi Ted quem sugeriu que fizéssemos um cover de 'Viva Las Vegas'. Eu não era tão familiarizado com Elvis naquela época, nunca tinha escutado a música e nunca nem mesmo havia ouvido falar do filme. Mas, uma vez que a escutei, eu pensei 'É, vai ser bem legal. Vamos fazer'".

Biafra agradou no papel de crooner punk hiperventilado, como se fosse natural. "Não era do jeito que eu fazia ao vivo. Quando eu tentei daquele jeito no estúdio, ficou tão engraçado que eu continuei fazendo. Também tentei 'Kill the Poor' com uma voz de Bryan Ferry como brincadeira, mas acabei não usando. Naquela época, eu tinha um problema sério em alcançar a nota aguda do início, então pensei 'Eu deveria tentar [imitar o vocalista dos Undertones] Feargal Sharkey! E funcionou. Mas éramos lentos para tirarmos músicas. Elas, normalmente, demoravam um tempo para tomar forma. Isso significa que não tirávamos vários covers, só para podermos revezá-los nos shows. Tentamos isso bem no início, incluindo 'Boris The Spider' do Who, mas nossa versão não era particularmente interessante. Mais tarde, Carlos disse que achava inútil sempre ter uma música nova em cada show, mesmo que fosse um cover, ao invés de trazer *boas* músicas. Ele tinha razão".

À direita: Página do *Fallout* #4 (março de 1981), trazendo uma colagem feita por Jayed Scotti.

Meet the masters of WORLD WAR III

It began with a twisted dream...

Todo o disco soava diferente de qualquer coisa que o precedesse. Havia elementos o suficiente que eram claramente "punks" para localizá-lo dentro deste gênero, mas, vendo de outro ângulo, ele soava e passava uma sensação *diferente*. "Eu diria que, provavelmente, isso é responsabilidade ou tem mais a ver com Biafra!", sugere Ted. "Não comprometer a música e não se transformar em uma banda de reggae ou ter aquele tipo de influência pop tipo do The Clash, mas se manter firme. É uma coisa que eu respeito no cara: essa é a banda e esse é o som e não vamos ser algo que não somos para ficar mais comercial".

"O lance de *Fresh Fruit*", nota Ray, "é que ele tem uma variedade de músicas. Há músicas hardcore como 'Drug Me', neo-psicodélicas como 'Holiday In Cambodia', mais artísticas como 'Ill In The Head' e músicas pop como 'Kill The Poor'. Todos gostávamos de diferentes tipos de música. Nem toda música precisa ser política. E nem toda música punk precisa ser política. E não precisa ser séria. Essa é uma das alegrias do Dead Kennedys. Tem muita coisa bem humorada. Não estávamos realmente dizendo para matar os pobres – era uma sátira". Klaus concorda. "Havia muita coisa séria acontecendo para as quais usávamos o humor. Isso remete à coisa de Lenny Bruce. Você usa humor para salientar o desastre que acontece à sua volta. De outra maneira, você não o suportaria. Nós achávamos inspiração em gente como os Residents, Devo e Zappa por pegar a música e a transformar, basicamente, em barulhos de peidos".

Além de "Forward To Death", de 6025, e "Your Emotions", de Ray, as letras eram, na sua esmagadora maioria, de Biafra. "Uma das influências que tive sobre Biafra e suas letras foi tentar fazê-las atemporais", diz Ray em uma de suas mais improváveis reinvindicações. "Sugeri algumas mudanças nas letras, porque o meu lance era mudá-las de jornalismo para poesia. Como no início de 'I Kill Children', a letra original era: 'The Ayatollah told me to skin you alive'. ['O Aiatolá me disse para arrancar sua pele vivo', em português]. Eu sugeri que ele mudasse para 'God told me to skin you alive' ['Deus me disse para arrancar sua pele vivo']. Porque quantas pessoas se lembram do Aiatolá Khomeini?" Biafra resmunga sobre isso. "Mudar minhas letras? Eles nunca fizeram nada do tipo. Eles nunca as leram, o que me decepcionava. A referência a Khomeini *não* era a original. A original sempre foi 'God told me to skin you alive'. Eu tirei isso de uma daquelas revistinhas de quadrinhos religiosos da editora Chick [a cafona editora de extrema direita religiosa, cujos lançamentos também inspiraram a perturbadora "Lisa's Father" do Alice Donut]. Foi dali que aquilo saiu". (10)

Iain McNay voou para a Califórnia para se encontrar com a banda e escutar o disco. "Não tinha falado diretamente [com a banda], mas foi esquematizado por um cara chamado Craig Hammond, que eu havia conhecido em Londres. Craig era um DJ nas horas vagas, com uma enorme coleção de discos. Ele forneceu um pequeno serviço onde ele levaria nossos discos a boas emissoras de rádio e DJs nos Estados Unidos, que tocariam nosso tipo de discos. Ele conhecia a banda, então ele era meio que a pessoa de contato. Quando eu cheguei, ele me buscou no aeroporto e me levou ao flat onde eu ia encontrá-los. Eles tinham praticamente finalizado o disco. Ainda não estava mixado, mas estava tudo gravado. Pedi para escutá-lo. Eles estavam fazendo uma grande festa na hora. Lembro de me sentar sozinho na cozinha com a porta fechada, escutando o disco em um gravador barato; aquilo era a única coisa que eu tinha para escutá-lo. De certa forma, era uma coisa muito boa. É sempre muito melhor escutar algo da forma que a maioria das pessoas vai escutar do que em um sistema supercaro de estúdio. Eles estavam fazendo barulho na sala ao lado e eu estava brigando para escutar esse disco no qual eu havia investido dez mil dólares. Eu gostei do disco imediatamente. Passei um certo tempo com a banda e com Biafra. Voltei para Londres e as fitas *master* do disco foram pouco depois, com a arte da capa e tudo mais".

A mencionada arte da capa, planejada por Biafra, contava com a foto de Judith Calson do *San Francisco Examiner*, retratando uma fileira de carros de polícia incendiados. Ela foi feita em 1979 no auge dos protestos White Night, após o veredito de homicídio culposo cair sobre o ex-policial Dan White, que atirou no ativista dos direitos dos gays Harvey Milk e no prefeito George Moscone, e escapou com uma sentença de três a cinco anos. Os advogados de White alegaram que ele havia comido muitos bolinhos *Twinkie* naquele dia antes da chacina e a consequente viagem de açúcar o deixou desequilibrado. A "Defesa Twinkie", termo cunhado pelo sátiro Paul Krassner, se tornou desde então usado para defesas espúrias ou improvavelmente legais. Biafra voltaria ao tema na releitura da banda para "I Fought The Law" (alterando a letra de "I fought the law and I won" – "eu lutei com a lei e venci" – para "I AM the law, so I won" – "eu SOU a lei, então venci). Outra vertente de sua política para a Prefeitura era a instalação de concessões em espaços públicos para permitir que cidadãos jogassem frutas podres em estátuas de White especialmente construídas para isso, "talvez o homem mais odiado da história de San Francisco", segundo o *San Francisco Weekly*.

No entanto, a reprodução da capa perdeu alguma nitidez da imagem; o acabamento monocromático granulado, ao menos para este comprador ainda não iniciado, parecia mais um engarrafamento poluído do que uma cena de protesto. Quando o disco foi lançado no mercado interno pela IRS, eles acrescentaram pigmento laranja às chamas para distingui-las. "Não eram só chamas", nota Biafra, "foi toda a foto! Laranja e branco com o logo do DK. Estragou totalmente!". Biafra insiste que eles a refizeram e denunciaram durante um show em 1981 no 9:30 Club, em Washington: "Alguns de vocês desceram tão baixo a ponto de comprar nosso álbum maravilhoso, mesmo com a capa laranja da Disneylândia, uma merda que não foi ideia nossa".

A arte da contracapa se mostrou ainda mais problemática. Após o lançamento, o disco foi processado pelo Sounds Of Sunshine, que teve um pequeno sucesso com uma versão cafona de "Love Means Never Having To Say You're Sorry". Eles foram retratados com todo o vestuário da moda em uma foto de 1971 (apesar de que um desinformado poderia supor que era bem mais antigo que isso). Eles não aceitaram pacificamente o logo do DK ou as caveiras sobrepostas aos seus instrumentos. "A contracapa veio de uma foto brilhante que Klaus tinha pregada na porta de seu quarto e que ele havia encontrado em um bazar", explica Biafra. "Não havia crédito de fotógrafo ou da banda em lugar nenhum. Isso chegou ao ouvido deles quando um repórter esportivo resenhou o *Fresh Fruit* em um jornal suburbano de Los Angeles, e o diário publicou a foto dizendo que éramos nós! Então eles saíram do covil e nos processaram. Acabou que a maioria das pessoas envolvidas na banda haviam se tornado cristãos de extrema direita. A música à qual eles mais tinham objeções era 'I Kill Children', principalmente pelos primeiros versos, que foram reproduzidos no press release. Desde então, de pregadores loucos na TV à cruzada anti-música de Tipper Gore, todos usam essa parte de 'I Kill Children' para condenar o Dead Kennedys. Não acho que essa turma da Tipper Gore saiba sobre o que fala o resto da letra. Em outras palavras, os caipiras religiosos de direita começaram pelas pessoas na contracapa do disco. A mulher, em particular, era contrária àquela foto porque ela não queria que seus atuais fãs de música gospel soubessem que ela já teve um penteado *beehive*. Ironicamente, a IRS Records fez um acordo com eles, provavelmente pagando mais do que já tinham pagado à banda". Nas cópias seguintes, a Cherry Red removeu as cabeças das pessoas na foto: no entanto, essa decapitação decorativa não teve autorização da banda. (11)

O disco veio com um generoso pôster de recortes de jornais colados, que Biafra foi guardando ao longo de vários anos. "Fiz a colagem em 36 horas corridas. Entre outras coisas, estava escutando o disco *Closer* do Joy Division pela primeira e única vez, depois tê-lo conseguido naquele dia. Estava escutando-o quando o sol nasceu e percebi o quanto estava tarde. O pôster ainda não estava pronto. O prazo que McNay tinha dado estava quase terminando e o relógio não parava. Muitas das imagens eu tive por anos nas paredes do meu quarto quanto era adolescente no Colorado, e as pessoas adoravam me visitar e ficar olhando para elas. E, sem colocar palavras, todas aquelas imagens surreais faziam as pessoas pensarem. Queria fazer alguma arte especial, depois de ter visto a arte com dobras que o Crass estava preparando. Eu pensei, 'Uau, imagine se o Crass fosse engraçado! Tudo que tenho que fazer é condensar as paredes do meu quarto em um pôster-colagem e pronto'. Não tem explicação, mas você continua olhando para ele. Winston Smith veio até minha casa depois das primeiras 30 horas e acrescentou algumas coisas. Mas eu fiz a maior parte daquilo. Não achei nenhum papel de pôster, então peguei cartazes promocionais em lojas. É por isso que Travolta e Olivia Newton John (da capa do filme *Grease: Nos tempos da brilhantina*) aparecem do outro lado do pôster. O único suporte que eu tinha para colar as fotos era o cartaz de divulgação da trilha sonora de *Grease*!".

Winston Smith, um confesso "trambiqueiro gráfico", foi apresentado a Biafra através de um amigo em comum que ajudou com a arte em uma revista produzida pelo braço local do Rock Against Racism. Biafra já conhecia seu trabalho – em particular a imagem tridimensional de uma cruz feita com notas de dólar chamada "Idol". Mais tarde, ela seria usada na capa do mini-LP *In God We Trust, Inc*. Smith enviou um cartão postal com uma foto do cérebro de JFK explodindo, tirada do filme de Abraham Zapruder. Depois disso vieram outras trocas de cartas, que incluíam trocas de amostras do trabalho de colagem de Smith e cartões de crédito falsos "Masterscam". Eles se tornariam grandes amigos. Ou, talvez, parceiros no crime.

Smith se lembra de passarem "diversas noites atravessando a madrugada trabalhando juntos em uma composição dupla, que se tornaria a parte central do disco. Foi realmente um trabalho de amor. Não tenho certeza de onde está o original. Provavelmente enfiado no armário do Biafra – próximo ao pote com o cérebro do Hitler!". Smith também foi responsável pelo logo do DK, posteriormente uma das mais reproduzidas e reconhecíveis insígnias no movimento punk em todo o mundo. O logo aparece no rótulo do disco e na contracapa.

No entanto, um crucial "quase descarrilamento" ainda estava para acontecer, como Biafra recorda. "Iain estava tão desesperado para lançar o disco antes de todos os outros lançamentos (uma manobra inteligente – mais cobertura da imprensa), que ele se esqueceu de nos enviar uma prensagem teste. Aí o disco foi lançado e descobrimos, para nosso horror, que o engenheiro de masterização (Kevin Metcalfe) não havia calibrado corretamente seu equipamento e todo o baixo estava errado. Mais ainda: ele também havia acelerado a fita demais! Digo, uma falta de cuidado. Isso significa que aqueles que compraram o disco primeiro (e, provavelmente, aqueles que o resenharam) foram premiados com uma animação de *Fresh Fruit* sob efeito de gás hélio! Uma das primeiras coisas que fizemos quando chegamos à Inglaterra foi imediatamente remasterizar o disco corretamente, com outro engenheiro, junto com o single 'Kill The Poor'/'In-Sight'. A falta de cuidado foi outro fator que contribuiu para a nossa saída da Cherry Red".

A reação da crítica ao disco foi abaixo do esperado. John Tobler da *Zig Zag* era fã, mas a imprensa inglesa se mostrou mais espinhosa. Andy Gill, do *NME*, ao mesmo tempo em que admirava o "alcance das dinâmicas" e "arranjos altamente ordenados" de *Fresh Fruit*, finalmente o dispensou por atingir alvos bem além do padrão – "se, na verdade, os tiros são nada mais do que pequenas farpas de teatro punk". Nos Estados Unidos, tanto Robert Christgau quanto Lester Bangs foram igualmente esnobes. Christgau foi particularmente sarcástico, especialmente em relação ao "vibrato de latinha" de Biafra.

Eficiência e progresso são nossos outra vez

Página seguinte: Páginas da HQ *Dead Kennedys*, da série *Hard Rock*, originalmente publicada pela Revolutionary Comics. Reproduzidas com permissão de Jay Allen Sanford, da Rock 'n' Roll Comics. Texto por Deena Dasein, ilustrações por Joe Paradise.

THE DEAD KENNEDYS' EARLY GIGS ARE MEMORABLE EVENTS, DEFINING THE AMERICAN HARDCORE SCENE.

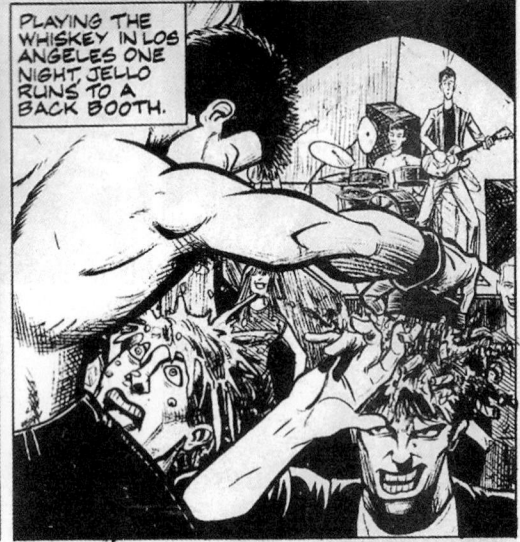

JELLO ALLOWS THE CROWD TO SHRED HIS CLOTHING.

"KEEP YOUR PANTS ON!"

AT THE PIT IN SAN FRANCISCO, THE DANCE CALLED "THE BIAFRA" IS INVENTED. THE CLUB OD'S THAT SAME NIGHT.

IN BERKELEY, AT AITOS...

PLAYING THE WHISKEY IN LOS ANGELES ONE NIGHT, JELLO RUNS TO A BACK BOOTH.

RETURNING TO THE STAGE...

"WHY'D YOU DO THAT?!"

"SHOCK IS A WAY OF UNGLUING THE INSIDES OF PEOPLES' HEADS!"

"THAT GUY YOU SHAMPOOED WITH BEER AND BUTTS WAS FROM RCA RECORDS!"

"HE WAS CHECKING US OUT!"

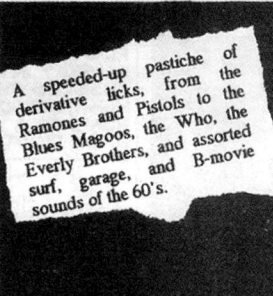

THE BAND DECIDES ON THE COVER FOR THEIR FIRST ALBUM- *FRESH FRUIT FOR ROTTING VEGETABLES.*

SO IT'S AGREED. WE'LL USE THAT PHOTOGRAPH OF THREE BURNING POLICE CARS FROM THE HARVEY MILK RIOTS FOR THE COVER.

LOOK AT THIS OLD BAND PHOTO I FOUND AT A GARAGE SALE!

GREAT! INSTEAD OF OUR PICTURE WE'LL USE THAT ON THE BACK COVER. WHAT A BUNCH OF 60'S SQUARES!

WE'LL JUST ADD OUR LOGOS TO THEIR DRUMS, & SKULLS AND CROSSBONES TO THE INSTRUMENTS!

THE PHOTOS ON THE ALBUM COVER ARE PRINTED IN ORANGE - NOT THE BLACK-AND-WHITE THE BAND WANTED.

YOU GUYS RUINED THE ALBUM COVER! CHANGE IT *NOW!!*

WE OUGHT TO HAVE OUR OWN LABEL SO WE WON'T HAVE ANY TROUBLE WITH ALBUM ART!

"NO TROUBLE WITH ALBUM ART." HAH!

A speeded-up pastiche of derivative licks, from the Ramones and Pistols to the Blues Magoos, the Who, the Everly Brothers, and assorted surf, garage, and B-movie sounds of the 60's.

WHO CARES WHAT CRITICS SAY! SALES ARE GREAT! *FRESH FRUIT* MADE THE TOP TEN IN FINLAND AND SOLD OVER 70,000 IN THE U.K. ALONE!

FRESH FRUIT'S ORIGINAL ORANGE COVER TURNS OUT TO BE THE LEAST OF THE ALBUM'S PROBLEMS.

I KNOW THE NAME OF THAT REPULSIVE COMBO WHOSE PICTURE WE USED ON BACK OF THE ALBUM.

REALLY?

THEY'RE THE SOUNDS OF SUNSHINE. HAD SOME CHEESY HIT- "LOVE MEANS NEVER HAVING TO SAY YOU'RE SORRY."

WE OUGHT TO DO A COVER OF THAT SONG. HOW'D YOU FIND OUT?

THE ONE WITH THE BOUFFANT HAIRDO FREAKED WHEN SHE SAW THE MODIFIED PICTURE OF HER OLD GROUP, IDENTIFIED AS THE *DEAD KENNEDYS.*

SHE'S A BORN-AGAIN CHRISTIAN. HEAVY DUTY. TWO OF THE GUYS IN THE BAND CLAIM THAT BEING ASSOCIATED WITH A BAND WRITING SATANIC LYRICS RUINED THEIR BUSINESS.

WE'RE BEING SUED FOR A COOL MILLION!

FUNDAMENTAL PROBLEM #1.

10

B RED 10

Fresh fruit for Rotting Vegetables

EAST BAY RAY - Guitar   **KLAUS FLOURIDE** - Bass and Vocals   **TED** - Drums   **JELLO BIAFRA** - Vocals

1
KILL THE POOR
(Biafra, Ray)
FORWARD TO DEATH
(6025)
WHEN YA GET DRAFTED
(Biafra)
LET'S LYNCH THE LANDLORD
(Biafra)
DRUG ME
(Biafra)
YOUR EMOTIONS
(Ray)
CHEMICAL WARFARE
(Biafra)

2
CALIFORNIA ÜBER ALLES
(Biafra, Greenway)
I KILL CHILDREN
(Biafra)
STEALING PEOPLES' MAIL
(Biafra)
FUNLAND at the BEACH
(Biafra)
ILL IN THE HEAD
(6025, Biafra)
HOLIDAY IN CAMBODIA
(Dead Kennedys)
VIVA LAS VEGAS
(Pomus and Schuman)

Produced by Norm
Engineered by Oliver Dicicco

Production Assistance - R. Pepperell
Recorded at Mobius Music
Mastered by Kevin Metcalfe
Executive Babysitter - Craig Hammond
Additional Musicians:
Paul Roessler - Keyboards on Drug Me and Stealing Peoples' Mail
6025 - Other guitar on Ill in the Head
Ninotchka - Keyboard on Drug Me
Special Thanks to the ROCKY MOUNTAIN ARSENAL CHOIR (Dirk Dirkson, Bobby Unrest, Michael Snyder, Bruce Calderwood, Geoffrey Lyall, Eric Boucher, Ninotchka, Barbara Hellbent, HyJean, Curt and ChiChi for the Clubhouse Scene in Chemical Warfare

Sleeve Concept - Biafra
Artwork - Annie Horwood
Front Cover photograph by J. Cabon, reproduced courtesy of the San Francisco Examiner
DK logo by Fallout Productions

P & C 1980 Cherry Red Records
199 Kingston Road,
London SW 19
Distributed by Spartan
London Road,
Wembley,
Middlesex.
Exported by Caroline Exports.
56 Standard Road,
London NW 10

To find Dead Kennedys please write:
c/o ALTERNATIVE TENTACLES DIVINE LIGHT MISSION
Post Office Box 5528
San Francisco 94101
California U.S.A.

Also available:
Cherry 13 - 'Holiday in Cambodia /Police Truck' 45
F12 - 'California Uber Alles/The Man with the Dogs' 45 on Fast Products.

Manufactured in England by
VINEYARD PRODUCTIONS
56 Standard Road
London NW10

CHERRY RED RECORDS LTD

DEAD KENNEDYS

FRESH FRUIT FOR ROTTING VEGETABLES

P&C 1980
CHERRY RED RECORDS
B RED 10

FACE UP
1. KILL THE POOR
2. FORWARD TO DEATH
3. WHEN YA GET DRAFTED
4. LET'S LYNCH THE LANDLORD
5. DRUG ME
6. YOUR EMOTIONS
7. CHEMICAL WARFARE

FACE DOWN
1. CALIFORNIA ÜBER ALLES ◆
2. I KILL CHILDREN
3. STEALING PEOPLES' MAIL
4. FUNLAND at the BEACH
5. ILL IN THE HEAD
6. HOLIDAY IN CAMBODIA
7. VIVA LAS VEGAS ●

STEREO 33⅓ RPM

Produced by Norm
Engineered by Oliver Dicicco
©1980 Virgin Music (Publishers) Ltd. except ◆ ©Sound Diagrams and ● © Carlin Music Corp.
Manufactured by Vineyard Productions

Páginas anteriores: A primeira prensagem de Fresh Fruit For Rotting Vegetables no Reino Unido + a segunda prensagem, com a modificação na foto da contracapa depois de uma ação judicial (Cherry Red, 1980) .
Nestas páginas: Os rótulos de Fresh Fruit For Rotting Vegetables espalhados pelo mundo, nas edições da Austrália, Brasil, EUA, Polônia, Alemanha e Grécia.

hafenklang records

Side 1 STEREO — 6.24 506

FRESH FRUIT FOR ROTTING VEGETABLES
DEAD KENNEDYS

1. Kill The Poor (Biafra, Ray) 3:01 · 2. Forward To Death (6025) 1:21 · 3. When Ya Get Drafted (Biafra) 1:22 · 4. Let's Lynch The Landlord (Biafra) 2:10 · 5. Drug Me (Biafra) 1:54 · 6. Your Emotions (Ray) 1:19 · 7. Chemical Warfare (Biafra) 2:52

Lic. From Cherry Red Records
Prod. By Norm · ℗ & © 1980
Cherry Red Rec., London

hafenklang records

Side 2 STEREO — 6.24 506

FRESH FRUIT FOR ROTTING VEGETABLES
DEAD KENNEDYS

1. California über alles (Biafra, Greenway) 3:06 · 2. I Kill Children (Biafra) 1:56 · 3. Stealing Peoples' Mail (Biafra) 1:32 · 4. Funland At The Beach (Biafra) 1:47 · 5. Ill In The Head (6025, Biafra) 2:43 · 6. Holiday In Cambodia (Dead Kennedys) 4:30 · 7. Viva Las Vegas (Pomus-Schuman) 2:33

Lic. From Cherry Red Records
Prod. By Norm · ℗ & © 1980
Cherry Red Rec., London

Music-box
STEREO

FRESH FRUIT FOR ROTTING VEGETABLES

M. BOX 40128
40128 - A

1. KILL THE POOR (Biafra, Ray)
2. FORWARD TO DEATH (6025)
3. WHEN YA GET DRAFTED (Biafra)
4. LET'S LYNCH THE LANDLORD (Biafra)
5. DRUG ME (Biafra)
6. YOUR EMOTIONS (Ray)
7. CHEMICAL WARFARE (Biafra)

DEAD KENNEDYS
Produced by Norm
Engineered by Oliver DiCicco
℗ & © 1980 Cherry Red Records
© 1980 Virgin Music (Publishers) Ltd
Manufactured by Vineyard Productions

Manufactured in Greece by Fabelsound

Music-box

FRESH FRUIT FOR ROTTING VEGETABLES

SIDE 1
B RED 10
BRITAIN

M. BOX 40128
40128 - A

1. KILL THE POOR (Biafra, Ray)
2. FORWARD TO DEATH (6025)
3. WHEN YA GET DRAFTED (Biafra)
4. LET'S LYNCH THE LANDLORD (Biafra)
5. DRUG ME (Biafra)
6. YOUR EMOTIONS (Ray)
7. CHEMICAL WARFARE (Biafra)

DEAD KENNEDYS
Produced by Norm
Engineered by Oliver DiCicco
(P) & (C) 1980 Cherry Red Records
© 1980 Virgin Music (Publishers) Ltd
Manufactured by Vineyard Productions

MBI

FRESH FRUIT FOR ROTTING VEGETABLES

STEREO
Side 1
BRITAIN

M.B.I. 40128
B RED 10
AEPI

1. KILL THE POOR (Biafra, Ray)
2. FORWARD TO DEATH (6025)
3. WHEN YA GET DRAFTED (Biafra)
4. LET'S LYNCH THE LANDLORD (Biafra)
5. DRUG ME (Biafra)
6. YOUR EMOTIONS (Ray)
7. CHEMICAL WARFARE (Biafra)

Carlin Music Corp.
DEAD KENNEDYS
Produced by Norm
Engineered by Oliver Dicicco
(P) & (C) 1980 Cherry Red Records
(C) 1980 Virgin Music (Publishers) Ltd
Manufactured by Vineyard Productions

MBI

FRESH FRUIT FOR ROTTING VEGETABLES

1. CALIFORNIA UBER ALLES (Biafra, Greenway)
   Sound Diagrams
2. I KILL CHILDREN (Biafra)

STEREO
Side 2
BRITAIN

M.B.I. 40128
B RED 10
AEPI

3. STEALING PEOPLES MAIL (Biafra)
4. FUNLAND at the BEACH (Biafra)
5. ILL IN THE HEAD (6025, Biafra)
6. HOLIDAY IN CAMBODIA (Dead Kennedys)
7. VIVA LAS VEGAS (Pomus and Schuman)

Carlin Music Corp.
DEAD KENNEDYS
Produced by Norm
Engineered by Oliver Dicicco
(P) & (C) 1980 Cherry Red Records
(C) 1980 Virgin Music (Publishers) Ltd
except as indicated
Manufactured by Vineyard Productions

LET THEM EAT JELLYBEANS!

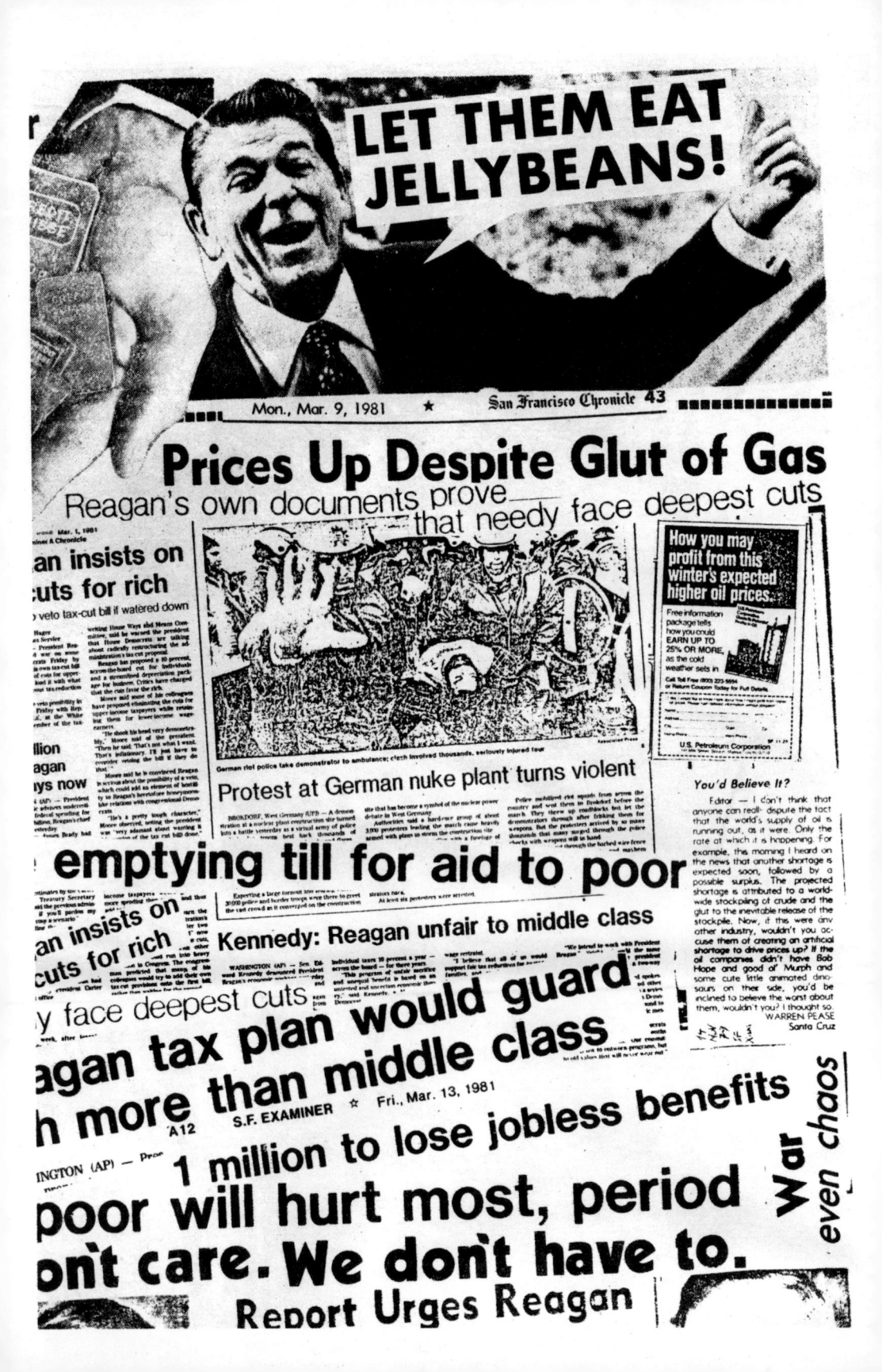

Mon., Mar. 9, 1981 ★ San Francisco Chronicle 43

Prices Up Despite Glut of Gas

Reagan's own documents prove that needy face deepest cuts

an insists on cuts for rich

Protest at German nuke plant turns violent

emptying till for aid to poor

Kennedy: Reagan unfair to middle class

y face deepest cuts

agan tax plan would guard h more than middle class

S.F. EXAMINER ★ Fri., Mar. 13, 1981

1 million to lose jobless benefits

poor will hurt most, period on't care. We don't have to.

Report Urges Reagan

War even chaos

LET THEM EAT JELLYBEANS!

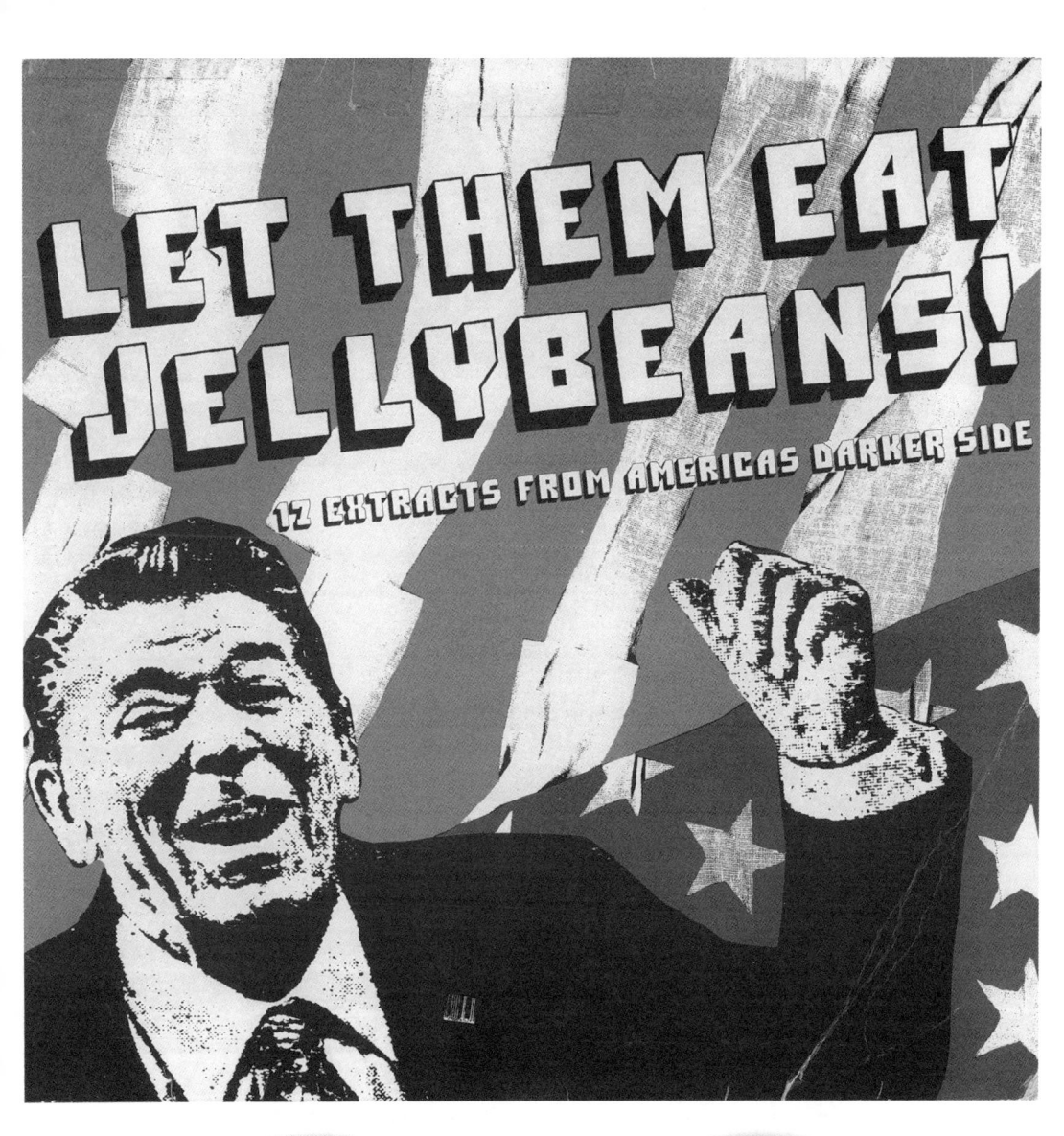

12 EXTRACTS FROM AMERICAS DARKER SIDE

A
- FLIPPER....Ha Ha Ha
- D.O.A....The Prisoner
- BLACK FLAG....Police Story
- BAD BRAINS....Pay to Cum
- DEAD KENNEDYS..Nazi Punks Fuck Off
- CIRCLE JERKS....Paid Vacation
- REALLY RED....Prostitution
- THE FEEDERZ....Jesus Entering from the Rear
- THE SUBHUMANS...Slave to my Dick

B this side
- GETA I.........Isotope Soap
- B PROFILE........Persecution
- WOUNDS..........An Object
- THE OFFS....Everyone's a Bigot
- ANONYMOUS.......Corporate Food
- JAPANESE.........Fun Again
- CHRISTIAN LUNCH Joke's On You
- VOICE FARM.........Sleep

✦ Alternative Tentacles Music
℗ & © 1981 Alternative Tentacles

ALTERNATIVE TENTACLES
VIRUS 4

Páginas anteriores: A coletânea *Let Them Eat Jellybeans*, de 1981 (Alternative Tentacles)

Experience the freedom of total control.

PRESIDENT Reagan

the FINAL CONFLICT
Now Showing in a Country Near You

CAPÍTULO 7
Não esqueça de levar uma esposa

"A primeira condição para entender um país estrangeiro é sentir seu cheiro."
(Rudyard Kipling)

O Dead Kennedys construiu sua reputação na Europa com três turnês em dois anos. A primeira teve abertura do UK Decay e mostrou-se um chamariz para os envolvidos. Biafra faria "quase qualquer coisa para conseguir uma reação", lembra Bill Gilliam. Ele apresentou ao Reino Unido a arte de pular do palco como um esporte. "Um dos motivos para pular sobre o público é porque, dessa forma, você não é um artista falando para um público abaixo de você", afirma Biafra. "Vocês são um só e a mesma coisa". Isso pode ter um legado dúbio, mas começou com boas intenções. Como Gilliam recorda: "Ninguém nunca havia feito aquilo neste país. Era, realmente, o início de algo. Os garotos adoravam o *stage-diving*. Na primeira turnê, um dos principais problemas foi restringir a segurança. Em todos os shows, eles viam o público enlouquecendo, pensando que o lugar ia ser destruído e dava um trabalho para mantê-los calmos". Geralmente, a banda ficava impressionada pela inteligência do público e – seguranças à parte – apreciavam a falta de violência movida a testosterona que estava surgindo na cena punk americana.

Na esteira do disco, o Dead Kennedys começou sua mini-turnê com um show no Taboo, em Scarborough, em 25 de setembro de 1980, depois que um show proposto para o Middlesborough Rock Garden foi alterado. A idolatria saiu um pouco de controle, e Klaus teve seus óculos roubados como uma lembrancinha. Eles foram recuperados na entrada quando o *clepto-fã* de Klaus saía do local. Steve Harland era um dos Boro' boys que fizeram a viagem. "Minha lembrança do show é que eles tocavam tão alto, provavelmente a banda mais barulhenta, junto com o Slade, que eu já havia testemunhado ao vivo. Quando eles começaram a tocar, algum babaca do público roubou os óculos do Klaus. Aí eles deram uma condição: se quiséssemos que o DK fizesse um bis, então o baixista precisaria, primeiro, receber seus óculos de volta – ou eles não voltariam! Tivemos que esperar durante 15 minutos antes que os óculos aparecessem e o DK voltasse. Mas, nesse ponto, o ímpeto do show já tinha evaporado". Rich Teale também estava no público. "O lugar estava entupido com um público enlouquecido. Os seguranças do Taboo são bem conhecidos por terem as mãos pesadas e muitas pessoas foram chutadas para fora, apesar de não ter havido violência. Foi no fim do show que alguém pegou os óculos do Klaus, então a banda se recusou a fazer um bis até tê-los de volta – o que aconteceu –, mas houve uma espera de alguns minutos. Eles tocaram 'Too Drunk To Fuck' e a apresentaram como uma música nova. A banda não tinha onde ficar naquela noite e passaram pela casa do Gary Bennett, um camarada meu".

A data seguinte, em Dundee, foi cancelada pelo conselho local com a premissa de que a presença da banda poderia alienar os residentes de Alexandria, a cidade americana com a qual ela fazia par. Como resultado disso, todos os quatro integrantes do Dead Kennedys foram "perpetuamente banidos". No entanto, não eram apenas os idosos da cidade que achavam que a presença do Dead Kennedys em nossas praias era desagradável. O crítico da *Sounds* Dave McCullogh fez o seguinte elogio equivocado: "O Dead Kennedys vir para a Europa e Inglaterra é a coisa mais boba e miseravelmente inútil que ouvi em todo este ano. Por que eles não enfiam *Fresh Fruit* [frutas frescas] nos Estados Unidos, onde elas são urgentemente necessárias, ao invés de vender frutas de segunda mão na Inglaterra?".

Ray se lembra da ínfima recepção da crítica no Reino Unido. "Os Sex Pistols e o Clash eram ingleses, e eu acho que, naquela época, havia uma tendência na Europa de pensar que eles tinham todas as boas bandas e que não havia nada de mais vindo da América. Nos EUA, o punk rock não era parte da indústria de discos *mainstream*, era realmente independente. Isso dificultou ainda mais as coisas, enquanto o Clash e os Sex Pistols estavam em grandes gravadoras e tinham distribuição mundial".

Futuras datas, incluindo uma em 8 de outubro no Lyceum, também foram canceladas e mudadas para o Music Machine, em Londres. Os cancelamentos eram diretamente relacionados ao nome da banda. Biafra disse ao *NME* que "...[O nome] foi criado não só para atingir uma irritante forma de religião que existia ao redor dos Kennedys, mas também para entrar na pele das pessoas e incomodá-las e, assim, abrir o caminho para usá-lo como isca. Uma vez que elas chegaram a esse ponto, elas vão descobrir mais coisas que queremos que elas saibam e que não querem saber, mas deveriam".

Mick McGee viu tudo isso em primeira mão. "Eu tinha 17 anos em 1980, então eu tinha 14 em 1976, morava no norte e tinha minha própria banda, o Mayhem. Tínhamos nossas coisas em Liverpool, Manchester, Leeds e Sheffield. Para mim, o *Fresh Fruit* foi uma injeção de sangue novo: bandas, letras, uma visão externa dos EUA da era do 'punk não está morto, mas morrendo' da próxima onda oitentista punk. Escutei 'Über Alles' e fiquei totalmente hipnotizado, era diferente do que estava acontecendo na época. A turnê foi anunciada depois do lançamento de 'Cambodia'. Até então, esses bastardos clandestinos estavam se enfiando em qualquer birosca punk na Inglaterra".

McGee foi a todos os shows da banda naquela primeira turnê e a todos os shows seguintes também. "A primeira data foi no Taboo, em Scarborough. Eu não tinha dinheiro, então decidi pegar carona. Se pensar que o Estripador de Yorkshire estava à solta e aterrorizando uma vasta área por onde a turnê passava, não era fácil conseguir uma carona e descobrimos que quanto mais nos comportássemos como idiotas – como plantando bananeira –, maiores as chances de descolar uma carona. Chegamos a Scarborough em um caminhão aberto de silagem. O lugar parecia com o exterior de um estúdio de tatuagem – fachada rosa fluorescente em uma ruela lateral. Essa foi a primeira e última vez que coloquei um dólar no bolso do DK. Acabamos jogando fliperama no andar de cima. Um cara americano estava por ali, começamos a conversar e entendi que ele era ligado à banda. Ele me deu uma credencial para o próximo show em Edimburgo. Nessa época, os punks britânicos gostavam de couro e rebites – os DKs não. Foi a primeira vez que a maior parte do público via Jello e os rapazes e não era o que eles esperavam. Eles pareciam genéricos, como alguns caras da rua e poderiam ter sido vítimas dos chamados Mad Dogs cobertos de couro. Todos esses preconceitos voaram pela janela no primeiro acorde. Foi explosivo. O cara que havia me dado a credencial estava agora sem camisa e incrivelmente ocupado liderando sua banda. Klaus parecia quase um ano por causa do enorme baixo verde pendurado em seu pescoço. Ray parecia quase como um gótico, com pele pálida e cabelo bem preto. Ted era um cara comum martelando sua bateria. Eu enfrentaria um longo caminho de carona até Edimburgo, mas estaria lá. O show era num lugar com dois espaços de apresentação e Gary Numan estava tocando também. Essa era uma receita de destruição com duas longas filas de punks hardcore e fãs de electro se encontrando na entrada. Ótimo show, e parto para

Liverpool. Nessa hora, eu percebi que toda a turnê cortava a Inglaterra de cima para baixo e eu não pretendia prosseguir para cima e para baixo – literalmente, ia para o norte, de lá para o sul e, novamente, para o norte. Em algum momento, eu ia desenvolver LER no meu dedão, de tanto pedir carona."

O show no Brady's (antigo Eric's), em Liverpool, em 29 de setembro, aconteceu após a derrota de Alan Minter para Marvin Hagler pelo campeonato de pesos-médios em Wembley, dois dias antes – que terminou com um protesto com tons racistas. Mostrando simpatia, o público fez a saudação nazista *sieg-heil* aos visitantes punks "imperialistas" americanos. Conhecendo o público do Eric's, você pensaria que era mais provável que eles ficassem putos. McGee concorda. "O Brady's ficava no porão de um velho depósito da cidade, em frente ao Cavern original", ele registra. "Era um bastião punk frequentado por todos os tipos de fiéis ao hardcore, entre eles, um cara chamado Gary, ou 'Gary Fast-Dance', como o chamávamos. Gary tinha um estilo próprio de dançar que *não era* rápido. Na verdade, ele balançava lentamente usando sua bota Mac até altura do tornozelo exatamente na mesma velocidade em qualquer música thrash que estivesse tocando, e 'Über Alles' era uma de suas preferidas. Gary incorporou uma saudação nazista ao refrão com a única intenção de enfatizar a ironia [do refrão] e a coisa pegou. Logo, o clube inteiro estava imitando aquilo".

"Fui cedo ao show", continua McGee, "e conversei com Grizzly, que trabalhava para a equipe de PA, a Scan. Nesse ponto, a equipe já tinha me visto circulando antes dos shows e eu dei uma mão a eles carregando equipamentos. Grizz não estava tão feliz, já que alguém havia vomitado em toda a mesa de som na noite anterior e eles gastaram uma boa parte da noite limpando. Ele não estava no clima para dar atenção a nenhum dos rapazes 'violentos' de Liverpool que faziam fila do lado de fora. O Brady's era pequeno e quente pra caralho. O UK Decay aqueceu o público e se saiu bem, apesar de o baterista estar com a mão quebrada e de gesso no palco. Quando os Kennedys surgiram, o lugar decolou. Eles estavam esperando há muito tempo por esse show e John Peel vinha comentando sobre eles e tocando músicas do *Fresh Fruit*. Como de costume, o público zoava muito entre as músicas. Só coisa boa. Eu sei, eu toquei muitas vezes no Eric's/Brady's com minha banda Mayhem e sei que não dá para lidar com a sagacidade dos locais como Scouse, ou eles vão encontrar qualquer falha em sua armadura e você fica desprotegido. Eles acabam com você. O baixo do Klaus começou 'California' com os tom-tons da bateria do Ted ao fundo, formando aquela batida familiar. O público entrou em erupção. E foi como um acidente pronto para acontecer, mas que você não consegue impedir – quando o DK chegou ao refrão, todo o público em completo uníssono fez a saudação nazista. Até onde a vista alcançava, havia braços esticados. A locomotiva Kennedy saiu dos trilhos, seguida por um silêncio momentâneo. 'O que vocês estão fazendo? A música não é sobre isso; não somos nazistas!', protestou Biafra. Ele ficou repreendendo o público durante uns bons cinco minutos. Senti que deveria ter dito a Biafra que eles estavam longe de ser racistas – Liverpool é totalmente consciente de sua história no tráfico de escravos e tem uma boa mistura multicultural. Falei com Biafra depois do show e disse que eu lhe contaria tudo que eu achava que ele deveria saber para o resto dos shows. Meu contato com a banda era limitado a 'ois' e 'tchaus' antes e depois dos shows. Mas, agora, eu era útil para eles".

Os ingressos para o show no Leadmill, em Sheffield, no dia 3 de outubro, foram impressos com o nome '*Ded* Kennedys', por compromisso com o Conselho da cidade. Acabou sendo uma noite e tanto. "Loucura", registra Tony Beesley, autor de *Our Generation*. "Jello ameaçou expulsar qualquer punk que estivesse cuspindo e eles pararam, mas a cerveja ainda era constantemente jogada na banda. Jello mergulhou no público e foi insano – o lugar parecia estar desmoronando nessa hora. Não havia nada no lugar".

Uma das pessoas que *não viu* o DK no Leadmill, foi Damon Fairclough. "Agitados, mordazes; eles chegaram gritando: e naqueles breves momentos de barulho e terror, os Dead Kennedys eram representantes de coisas que eu nunca suspeitava. Um presidente teve sua cabeça destroçada para que eles fossem batizados; a cena da costa oeste na qual eles surgiram foi iniciada por uma forte violência política que era focada e motivada; a linguagem que eles usavam não era sutilmente irônica – era tão sarcasticamente empregada quanto a brutalidade de um cassetete. Tudo isso estava bem claro para mim, mas para o meu pai – sempre interessado na música que eu estava inclinado a gostar e intrigado pelo punk como um fenômeno social ou como uma nova música folclórica – foi um sinal de alerta. Isso não era como The Damned, cheios de plumas e boás com o espírito de grandes salões e que estavam a uma cusparada de se encaixarem como con-

---

Páginas seguintes: Dead Kennedys em tour pelo Reino Unido. Show no Brady's, em Liverpool, 29 de setembro de 1980. (Fotos: Mick McGee)

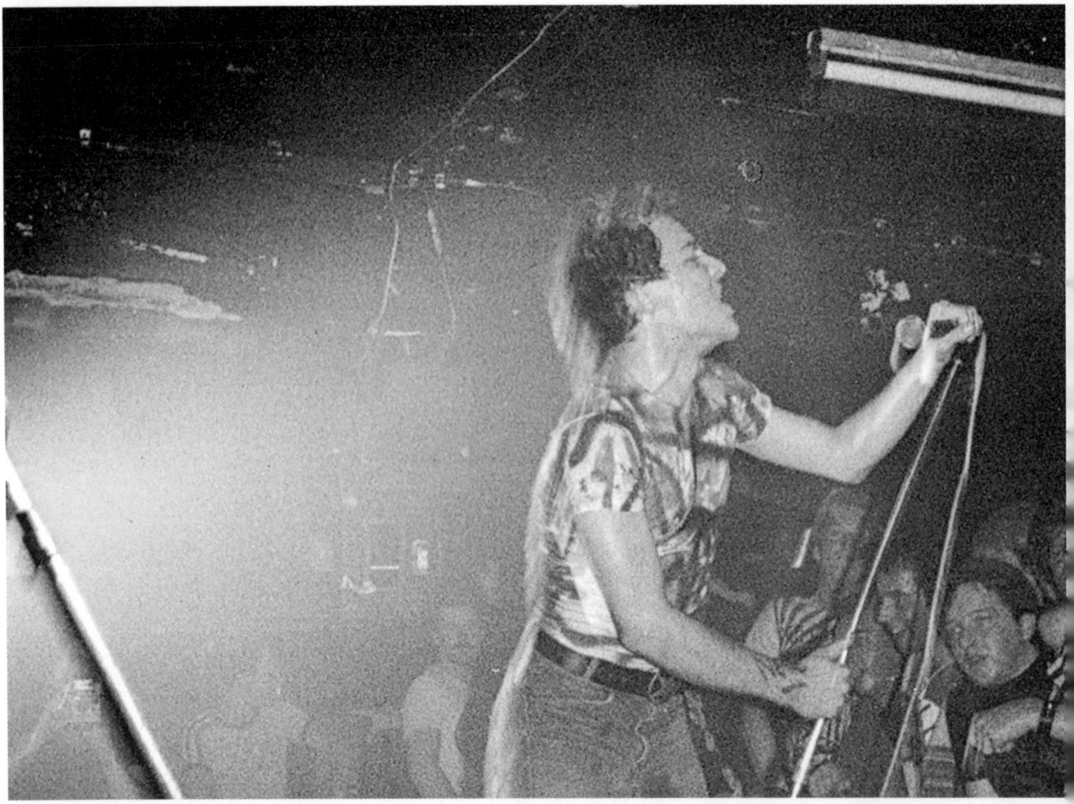

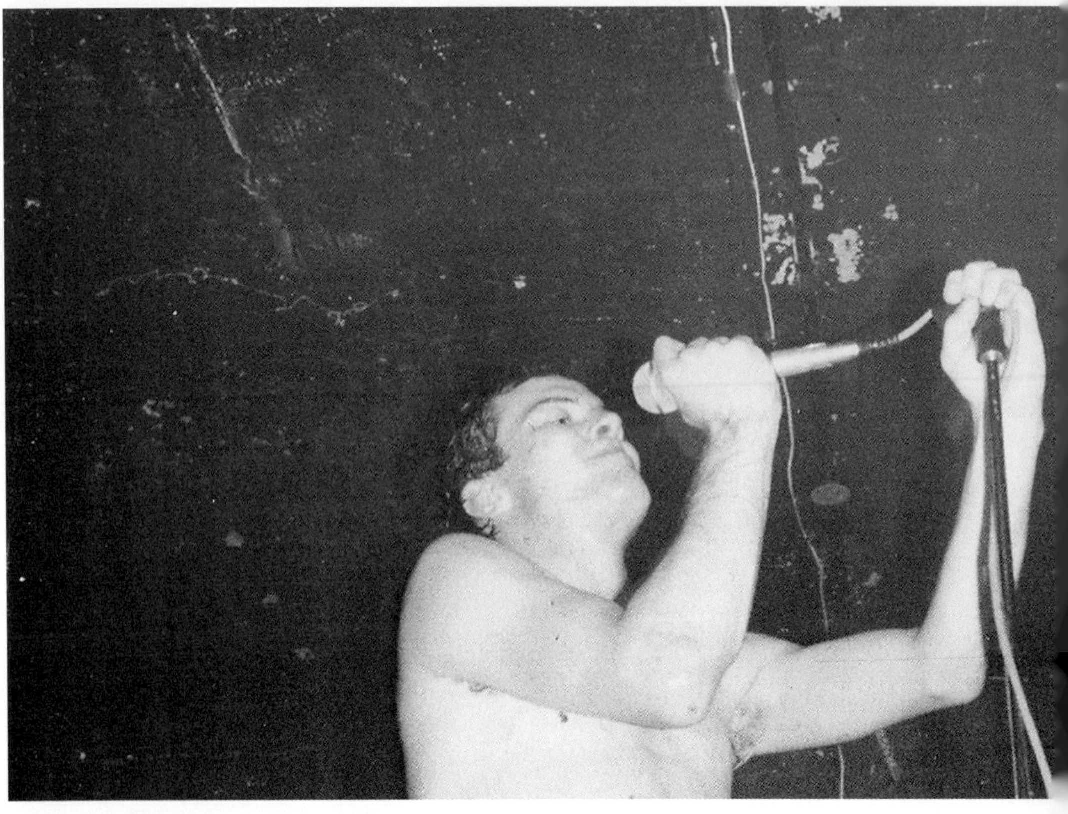

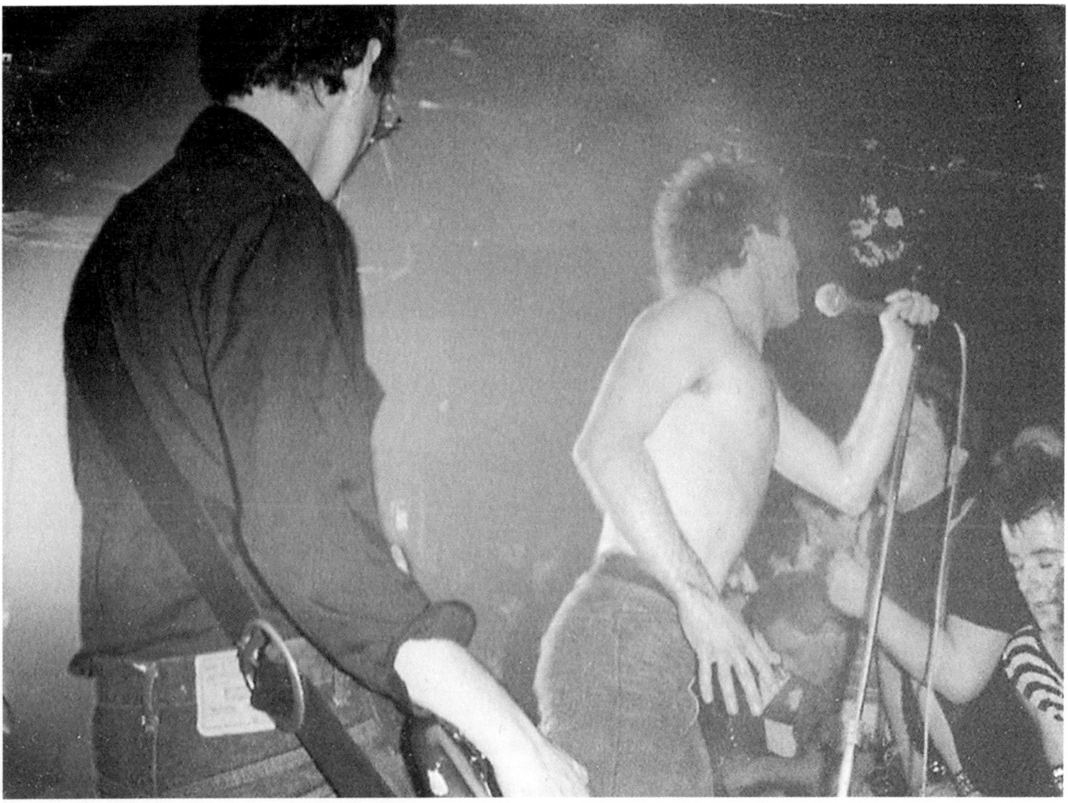

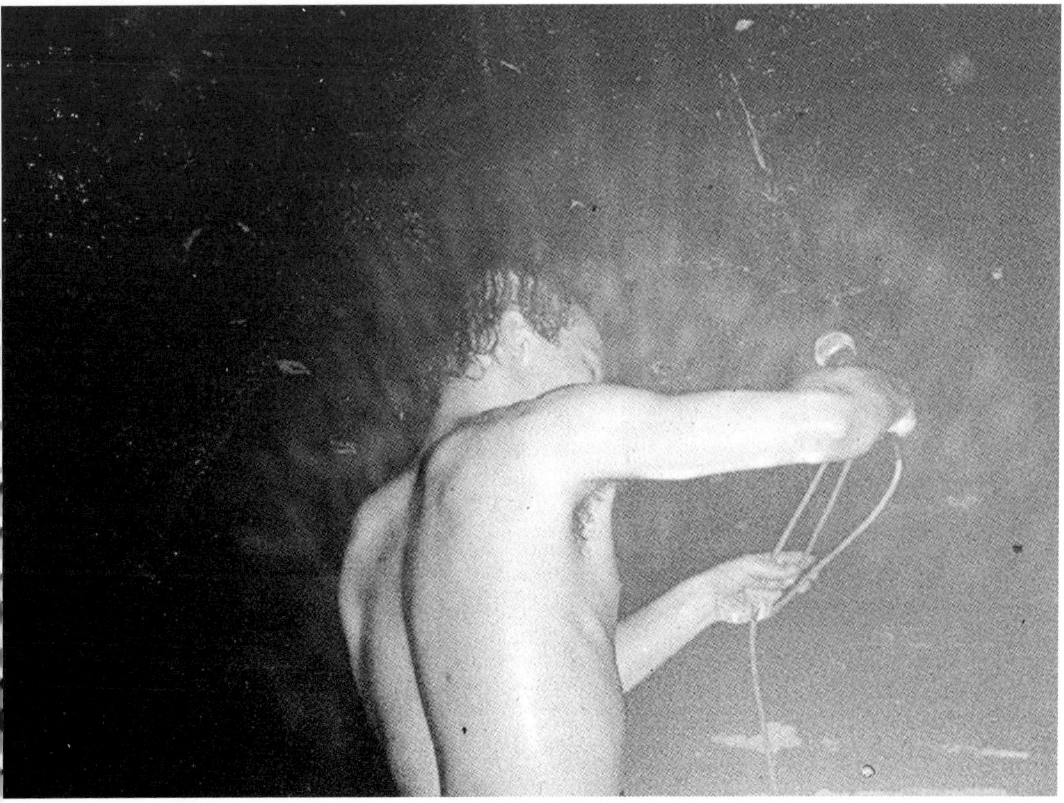

Dead Kennedys: Fresh Fruit for Rotting Vegetables (os primeiros anos)

vidados do *The Good Old Days*... E, apesar de 'You dirty fucker' e o resto daquela pantomima de Bill Grundy, até os Sex Pistols acabaram se tornando mais um trote de escola de arte que uma rebelião encarnada. Claro, nada contra os trotes de escola de arte, mas eles não gelam o sangue dos pais tanto quanto o DK berrando 'This world brings me dowwwwwn, I'm looking forward to death' ['Esse mundo me deprimeeeeee, estou ansioso pela morte']. Quando toquei o disco do Dead Kennedys, escutei um som que era escabroso e incandescente que, quando surgiu, queimou o centro da música da época... Então, quando eu levei para casa o disco *Fresh Fruit For Rotting Vegetables*, houve muitos olhares desconfiados e espiadas pelos corredores. Eles coçaram os queixos. Havia conversas repentinas e sérias que pareciam surgir do nada – sobre músicas que falavam sobre um assunto e significavam outra coisa, sobre discussão e briga, sobre niilismo e protesto, sobra a visão de Jello Biafra sobre a AmériKKKa. Acredito que aconteciam discussões sussurradas quando eu ia dormir, falando para 'ficarmos atentos a isso', para ficar alerta, ter cautela sobre alguma ameaça não especificada que podia levar meu futuro à perdição. No outono de 1980, um amigo voltou das férias de verão, de certa forma, transformado. Seu cabelo estava com um corte espetado, seus cachos loiros naturais estavam listrados com um laranja vívido... Essas feições de punk júnior geravam advertências em sua casa, apesar de que, para nós, elas poderiam ter vindo de outro universo: seus pais tinham o disco *Never Mind The Bollocks*; sua irmã tinha pintado os pelos pubianos de verde e, então, veio a notícia de que, aos 13 anos, ele estava indo a um show no Leadmill, em Sheffield. Ele estava indo ver o Dead Kennedys. ELE ESTAVA INDO COM O PAI E A MÃE, CARALHO! Eles não estavam lá para acompanhá-lo, para monitorar suas atividades ou para protegê-lo dos perigosos caminhos que ele podia encontrar. Não. Eles estavam lá para ver a banda. Simples assim. Para ver a banda e passar um tempo com o filho... O que serviu para mostrar a exceção daquilo que os adolescentes sempre falam: 'a vida é tão injusta'".

Mick McGee continuou a pegar carona pelo resto da turnê. "A equipe de PA me colocou debaixo de suas asas. Eu conseguia as entradas, mas ainda estava pegando carona e dormindo de qualquer jeito, e o inverno estava chegando. Eu já estava trabalhando com a Scan como um carregador de caixas autônomo, trabalho pesado. A Scan ficou com pena de mim e deixou que eu dormisse na cabine do caminhão de carga. Infelizmente, isso não durou muito por causa do meu chulé, então tive que dormir na traseira, junto com o equipamento. O caminhão se tornou a única coisa em que eu me interessava durante a viagem. Era uma alegria e tranquilizador avistar a pintura fluorescente rosa e amarela que Edwin Shirley ainda usa até hoje. Significava que eu tinha chegado ao show."

"Se Biafra estivesse bem humorado", McGee continua, "ele se encharcava e encharcava o público com água, grande parte vinda de copos de cerveja. Ela ia para todos os lados, inclusive nos nossos sacos de dormir. Ao perceber isso no meio do show, arrastei os trapos ensopados até o camarim e coloquei-os sobre os aquecedores, tentando não encharcar o grande piano que havia ali, sabe-se lá por que. Algum tempo depois, voltei ao abafado camarim. A porta estava aberta e eu encontrei a versão mais bizarra de 'Cambodia' sendo tocada no piano. Também reparei no cheiro – para citar o cara, 'cheira a Dakar!'. Ao entrar, vi que era Ted tocando o piano e, quando me viu, lançou, junto com o resto da banda, o empolgante refrão, 'Right Guard will not help you here!' Porra, eles estavam certos – aquilo fedia!".

O último show foi no West Runton Pavilion, em Cromer. "O público era um time local de rugby do tipo 'queremos-ser-motoqueiros' de merda", recorda McGee. "Lembro de um deles dizendo que 'mal podia esperar para colocar suas mãos em um dos cuzões de cabelo espetado', enquanto arrumava o placar para ele e seus amigos verem quantos punks eles poderiam esmagar. Às 11 horas da manhã, parecia uma tranquila vila rural, mas às 18h30, era uma loucura. Grupos de punks bêbados e chapados atracavam das cidades vizinhas e caíam pelas portas. Um dos motoristas teve um colapso por cheirar cola passivamente. O público saiu de controle: Micro e eu conseguimos dominá-los, mas não antes que os babacas sem cérebros conquistassem seu primeiro ponto – um jovem garoto vomitando, que mal podia ficar de pé". Enquanto isso, Biafra apresentava a então desconhecida "Too Drunk To Fuck". "Algum dia, essa música será lançada como single – se nos permitirem fazer mais discos. É nossa música pop universal, achamos que todos podem se relacionar com ela…"

A remixada "Kill The Poor" foi simultaneamente lançada como o terceiro single do disco. McNay concebeu a campanha promocional usando uma fotografia da conferência do Partido Conservador com a faixa da festa retocada com os

Páginas seguintes: Dead Kennedys em tour pelo Reino Unido. Show no Brady's, em Liverpool, 29 de setembro de 1980. (Fotos: Mick McGee)

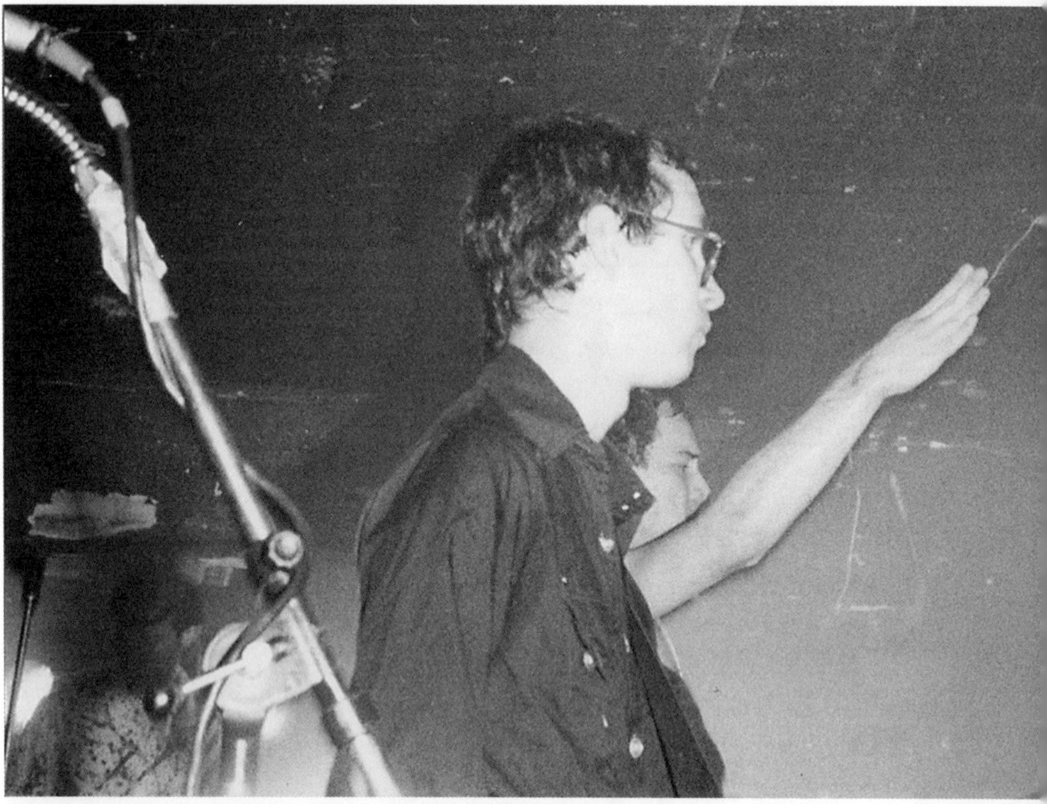

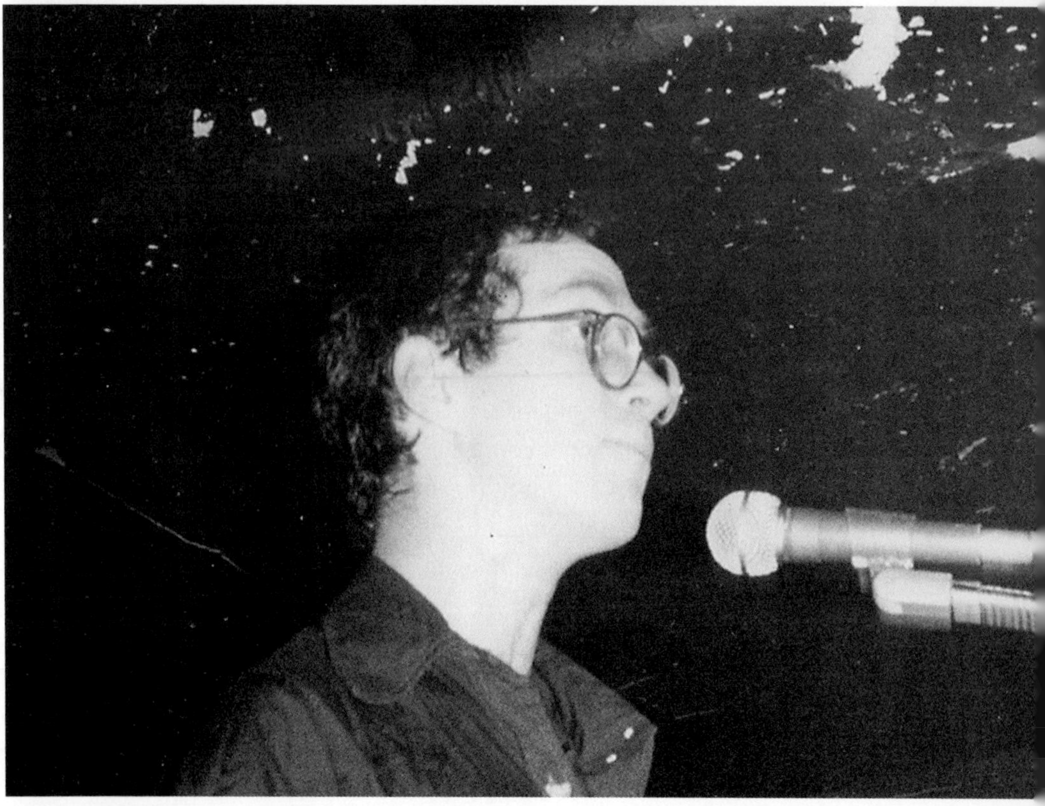

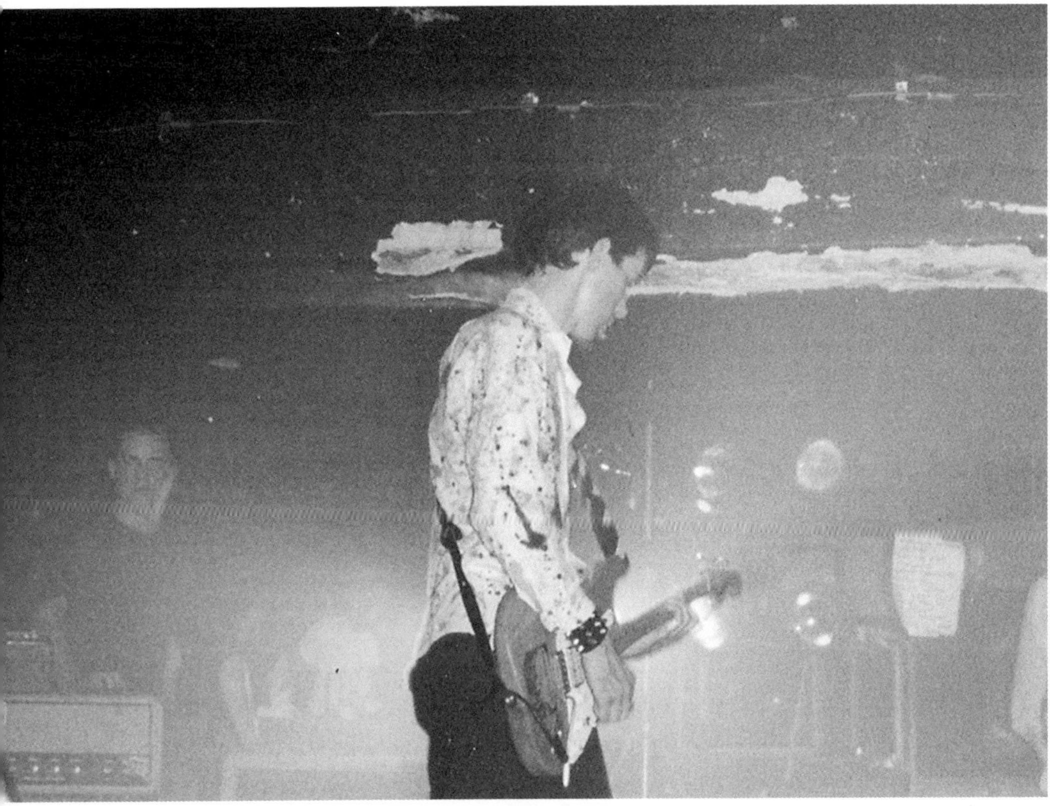

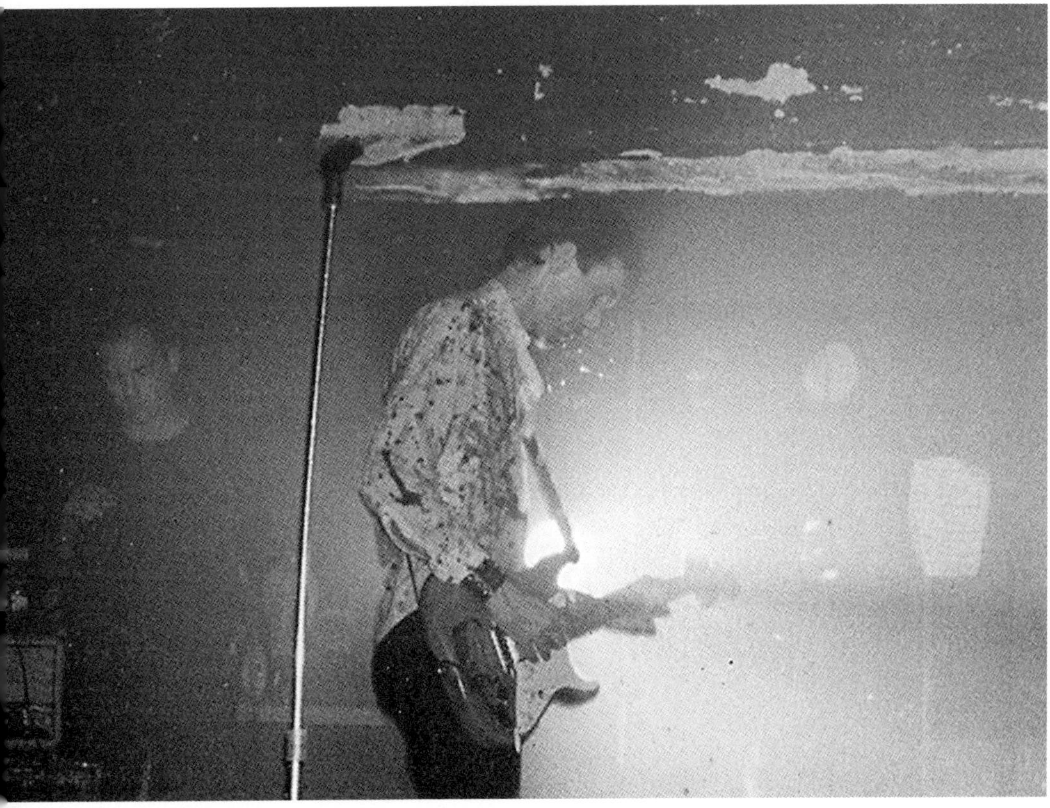

dizeres "Kill The Poor". "Eu pensei, 'Se as revistas e jornais virem o anúncio com antecedência'", McNay recorda, "'eles não vão me deixar publicar isso'. Então, descobri quando era o fechamento das edições e entregava alguns minutos antes, então seria difícil recusá-lo. Entramos em todas as revistas e semanários. Fomos levados a um tribunal de reclamações relacionadas à publicidade. Mas tudo que disseram foi para não publicar aquele anúncio novamente, o que, claro, não tínhamos a intenção de fazer".

Inicialmente, McNay estava inclinado a fazer de "Viva Las Vegas" o terceiro single. "Pensei que, com ela, conseguiríamos veiculação diurna na Radio One. Obviamente, Peel havia tocado 'Cambodia' e acho que Mike Read também tocou 'Cambodia'. Acreditava que não seria difícil expandir isso. Não entraríamos no *The Breakfast Show*, mas conseguiríamos espaço em programas vespertinos com 'Viva Las Vegas'. Eu estava bem inclinado a fazer isso e cheguei até a agendar o lançamento. Aí Biafra disse não, que não queria lançá-la. Concordei, mas já estávamos caminhando com aquilo e chegamos até a organizar sua divulgação. Pensei que chegaríamos ao Top 40 com aquela faixa e que poderíamos apresentar a banda a um público totalmente diferente, mas não era para acontecer". McNay conseguiria seu hit em 1981 quando "Too Drunk To Fuck" (uma música que sempre teve uma dívida com "Nothing Means Nothing Anymore", dos Alley Cats) se tornou o primeiro disco com um palavrão no título a chegar ao Top 40.

Biafra não estava tão disposto a lançar "Kill The Poor" *ou* "Viva Las Vegas". "'Kill The Poor' foi simplesmente arrancada do disco e jogaram uma mixagem diferente no single", afirma Biafra, "para atrapalhar o esquema de lançamento de Iain McNay para 'Viva Las Vegas' como um novo single. Dissemos que não, que seria 'Kill The Poor' e que ele não iria lançar 'In-Sight' como um flexidisc. 'Estamos arrancando 'Viva Las Vegas' e colocando-a como lado B, quer você goste ou não'". Ray afirma que foi uma decisão do grupo. "Isso acontecia muito. A banda discutia algo e então Biafra chamava Iain e dizia que não queríamos aquilo. Então Iain achava que era coisa do Biafra".

Segundo Ray, a mesma coisa acontecia com a mídia. "Biafra era o *frontman* e o porta-voz. E ele adorava dar entrevistas. E, como ele dizia isso, as pessoas presumiam que era ideia dele. Essa suposição está errada. Muitas das ideias políticas eram minhas, em termos de soluções reais para problemas. No que diz respeito a criar bons slogans, Biafra era brilhante. Vejo as coisas de uma maneira mais complexa. Todos nós, definitivamente, tínhamos discussões. Mas há diversas ideias que eu vejo em entrevistas que as pessoas não atribuem ao Klaus ou a mim que, provavelmente, são ideias originais nossas. É assim que os jornalistas trabalham. Mas, quando as pessoas falam comigo, elas percebem, 'Ei, ele sabe o que o Banco Central faz'". (12). Tudo isso "me deixa muito puto", diz Biafra. "Que mentira. Esses caras eram *alérgicos* a entrevistas, porra! Eles saíam correndo e iam farrear todas as noites e me deixavam no camarim para fazer todas as entrevistas, apesar de minha garganta estar detonada. Isso se tornou um ponto tão crítico para mim que quase ajudou a romper com a banda em 1984".

O disco foi mais bem sucedido do que qualquer um poderia prever. Em 1980, foram vendidas cerca de 30.000 cópias no Reino Unido e entrou no Top 10 da Finlândia, Espanha, Portugal e Austrália. Foi o primeiro disco clássico de punk americano da geração pós-CBGB (se deixarmos de lado o engavetado *GI*, do Germs, em 1979) junto com o *Damaged* do Black Flag, um ano mais tarde.

Nossa história se encerra em dezembro de 1980, quando Ted anuncia sua saída da banda, para aprofundar seus estudos de arquitetura (apesar de ter continuado no The Wolvarines, com quem ele vinha tocando intermitentemente e que, brevemente, contou com Klaus em sua formação). Ele fez seu último show com o Dead Kennedys naquele mês, antes de ser substituído por D.H. Peligro, que Biafra havia visto tocando com o SSI no Deaf Club e, em seguida, foi convidado para uma audição após se encontrar com Ray no Mabuhay. Klaus e Ray dizem que a saída de Ted é resultado de um ultimato do tipo "eu ou ele" dado por Biafra, mas os motivos reais são banais. "Pedimos para que ele saísse", confirma Biafra. "O motivo eram diferenças musicais, o velho clichê. E a decisão era unânime. A primeira missão de negócios em 1981 era encontrar um novo baterista e Peligro estreou em fevereiro".

A banda também rompeu os laços com a Cherry Red após o lançamento de "Too Drunk To Fuck" em junho de 1981. Eles estavam irritados com a propensão da gravadora de intensivamente cultivar seu catálogo antigo e com a relutância de McNay de que a Cherry Red se tornasse sinônimo de punk ou Dead Kennedys. "Na verdade, nunca ficamos mal com eles", recorda Biafra, "só saímos da gravadora porque eles estavam explorando demais seu catálogo (mudando a capa e refazendo um 12" de 'Holiday In Cambodia' e 'Too Drunk To Fuck' para revender o mesmo disco e etc.). Além disso, em uma jogada crucial, eles recusaram o lançamento de *Let Them Eat Jellybeans!* porque eles 'não queriam ser associados ao Dead Kennedys de uma maneira tão próxima'". *Let Them Eat Jellybeans!* era uma coletânea através da qual Biafra queria salientar os talentos frustrados de bandas que tiveram negada a chance que o Dead Kennedys aproveitou, incluindo o Black Flag, Bad Brains, DOA, Subhumans e – em agradecimento e pagando a dívida por ter dado ao DK a chance de começar – The Offs. Por fim, muitas dessas bandas seriam bem servidas pela ressuscitada Alternative Tentacles, que Biafra reergueu após romper com a Cherry Red no Reino Unido e com a Faulty Products e Statik nos EUA. Fora os adiantamentos, nenhuma dessas gravadoras jamais pagou um centavo à banda.

O primeiro capítulo da história do Dead Kennedys estava completo. Ao menos dois ótimos discos ainda estavam por vir – bem como processos judiciais, prisões, problemas com a censura, shows realmente tumultuados, *Penis Landscape*, Tipper Gore e *Oprah Winfrey Show*. Porém, algum outro pobre coitado pode dar conta disso.

Não esqueça de levar uma esposa

Páginas seguintes: O single "Kill The Poor" / "In-Sight", lançado no Reino Unido em 1980 (Cherry Red); O single promocional de "Kill The Poor" / "Viva Las Vegas" lançado na Espanha em 1981. "Matad a los pobres"! E também a capa da edição espanhola do *Fresh Fruit*. (Edigsa); O single "Kill The Poor" / "California Über Alles", lançado na Alemanha em 1980 (Hafenklang).
Páginas 164-165: Press release espanhol (Edigsa, 1981)

CHERRY 16

DEAD KENNEDYS/KILL THE POOR (NEW VERSION OF THE SONG FROM THE ALBUM 'FRESH FRUIT FOR ROTTING VEGETABLES' CAT.NO.B RED 10) B/W IN-SIGHT (PREVIOUSLY UNRELEASED TRACK). FRONT COVER DRAWING BY GREG WRIGHT/ DRAWINGS ABOVE © 1980 FALLOUT PRODUCTIONS. PRODUCED BY NORM.

℗&© 1980 CHERRY RED RECORDS, 199 KINGSTON ROAD, LONDON SW19
DISTRIBUTED BY SPARTAN, LONDON ROAD, WEMBLEY, MIDDLESEX

Imp. POLYGRAM INDUSTRIES MESSAGERIES
"Imprimé et fabriqué en France"

DEAD KENNEDYS

PROMOCIONAL EDIGSA SINGLE

MATAD A LOS POBRES

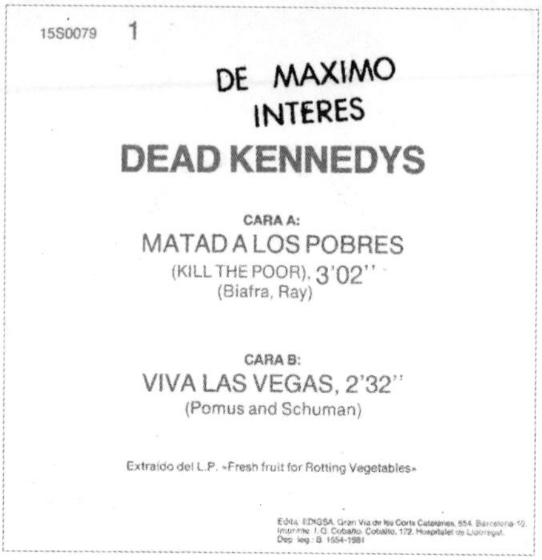

15S0079   1

DE MAXIMO INTERES
DEAD KENNEDYS

CARA A:
MATAD A LOS POBRES
(KILL THE POOR), 3'02''
(Biafra, Ray)

CARA B:
VIVA LAS VEGAS, 2'32''
(Pomus and Schuman)

Extraído del L.P. «Fresh fruit for Rotting Vegetables»

KILL
the
POOR
®
DEAD KENNEDYS

Dead Kennedys
EDIGSA

Dead Kennedys
6.12953
AC
Kill The Poor
California
über alles
From The LP 6.24506 "FRESH FRUIT FOR ROTTING VEGETABLES"

INFORMACION EDIGSA

Dead Kennedys

Los últimos punk de la ciudad.

Según todos los indicios, que no son pocos, los funerales por el inherte y aún ruidoso cadáver punk ya han sido celebrados. Cronistas e historiadores han embalsamado convenientemente estas cuatro bárbaras letras para dejar un testimonio de su paso por este mundo a futuras generaciones. Una polvorienta lápida se erige en el Cementerio del Rock, y los restos punk yacen, todavía convulsionados, bajo ella.

Sin embargo, y ateniéndose a la más elemental regla del punk que es el inconformismo, una nueva tormenta, con sus pertinentes rayos y truenos, se han desatado para derrumbar sin miramientos todas las cómodas conjeturas del observador. El punk puede estar muerto como leyenda o fenómeno, pero no como realidad. Y desde la lejana y pacífica Costa Oeste estadounidense, vía Londres, cuatro temerarios supervivientes se obstinan en atosigar los, hasta ahora, tranquilizados tocadiscos con nuevos mensajes repletos de blasfemias, electricidad, insultos y adrenalina. Cuatro adiestrados guerrilleros del punk que responden al irrespetuoso nombre de DEAD KENNEDYS (Los Kennedys muertos) y que han concentrado su indomable insistencia de kamizake en el LP "Fresh Fruit For Rotting Vegetables" (Fruta Fresca por Verdura Podrida).

Los antecedentes de DEAD KENNEDYS se remontan a 1978. Año éste en el que un individuo censado como Jello Biafra regresa a San Francisco, su ciudad natal, tras asistir al parto del punk en Londres. Como Frisco resulta ser un reumático bastión del hippismo y otras delicias por el estilo -véase el star system del cercano Hollywood o la cultura del surf asentada a lo largo y ancho de California- el mencionado Biafra decide divulgar las visiones que la Sodoma del Rock, Londres para más señas, le han proporcionado. Encargándose él mismo

INFORMACION

EDIGSA

de cantar, componer y presidir, reune al taquicárdico guitarrista East Bay Ray -también conocido como Ray Valium- el bajista Klaüs Flouride y el batería Ted y bautiza a la banda con el significativo DEAD KENNEDYS.

Ante la hostilidad general, los DEAD KENNEDYS, empiezan a asestar golpes veniales al confortable armazón que protege las soleadas tardes californianas. Mientras en la otra costa, Nueva York, son varios los defensores del punk, en California parece que solo luchan Biafra y sus Kennedys. El 19 de julio de este mismo año dan su primer concierto y meses más tarde Jello Biafra se presenta a las elecciones para la alcaldía de San Francisco que como se puede suponer, pierde. Dado que ningún sello americano se ofrece a canalizar comercialmente sus arrebatos sonoros, aceptan la propuesta de Fast Records, un pequeño sello de Edimburgo, y graban el primer single. " California über Alles " utiliza los tres minutos de duración para atacar a Jerry Brown, por aquel entonces gobernador de California, y asustar un poco a los bienpensantes del lugar. Para el 79, cuando se aprecian los primeros síntomas de extinción en el punk, son fichados por otro sello británico como Cherry Red Records y graban un nuevo single que también contiene un poderoso hit para Angeles del Infireno y amantes del punk-rock a toda velocidad como el perfecto "Holiday in Cambodia". En 1980, siendo ya conocidos por los devoradores de emociones fuertes, graban "Fresh Fruit For Rotting Vegetables". Un artefacto espinoso que contiene las dos canciones antes citadas y doce granadas más que en este mismo momento están estallando en algún, nuevamente, horrorizado tocadiscos. "Kill the Poor", el nuevo single, "Drug Me", "I Kill the Children" -toda una declaración de pricipios por parte del grupo- "Funland at the Beach" y un remake del elvispresleyano "Viva las Vegas" son algunas de ellas.

Catorce cortes de no más de tres minutos de duración, mortíferas miniaturas que aceleran la circulación sanguínea en un abrir y cerrar de ojos, manifestaciones de punk en perfecto estado de salud. Las propias visiones de los DEAD KENNEDYS. Unos profetas en su tierra y los últimos punks de la ciudad.

EDIGSA
Departamento de Promoción

WAR-TIME RACIAL SLURS DEPT

YOUR BONDS MEAN DEAD JAPS!

hotel Lennox St. Louis

AD IN FORTUNE MAGAZINE APRIL, 1945

DEAD JAPS! DEAD JAPS! DEAD JAPS!

OUTSIDE AGITATORS

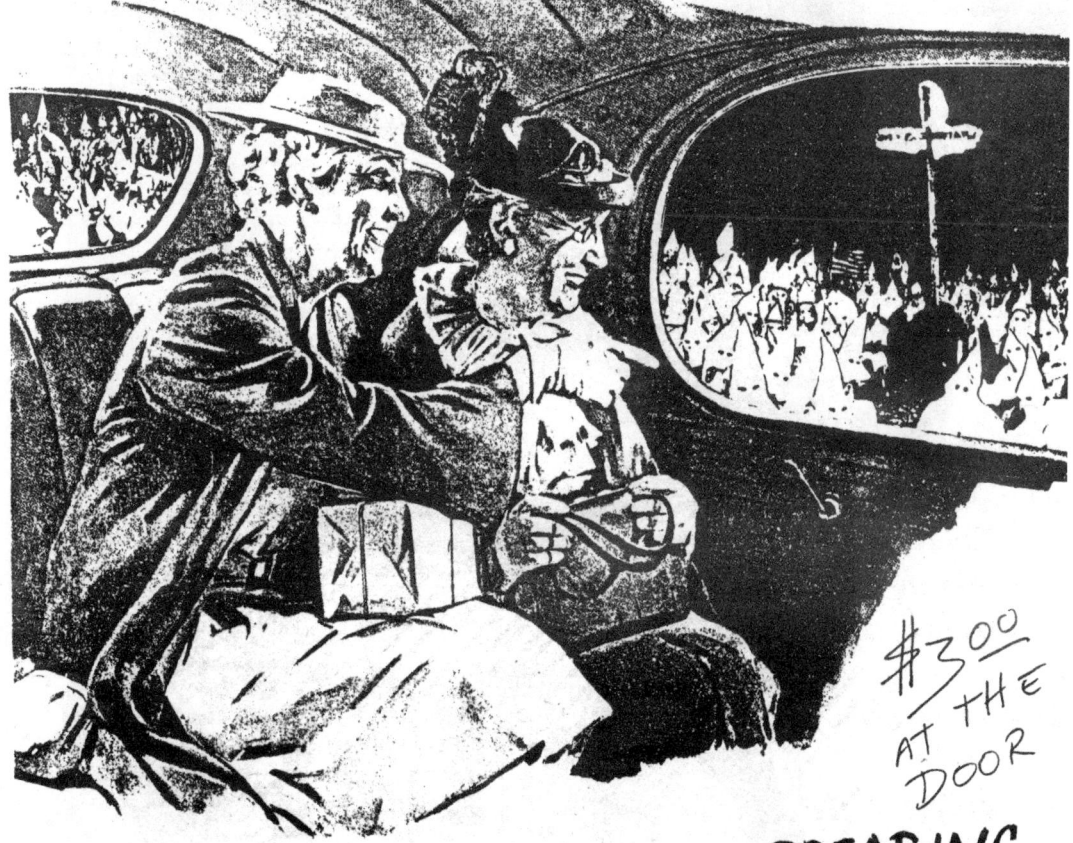

PLUS iDioT CHILD
THE FuKKuPS
& PEeR PREssurE

APPEARING NOW AT
NICO'S UNDERGROUND
99284 BROADWAY

$3.00 AT THE DOOR

MINORS WELCOME

©FALLOUT 1981

AMERICA YOU MUST CHOOSE:
THIS OR THIS

AMERICA'S NEW LEADERSHIP

DEAD KENNEDYS
TOO DRUNK TO FUCK

ALTERNATIVE TENTACLES

NEW ON CHERRY RED RECORDS

NOTAS FINAIS

Tudo que você faz é reclamar, não é?

"Não gosto de nostalgia. A não ser que seja minha."

(Lou Reed)

Trinta anos depois, *Fresh Fruit*, o disco punk mais musicalmente complexo já lançado, segundo a revista *Mojo*, e, sem dúvida, o mais engraçado, agressivo e cerebral, teve uma influência colossal. Hüsker Dü, Dinosaur Jr., Pixies, Nirvana e, mais recentemente, todo mundo, desde Green Day e Offspring a Massive Attack, Prodigy e Franz Ferdinand, absorveu e reconheceu sua influência. Biafra, que continua um fã "até-o-osso" do amplo cânone punk, acha o elogio mal colocado. "Você sabe o suficiente sobre essa música, tanto quanto eu, que qualquer um que ouviu *Cradle To The Grave* do Subhumans ou *Zen Arcade* do Hüsker Dü ou Mission Of Burma, ou o que seja, disputaria ardorosamente esse título". Ele está forçando uma porta fechada.

Ted também é estoico com a calorosa adulação da crítica a *Fresh Fruit* e não está convencido de que o status de pioneirismo é merecido. "Não diria isso, não do meu ponto de vista. Era rock and roll. Acho que era diferente de outros tipos de bandas punk da época por causa da sonoridade de guitarra surf de Ray e porque eu não tocava a típica batida punk 2-4. Era mais fluido, eu diria. E o baixo de Klaus era algo mais melódico que muitos dos outros baixistas da época. Mas, em termos de ser *avant garde* ou criar novos parâmetros, não sei se eu realmente sinto isso".

Ele também é o mais reservado quanto às conquistas. "Para mim, falta um pouco de profundidade e força, além de ter uma sonoridade flácida. Parte disso tem a ver com a maneira com que foi prensado a partir da *master*. Parte realmente tem a ver com a maneira como foi produzido. Alguns dos discos que eu

À esquerda: Página do *Fallout* #4 (março de 1981) assinada por Winston Smith, trazendo um anúncio para o single "Too Drunk to Fuck". Esta era a arte original para a capa, mas Biafra depois trocou por outra imagem, encontrada em um tratado religioso. Anos depois, Smith reutilizou esta arte para a capa de um tributo japonês ao Dead Kennedys, chamado *Get Drunk More Fuck*, lançado em 2010.

acho que poderiam estar próximos e captados com mais profundidade, nos altos e baixos, seria algo como *Nevermind*, do Nirvana. Mas, no geral, o som do disco, mesmo hoje, acho que poderia ser um pouco diferente e ter ainda mais impacto se tivesse sido mais bem produzido". Mas, naquela época, os Dead Kennedys tinham 10 mil dólares para trabalhar. O Nirvana teve algo a mais. Também vale ressaltar que todos os três integrantes desta banda reconheceram a influência do Dead Kennedys.

"Criou um modelo para *nós*", diz Klaus. "O disco soava diferente de tudo feito naquela época, que era o que estávamos buscando. Não estávamos tentando necessariamente soar melhor, mas simplesmente diferente. Queríamos ter uma assinatura sonora e o disco criou isso. Não éramos necessariamente um padrão para que outros imitassem, nem para que nós mesmos imitássemos a sonoridade de *Fresh Fruit*. Havia um monte de bandas que soavam como os Sex Pistols e um monte de bandas que soavam como os Ramones. Não existiam muitas bandas que tentavam soar como os Kennedys".

Mas ele desfruta da afeição residual entre fãs e músicos. "Às vezes, é difícil digerir isso, que pessoas nessas bandas que eu admiro já têm minhas coisas. É uma sensação boa". Ted concorda: "Ainda fico extasiado. Tenho filhos e os amigos deles ficam mais interessados por eu ter feito parte da banda do que meus próprios filhos. É sempre bom quando você escuta isso ou quando pessoas da minha idade dizem 'Ah, eu costumava ver os shows de vocês'".

"Daqui a 50 anos", diz Ray, "quando todos já estivermos mortos, a única coisa que realmente importará será a música e o que sai do disco. Todo o resto será secundário. O interessante é que *Fresh Fruit* está mais próximo do início do rock and roll, como as gravações da Sun e Elvis Presley, do que dos dias de hoje. É meio surpreendente a enorme variedade musical entre 1955 e 1980".

Biafra está na posição individual de enfatizar sua crença no que a banda alcançou, enquanto se distancia das ações realizadas pelo grupo reformado. "Para deixar claro, tenho muito orgulho da música, da banda e o que alcançamos enquanto estávamos juntos. Tentei manter esse espírito e essa ética desde então".

Apesar de ser o disco mais conhecido e mais popular que eles lançaram, ainda não é o preferido de Biafra. "Gosto mais de *Plastic Surgery Disasters* e de *Frankenchrist* por serem mais sombrios, mais intrincados. Eles têm mais contribuições musicais dos outros integrantes da banda e, acredite se quiser, esse é um dos motivos. Mais contribuições tipo 'Holiday In Cambodia' dos outros integrantes da banda. É mais sombrio, mais único, mais de nós".

Entretanto, *Fresh Fruit* o deixa com a sublime sensação de satisfação de superar seu velho adversário, Jared Johnson do *Denver Post*. "Recebi recortes pelo correio", recorda Biafra. "Ao invés de pequenas resenhas, Jared Johnson dedicou toda a sua coluna ao quanto desgosto ele teve com *Fresh Fruit For Rotting Vegetables*. Nunca me senti tão gratificado e realizado em toda a minha vida! Esse é exatamente o tipo de impacto que eu sempre quis ter". (13)

DEAD KENNEDYS
TOO DRUNK TO
Warning !!
THIS RECORD CONTAINS LANGUAGE THAT SOME PEOPLE MAY CONSIDER SMUTTY, OFFENSIVE, AND NOT NICE.

fringe product
FP1701
to drunk to fuck
(BIAFRA)
A
45
DEAD KENNEDYS
An Alternative Tentacle Production
℗ CHERRY RED RECORDS
©FRINGE PRODUCT

Poko international
SIDE A
© & ℗ Cherry Red Records 1981
INTER 2
45 r.p.m.
STEREO
n©b
TOO DRUNK TO FUCK
(Säv./Sov./San. Jello Biafra) 2.39
DEAD KENNEDYS
ALL RIGHTS OF THE PRODUCER AND THE OWNER OF THE WORK REPRODUCED RESERVED. UNAUTHORIZED COPYING, HIRING, LENDING, PUBLIC PERFORMANCE AND BROADCASTING OF THIS RECORD PROHIBITED

DEAD KENNEDYS

CAUTION

YOU ARE THE VICTIM OF YET ANOTHER STODGY RETAILER AFRAID TO WARP YOUR MIND BY REVEALING THE TITLE OF THIS RECORD SO PEEL SLOWLY AND SEE...

Virus 2 1981 I.R.S., Inc. Printed in USA

A

DEAD KENNEDYS
CHERRY RED RECORDS
45 RPM STEREO

Too Drunk To Fuck

Written by Biafra
Published by Virgin Music Publishing Ltd.

An Alternative Tentacle Production

℗ © 1981 CHERRY RED RECORDS LTD

CHERRY 24

Manufactured in France

ALTERNATIVE TENTACLES

Páginas anteriores: Edição australiana do single "Too Drunk To Fuck" / "The Prey" (Missing Link, 1981); Edição americana do single "Too Drunk To Fuck" / "The Prey" (Faulty Products, 1981); Rótulos do single "Too Drunk To Fuck" / "The Prey" nas edições do Canadá, Finlândia, Reino Unido e EUA.
Acima: O vinil transparente da edição irlandesa do single "Too Drunk To Fuck" / "The Prey" (Cherry Red, 1981).
Página ao lado: A versão inglesa do single "Too Drunk To Fuck" / "The Prey" (Cherry Red, 1981) ; rótulo do 12" de "Too Drunk To Fuck" / "The Prey", lançado no Reino Unido em 1981 (Cherry Red); rótulo do 12" de "Too Drunk To Fuck" / "The Prey", lançado na Nova Zelândia em 1981 (Cherry Red).

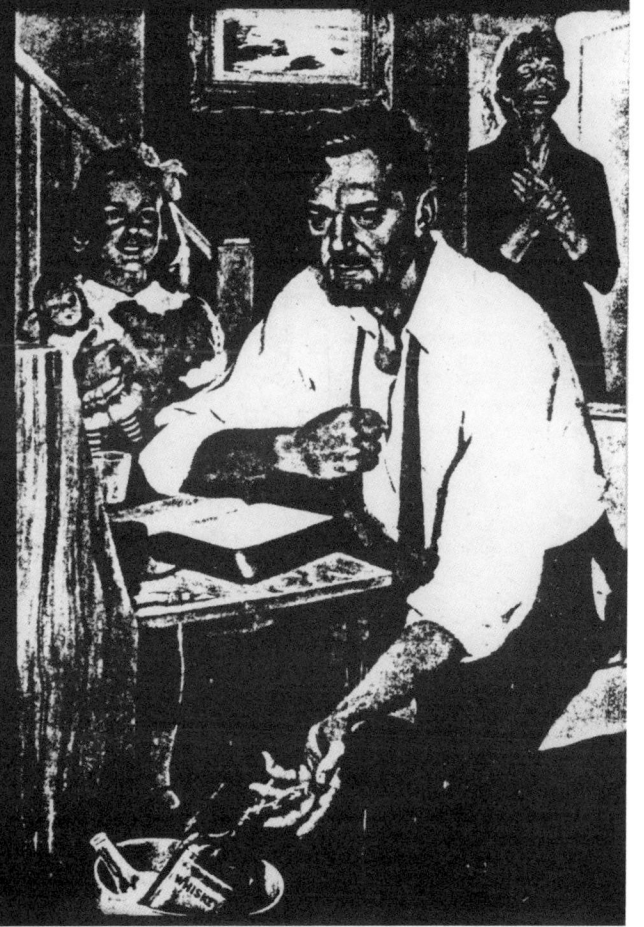

DEAD KENNEDYS
Too Drunk To Fuck

Acima: O single "Too Drunk To Fuck" / "The Prey", lançado na Grécia em 1981 (Music Box).
Ao lado: A edição australiana do 12" de "Too Drunk To Fuck" / "The Prey" (Cherry Red, 1981); o single "Too Drunk To Fuck" / "The Prey", lançado na Grécia em 1981 (Music Box); contracapa da edição australiana do 12" de "Too Drunk To Fuck" / "The Prey" (Cherry Red, 1981).

DEAD KENNEDYS
SALE
SALE
NORMAL PRIC
OUR PRICE
INDIA
A CHERRY RED RECORDS PRODUCT
TOO DRUNK TO FUCK

Music-box
Music-bo
STEREO
MONO
MB 10099
Cherry 24–A
℗ 1981
Cherry Red
Rec. © 1981
Virgin Mus
(Publ) Ltd
TOO DRUNK TO FUCK
DEAD KENNEDYS
DISTRIBUTED BY Music-box

DEAD KENNEDYS
12CHERRY24
TOO DRUNK TO FUCK
THE PREY
Artwork: JAMES WOLF

THIS COULD HAPPEN TO YOUR CITY!

A Civil Defense Test Edition

2 A-BOMBS HIT CITY

Killed 1,104,814   **Injured** 568,393

We Retaliate: Bombers Attack Enemy

East Side In Ruins, 1,690,000 Homeless

ADVERTISING IN FALLOUT CAN HELP PREVENT THIS TRAGEDY.

Deadline is 15 July. Delay can mean disaster.

Fallout PRODUCTIONS
P.O. BOX 355
PETALUMA, CA.

RATES

FULL PAGE	$50
HALF PAGE	$30
QUARTER	$20
BACK PAGE	$75
CENTRE [2]	$90

ALL PRICES FOR CAMERA READY ART
DIMENTIONS: 10" x 16" for FULL PAGE

Fallout Design $30

"HIGH KIDS! THIS HERE'S THE CHILDRENS' PAGE. FILL IN THE BLANKS. IF YOU KNOW HOW TO WRITE."

"THERE NOW, WASN'T THAT FUN? AREN'T YOU GLAD MOM AND DAD BOUGHT THIS RAG? WHY DON'T YOU GET THEM TO BUY YOU SOME MORE SO YOU CAN KEEP FILLING IN THE BLANKS."

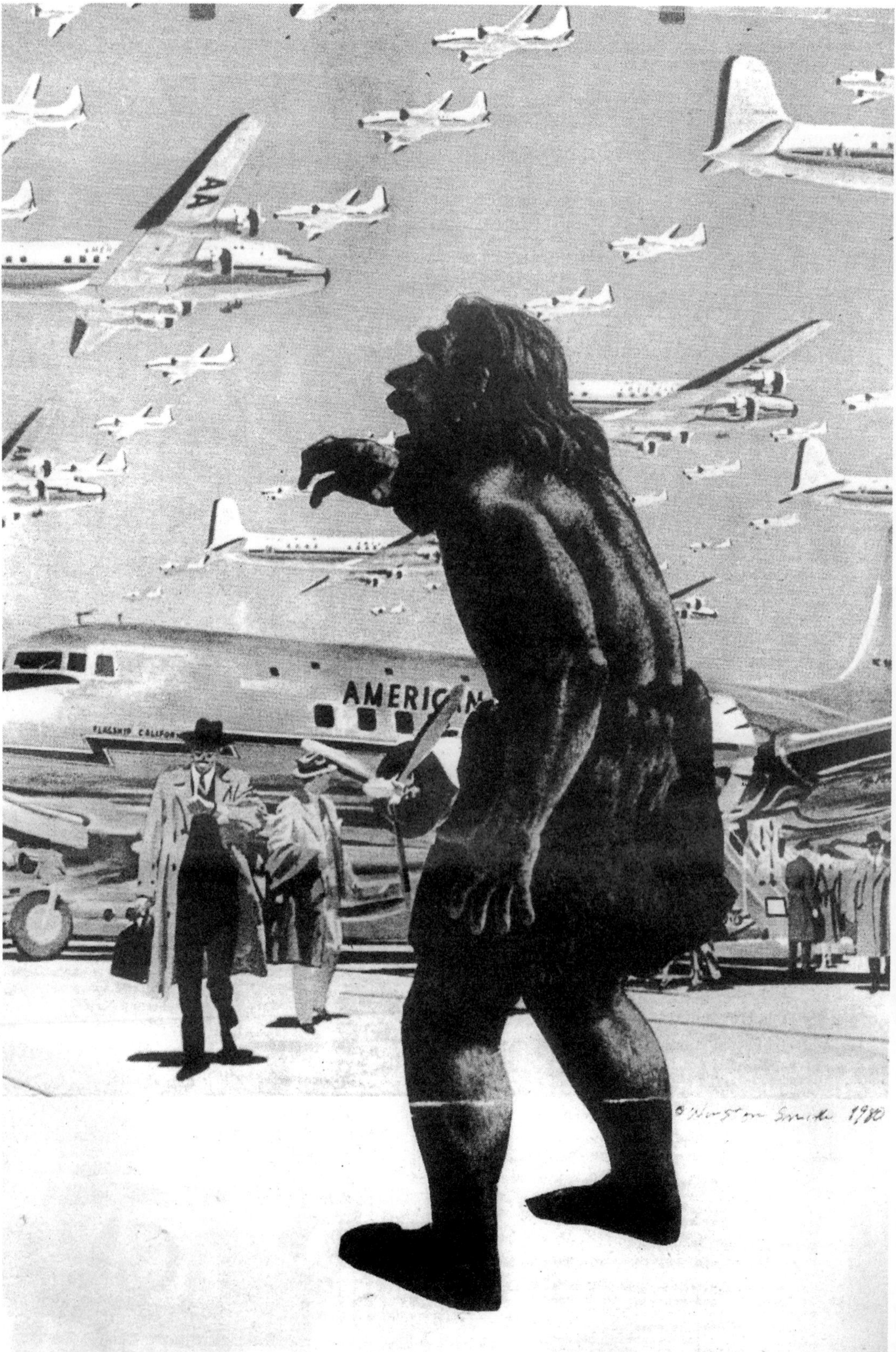
AA
AMERICAN
FLAGSHIP CALIFOR
©Winston Smith 1980

NOTAS DE RODAPÉ

(1)
Para os fãs de trivialidades, fica o registro: foram 956 (aspas) para Ray, 1227 para Klaus, 1167 para Biafra e 585 para Ted. É isso aí.

(2)
"Quando o conheci", relata Biafra, "Ray não tinha discos punk. Ele nunca tinha ouvido Stooges. Então lhe emprestei uma fita e ele entendeu. Provavelmente, ele tinha ouvido Ramones e etc. na KSAN, uma velha rádio hippie (principalmente no programa *Outcast Hour*, com Howie Klein e Chris Knab), que realmente tocavam alguns singles punk, até as gravadoras mandarem parar".

(3)
Jello (ou Jell-O) era o nome americano da gelatina não-nutritiva da Kraft, muito apoiada pelos comediantes Jack Benny e Bill Cosby ao longo dos anos e, assim, um vício da inconsciência americana ao qual os europeus devem ficar alertas. Suas aplicações alternativas incluem o uso por "lutadoras na lama" em clubes de striptease e bares para adultos. Outro reconhecido filósofo anterior ao Sr. Boucher também fez piada com isso: Bertrand Russell certa vez notou que "o consumo desenfreado de Jell-O pelo Rei da Inglaterra não é nem necessário nem suficiente para a existência de Deus", como um teste de lógica proposital. O "sobrenome" Biafra, por outro lado, foi tirado do estado separatista esmagado pelo Governo Federal da Nigéria no final dos anos 60. Após manter ação militar, um bloqueio econômico e a destruição das fontes de agricultura da região para suprimir seus participantes: cerca de um milhão de pessoas morreu. "Para clarear", esclarece Biafra, "as mortes foram, em grande parte, por fome em massa, coberta pela mídia com macabros detalhes fotográficos. Então Biafra, na época, era o símbolo universalmente reconhecido do pior tipo de genocídio em massa. Adivinha onde eles encontraram petróleo? No subsolo da terra dos Ogonis".

(4)
Uma tomada original dos Healers para "California Über Alles" seria incluída como bônus em vinil na coletânea *Rocky Mountain Low*, uma adorável amostra da cena do Colorado, lançada pela Hyperpycnal em 2009. A coletânea também é notável por incluir duas músicas de Mark Bliesener (também conhecido como Radio Pete), "(Just A) Patsy" e "Jackie's Song", gravadas em julho de 1976, quando ele ainda estava em sua "fase Dead Kennedys".

(5)
Outras versões alternativas da música abundam. Entre elas, covers feitas por bandas como The Delgados, Six Feet Under (projeto paralelo do Cannibal Corpse), The Deceased e Dramarama. Provas de seu apelo internacional e mistura de gênero podem ser mais bem demonstradas pelas referências dos esforços de Jayne County and the She Wolves, que adaptou a letra para alfinetar a legislação contra o casamento gay, a banda italiana de ska Iquattrocentocolpi, o pioneiro do industrial/tecno belga Patrick Stevens do Hypnoskull ou os anglo-americanos do The Who Boys. Estes últimos fizeram um mash-up da música "The Revolution Will Not Be Televised" de Gil Scott-Heron, chamada "Revolution Über Alles". Fã do Dead Kennedys e lenda do skate, Tony Hawk a incluiu na trilha sonora do jogo *American Wasteland* (antecipando a inclusão de "Holiday In Cambodia" no *Guitar Hero III*, algo que foi similarmente controverso).

Então os noruegueses do Mayhem incluíram "California Über Alles" em sua demo de 1987. Apesar disso, parecia impossível que Øystein Aarseth, também conhecido como Euronymous, creditado como pioneiro do desenvolvimento do black metal antes de morrer esfaqueado pelo seu baixista, fosse completamente favorável à dimensão política da música. Outras provas de seu apelo internacional podem ser encontradas em adaptações do roqueiro polonês Kazik Staszewski ("Kalifornia Ponad Wszystko") e Hasidic New Wave, que gravou "Giuliani Uber Alles" em protesto contra o homônimo prefeito de Nova York. O Disposable Heroes of Hiphoprisy deu à gravação uma transformação hip-hop industrial, apesar de mesmo um letrista formidável como Michael Franti ter lutado para pensar em uma rima decente para "police" [polícia] que não fosse "niece" [sobrinha] em uma passagem.

A gravação de Franti de "California Über Alles" foi incluída no Virus 100, centésimo lançamento da Alternative Tentacles, de 1992, que trazia 16 versões diferentes de covers do DK. Entre os artistas estavam Faith No More, Didjits, Napalm Death, Mojo Nixon, L7, Sepultura, Kramer e Sister Double Happiness, além de afiliados da AT como Alice Donut, Nomeansno, Neurosis e outros. É interessante que – defendendo qualquer argumento de que seu disco de estreia continua sendo o álbum definitivo dos Kennedys – das 16 músicas escolhidas, oito vêm de *Fresh Fruit*, com outras duas (os lados B "Police Truck" e "In-Sight") sendo datadas do mesmo período em discussão. Similar ao tributo "reggae/industrial eletrônico" *In Dub We Trust*, em que Sheep On Drugs brinca com "California", a maior parte do material, novamente, vem do período *Fresh Fruit*. Um terceiro tributo – *What Were We Fighting For?* –

foi lançado em 1998. Ele tem 17 faixas de uma variedade de bandas que você e eu nunca ouvimos falar, com exceção do Electric Frankenstein e Blanks 77. O Anal Cunt, no entanto, é a combinação perfeita para "Religious Vomit", do disco *In God We Trust, Inc.* e vale a pena ouvir a inclusão do riff de "Paranoid" do Black Sabbath na versão de "Jock-O-Rama" feita pelo Politikill Incorrect.

E quem poderia se esquecer do *Fresh Duck for Rotting Accordionists,* de 2005, do Duckmandu: uma releitura completa do disco no acordeão, com backing vocals de Klaus e um cover de Winston Smith. Ele conta com o muito bem expandido "Rocky Mountain Arsenal Memorial Choir of Death", incluindo o retorno de Dirk Dirksen, assim como Trey Spruance (Mr. Bungle), Greg Ginn (Black Flag), V. Vale e John Gluck (da Punk Rock Orchestra of San Francisco). Tudo divertidamente saudável e – com mérito – não exagera na ambição ao se referir a si próprio como a "versão definitiva em acordeão" do disco.

"Passei muito dos meus anos de colegial indo a shows dos Dead Kennedys e de outras bandas punk", relembra Duckmandu, também conhecido como Aaron Seeman, "muitas vezes no On Broadway [casa para a qual Dirk Dirksen também fazia agendamentos, exatamente em cima do Mabuhay] em San Francisco. Aqueles shows eram como experiências religiosas para mim. Slam-dancing (ainda não era chamado de "mosh") era um tipo de consciência coletiva, onde você transcendia as ordinárias leis da física e podia adquirir superpoderes. O nível de conectividade, e indefinição, entre o público e os artistas em um show do DK causou um tipo de pulsação em massa de psicodrama e pseudoviolência, o que era profundamente catártico. Em parte, *Fresh Fruit* foi a trilha sonora dessa experiência, mas também é um trabalho musical cuidadosamente trabalhado. Tem riffs pentatônicos de blues ('Chemical Warfare', 'Funland at the Beach'), progressões de acordes doo-wop ('Kill the Poor'), flamenco ('California Über Alles') e mais experimentações harmônicas ('Ill in the Head', 'Forward to Death'), tudo em um disco! *Fresh Fruit* é um reflexo urbano fodido, acelerado, apocalíptico e fantasmagórico musical da história do rock 'n' roll americano. É mais do que apropriado o disco encerrar com um cover de 'Viva Las Vegas'; Elvis e sua versão de 'Viva Las Vegas' representa a essência do pesadelo que o disco comenta. Jello ter parodiado a voz de Elvis (ela própria, uma paródia de um imitador de Elvis) enquanto continua mantendo sua inconfundível 'Jello-sia' completa a *tour de force*".

Sobre a reunião do "Rocky Mountain...": "Meu coral em 'Chemical Warfare' tinha cerca de

60 vozes gravadas individualmente e unidas na mixagem. Como tinha um gravador de 16 canais, criei três sub-mixagens e então as remixei juntas. As sub-mixagens são faixas secretas no CD. Queria ter alguns dos membros originais do coral de *Fresh Fruit*. Já conhecia o Klaus da Punk Rock Orchestra, que ajudei a fundar. Liguei para a gravadora SST para ver se eles poderiam me colocar em contato com Greg Ginn e ele mesmo atendeu o telefone! Ele fez seus gritos e engasgadas na hora. Winston Smith, Vick Vale e outras pessoas que eu conhecia e havia encontrado em San Francisco. Dirk Dirksen, que eu não conhecia, foi divertido. Lembro dele carinhosamente insultando o público 'Tchau, vão embora' no fim dos shows no On Broadway. Uma vez, levei-o até o coral. Achei que seria divertido gravar um discurso 'Tchau, vai embora' original para a última faixa escondida do CD. Ele fez os gritos e os engasgos altivamente, mas quando chegou a hora de gravar o discurso, ele não conseguiu reproduzir a raiva sem ter um público de verdade de punks suados e nojentos na sua frente. Então eu disse, 'Veja bem, eu ERA um dos punks suados e nojentos, então vou ficar atrás do seu editor de vídeo como se fosse um deles'. Isso fez com que ele dirigisse seu ataque a mim (como um tocador de acordeão, punk rocker, etc.), e é isso que você ouve na última faixa. Um ótimo fim, eu me despedi e ele morreu no ano seguinte".

Mais tarde, "California Über Alles" seria sampleada com destaque pelo The Prodigy em "Dead Ken Beats". Especialmente ao vivo – o não obstante grito de "Dead Kennedys" – é uma atração e tanto. John Linell, do They Might Be Giants também a toca ao vivo. Em um contexto ainda mais inesperado, há samplers de "California" (assim como de gritos de elefantes e sirenes policiais) ao longo do reggae dancehall "Big Belly Guns", de Tony Matterhorn.

Outras músicas da era *Fresh Fruit* não receberam a mesma atenção. A sinistra versão eletrônica do Attrition para "Kill The Poor" (também gravada pelo grupo death metal The Agony Scene) vale ser ouvida, assim como a versão polca de "Too Drunk To Fuck" feita pela Benka Boradovsky Bordello Band. Menos válidos são os esforços da banda finlandesa de ska (duvido que você conheça) The Valkyrians. Lendas do pop alternativo de Dunedin (Nova Zelândia), The Chills fizeram uma versão rockabilly de "Let's Lynch The Landlord" em seu disco de 2010. A música também foi revisitada pelo Whisky Daredevils, que deu um toque de country alternativo à original punk hardcore, assim como Torpedo Monkeys, 13 Bats, The Nomads e Misterio (fundado por Señor Flavio, da platinada banda de rock latino Los Fabulosos Cadillacs). Soa um pouco como Cramps.

"Holiday In Cambodia" foi gravada em uma gama de estilos que vai de cabaré (Richard Cheese), música caipira irreverente (Red Star Belgrade) e metal (Prisoners Of Earth) até punk contemporâneo (Atreyu). Em 2007, o Foo Fighters, ao lado de Serj Tankian (System Of A Down), tocou-a no evento beneficente da MTV VMA Fantasy Suites. O mais interessante é que incorporaram a introdução do disco e o refrão "Pol Pot", mas substituíram "Brothers" por "niggers" na letra. É duvidoso que a música já tenha sido tocada para um público mais inapropriado, o que é uma pena ou uma excelente ideia, dependendo de sua posição em estratégia de penetração. O Camp Freddy, banda cover formada por Dave Navarro (Jane's Addiction, Red Hot Chili Peppers), Billy Morrison (Circus Diablo) e Matt Sorum (Guns 'N Roses), com Mark McGrath do Sugar Ray nos vocais, além de aparições especiais de Lars Ulrich e Robert Trujillo do Metallica, também se manteve firme à versão de *Fresh Fruit*. O vídeo no YouTube confirma que é tão horrível quanto se imagina.

Existem versões de "Police Truck" feitas por nomes como Thee Exit Wounds, Nailbomb, The Broken Toys, Destructors e Agent Orange. O Contra, projeto canadense de hardcore/breakcore digital, assassinou "Your Emotions" – e alcançou a impressionante façanha de aumentar sua velocidade. Por um sampler isolado da guitarra de Ray em "Too Drunk To Fuck", você pode conferir a versão do artista indonésio de hip-hop Serenada Iblis, intitulada "Too Funk To Hike"; ou, talvez, a incrível versão psychobilly dos Klingonz, ou a daquela banda japonesa, os Kead Dennedys. A hoje infame versão do Nouvelle Vague de "Too Drunk" amplifica o quanto essas músicas sobreviveram à transição de diferentes idiomas musicais. Esta última, é claro, é a fonte de outra fissura entre os ex-integrantes da banda. Biafra sustenta que ela foi usada em uma cena brutal de estupro em um dos filmes do projeto *Grindhouse* de Quentin Tarantino (na verdade, o segmento *Planet Terror*, dirigido por Robert Rodriguez) e aprovado por seus ex-companheiros de banda.

(6)
A banda The Teen Idles (pré-Minor Threat / Fugazi), de Washington, também fez a peregrinação para um show do Dead Kennedys com Circle Jerks e Flipper no Mabuhay, em agosto de 1980. Apesar de, no final, terem sido chutados por Dirksen, eles perceberam a política da casa de aceitar pessoas de todas as idades e as marcas de "X" nas mãos indicando a quem não era permitido servir bebidas alcoólicas. Mais tarde, isso se tornou o símbolo da cultura straight edge, que foi formulada quando eles voltaram para Washington. Depois disso, tanto Ian MacKaye quanto Henry Rollins iriam ao segundo show do Dead Kennedys

em 1981 no Irving Plaza, em Nova York. Eles sentaram na lateral e rasparam as cabeças durante a apresentação.

(7)
Biafra se lembra disso de outra forma: "Ele [Gilliam] nunca mencionou o disco *Deaf Club* para mim. Eu pensava que tinha dado o disco para ele. Ele me disse que tinha ouvido 'California Über Alles' no programa do John Peel. Ele ligou para Peel para descobrir quem tinha lançado aquilo. Quando Peel disse que havia sido a Alternative Tentacles, ele falou: 'É isso, tenho que encontrar essa banda'".

(8)
A música inspiraria um romance de 1998, escrito por Joel Rose, sobre a luta por sobrevivência em um edifício localizado no Lower East Side, em Manhattan, com o despejo que pairava no horizonte. Originalmente apresentada como uma série numa revista, ela se tornou a base para o roteiro de 2001, produzido pela Mr. Mudd Productions, de John Malkovich, e dirigido pelo veterano Alan Taylor (de *Sopranos* e *Homicide*), que manteve o título. "Eu era fã e a música estava no ar", confirma Rose, "e ela ficava tocando em minha cabeça e, para mim, parecia que eu não precisava pensar duas vezes, não havia escolha. Foi insistente e perfeito: era o título. Nunca houve outra opção".

(9)
Esse é um lado da desequilibrada batalha por créditos que resultou em desconfiança mútua e recriminações que se estenderam ao longo dos anos. Outro ponto é a fonte da inventividade de Ray e Klaus – conhecimento e habilidade de desenhar sobre uma base de tradições e estilos musicais – que serviu como uma luva para uma reverência à tradição rock 'n' roll. Considerando que Biafra era, pelo menos filosoficamente, um filho do punk rock – acreditando que isso representava mais do que um desvio momentâneo do circo do rock 'n' roll.

A ética do punk prescreve suspeita sobre qualquer tipo de carreirismo. E é difícil disputar o fato de que Ray e Klaus *tinham* ambições de levar a banda à mesma estratosfera que... Vamos pegar o Clash como um exemplo óbvio. Eles queriam a recompensa que achavam que mereciam. A política e o direcionamento moral de Biafra sempre seriam uma barreira contra isso e, em retrospectiva, você pode ver por que o relacionamento se tornou preocupante, mesmo no início. As reinvindicações de autoria não podem ser conciliadas aqui, mas elas essencialmente se resumem a Biafra afirmando que a maior parte das ideias musicais, assim como das letras, são dele. E ele vai apontar para a variedade de gravações pós-DK que ele fez e para a escassez de novo material criado por Ray e Klaus, para provar seu ponto de vista. Por outro lado, Ray e Klaus afirmam que Biafra não é um músico, o que torna, por si só, a reinvindicação de *escrever* músicas ridícula. Enquanto seu autor aqui não duvida que Biafra era a principal força autoral e conceitual por trás do processo de composição, menosprezar a massiva contribuição dada por todos os três músicos a *Fresh Fruit* é, de certa forma, displicente. Pronto, falei. Enfiei isso nas notas de rodapé, grande covarde que sou. *Sinceramente, A. Ogg – Comitê de Reconciliação e Verdade dos Dead Kennedys. Aposentado.*

"*Nunca* os coloquei para baixo como músicos fracos ou sem talento", protesta Biafra. "Eles estão longe disso. Nunca faria isso. Mas só porque alguém surge com uma linha de baixo legal e viradas de bateria não significa que eles escreveram a maldita música. As melodias e os arranjos não saíram de suas cabeças. Claro, a coisa toda é maior que a soma das partes e muitas das minhas músicas preferidas tiveram mais de um compositor. Mas estou muito cansado desses palhaços gananciosos querendo créditos igualitários por trabalhos não igualitários".

Ele continua, em relação à acusação de "não-músico". "Posso achar as notas em uma guitarra, baixo ou até em um teclado, quando preciso. Não sou o único 'não-músico' que compõe com a voz – George Clinton, Captain Beefheart, Gary Floyd e até Charlie Chaplin vêm à mente, formando uma orquestra completa. Eu realmente chego com músicas inteiras, inclusive solos de guitarra. Outro músico que trabalhou com Ray explica isso melhor quando diz que o que eles estão tentando fazer comigo é como uma secretária que digitou um manuscrito, ou um livro ditado, aparecer 20 anos depois dizendo que escreveu o próprio livro". Ele também gostaria de salientar, para ficar registrado (de todas as formas), que "eles não apenas listam D.H. Peligro como co-autor de todas as músicas de *Fresh Fruit*, ao invés de Bruce [Ted], mas Ray agora arrancou o crédito de produção de Norm e substituiu-o por si mesmo. Se vocês ao menos soubessem como isso é frustrante para mim... desaparecer no Colorado por um mês ou mais para me afastar de toda a merda para que eu pudesse compor músicas, voltar com oito a doze delas, mais ou menos, e ver que eles não trouxeram absolutamente nada. *Nada!* Se eles realmente sentem que trouxeram bons riffs, então por que eles não fazem mais isso? Eles tiveram vinte e cinco anos e quase uma década de shows de reunião fake e quantas músicas eles fizeram? Rude? Nunca pensei que me veria sendo encurralado no canto e tendo que brigar contra mentirosos crônicos".

(10)
Na verdade, a frase "God Told Me To Skin You Alive" teria uma sobrevida significativa. Ela virou o título da arte que Winston Smith fez para o disco *Insomniac* do Green Day, sorrateiramente levando a mais notória letra de Biafra ao número dois das paradas de discos dos Estados Unidos. Ou, às vezes, a disseminação pode surgir de um acidente e não do design. Dois anos antes, em 1993, uma emissora batista ligou freneticamente para mil estações de rádio exortando que elas não transmitissem o programa sindical semanal Powerline. Inadvertidamente, eles enviaram cópias de *Fresh Fruit* para cerca de 30 estações – catalogadas por engano como "Batista" – ao invés do usual "música inspiradora". "Foi uma daquelas coisas infelizes que acontecem quando seres humanos estão envolvidos", afirmou Richard McCartney, vice-presidente da Southern Baptist Radio-TV Commission. "Não sei se alguma coisa do DK chegou a tocar nas ondas de rádio da igreja batista", diz Biafra, "mas eu li que todas as cópias com erro de impressão foram recolhidas pela fábrica de prensagem e queimadas em frente a alguns pastores para impedir que elas chegassem às mãos de pessoas como... Eu".

(11)
A versão original do disco em K7 continha duas faixas extras (os lados B "In-Sight" e "Police Truck") e a maioria das cópias europeias eram acrescidas de "Too Drunk To Fuck" como bônus. Deve ser ressaltado que o relançamento original em CD no Reino Unido foi masterizado a partir do vinil, enquanto todos os relançamentos nos EUA foram feitos a partir das *masters* originais. Um relançamento "digipak" foi remasterizado a partir das fitas originais de Bernie Grundman e Biafra, antes da revisão geral de Ray pelo seu 25º aniversário, em 2005. Existem algumas disputas sobre qual versão soa melhor.

(12)
Um dos problemas que surgiram e que se tornaram óbvios durante a condução dessas trocas foi que havia uma verdadeira batalha em termos de opinião política entre Ray e Biafra. Até certo ponto, tenho simpatia pela posição de Ray. E, por isso, eu incluí parte de nossa conversa abaixo. Ela pode não acrescentar muita coisa para a discussão sobre o legado dos Dead Kennedys ou de *Fresh Fruit*, e está ultrapassada por eventos subsequentes, mas revela que Biafra estava longe de ser a única pessoa na banda pensando sobre esses temas. Também tenho que

dizer que Ray estava absolutamente verbal – e informado – sobre a política do pragmatismo.

"Como eu disse, temos muitos membros do Partido Verde aqui [em San Francisco]. Moro a dois quarteirões de Berkeley, na Califórnia, um dos lugares mais liberais. Eu poderia convencer algumas pessoas, mas é como 'Bush e Gore são a mesma coisa'. Eu discordo. É muito, muito fácil falar isso. Existem muitas similaridades. Mas pense em quem vai nomear os juízes da suprema corte. O que eu descobri foi que mulheres estão muito mais abertas a discussões que homens, porque é uma questão de liberdade de escolha. Para os homens, 'Não, eles são a mesma coisa'. Eu conseguiria convencer as mulheres. Você pode pensar que eles são a mesma coisa, mas quem vai nomear juízes da suprema corte para proteger os seus direitos? Aí acendeu uma luz. Mas Bush ganhou e aqui estamos. O que as pessoas não percebem é que é fácil partir para essa coisa de direita quando você tem um inimigo externo. Todo ditador justifica suas ações porque 'isso é bom para o país'. Pinochet, no Chile, não pensava que estava oprimindo as pessoas. Ele pensava que as estava salvando delas mesmas. A mesma coisa nos Estados Unidos. A direita não acha que está oprimindo as pessoas – ela está nos salvando."

É esse tipo de coisa que o DK particularmente atacou durante sua carreira – eu estava lendo coisas de Klaus sobre assuntos controversos – deixando as pessoas refletirem sobre algo que vai dividi-las enquanto uma escavadeira está marchando sobre seus direitos civis.

"Exatamente. O que realmente está acontecendo aqui é que os abastados estão sendo transferidos das classes média e trabalhadora para a classe rica. Está se tornando uma república das bananas. Uma centena de famílias no topo, uma classe média minúscula e uma enorme concentração de pobres na base. Na Guatemala, a família rica precisa ter defesas e guardas ao redor da casa. Isso é simplesmente não-Cristão! Uma das coisas que diz na Bíblia é para cuidar dos pobres. Onde está isso nos valores de todas essas famílias? A hipocrisia é que... Você tem que ter senso de humor, senão ficaria depressivo. Você precisa lembrar as pessoas de que Hitler, na Alemanha, não coagia as pessoas a segui-lo, ele as convencia disso. Todo mundo tem um lado sombrio e um lado bom. O que você deixa aflorar é que faz a diferença entre um ótimo líder e um líder demoníaco – o que você incentiva nas pessoas... Karl Rove é um gênio. Mas não acho que ele REALMENTE se importe com os Estados Unidos, ele simplesmente se importa em fazer do seu jeito. 'Se o eleitorado não é educado, não é culpa minha, mas vou tirar vantagem disso.' Ele disse isso em entrevistas. O que aconteceu com o 'não pergunte o que seu país pode fazer por você, mas o que você pode fazer pelo seu país'? O que aconteceu com isso? Um país é uma comunidade... O mercado livre não existe. É um mito. O governo sempre tem que regular o Mercado. E dizer que a regulamentação governamental é diabólica é uma mentira. Temos um ter-

remoto na Califórnia e uma ou duas pessoas morrem. Um terremoto na América Central e morrem 4.000 pessoas. Porque eles não têm códigos de construção. Todos gostam de reclamar do governo, mas você deveria ir a algum lugar que não tenha governo".

(13)

"Não escrevi muito sobre o Dead Kennedys e as poucas resenhas curtas que escrevi eram desfavoráveis", confirma Jared Johnson, que se aposentou como colunista e crítico de rock do *Denver Post*. "Lembro-me que, naquela época, fiz uma coluna inteira sobre nomes de bandas punk rock que eram simplesmente esquisitos, que eu havia compilado vasculhando as prateleiras da loja de discos local, Wax Trax, que tinha *de tudo*. A abertura ou a conclusão do texto foi, 'A maior parte das bandas de punk rock esgotam sua criatividade criando seus nomes'. [Isso foi publicado anos mais tarde, após sua condenação original ao DK]. Realmente não lembro muita coisa da música do Dead Kennedys exceto que, apesar do rótulo de punk rock, eu ainda queria um pouco mais de melodia na música. Lembro-me que eles tinham capas interessantes, inclusive uma que tinha uma torre de água com um rosto sorridente (a contracapa de *Plastic Surgery Disasters*); eu passei por essa torre (acho que era a mesma) quase um quarto de século mais tarde, dirigindo do sul para o leste, de Chicago para Indianápolis. Passei horas tirando fotos dela de todos os ângulos!".

À direita: A colagem de Winston Smith intitulada *God Told Me to Skin You Alive* – em homenagem ao trecho de abertura da faixa "I Kill Children" – foi recriada em 1995 para o álbum *Insomniac* do Green Day, virando um pôster desdobrável.

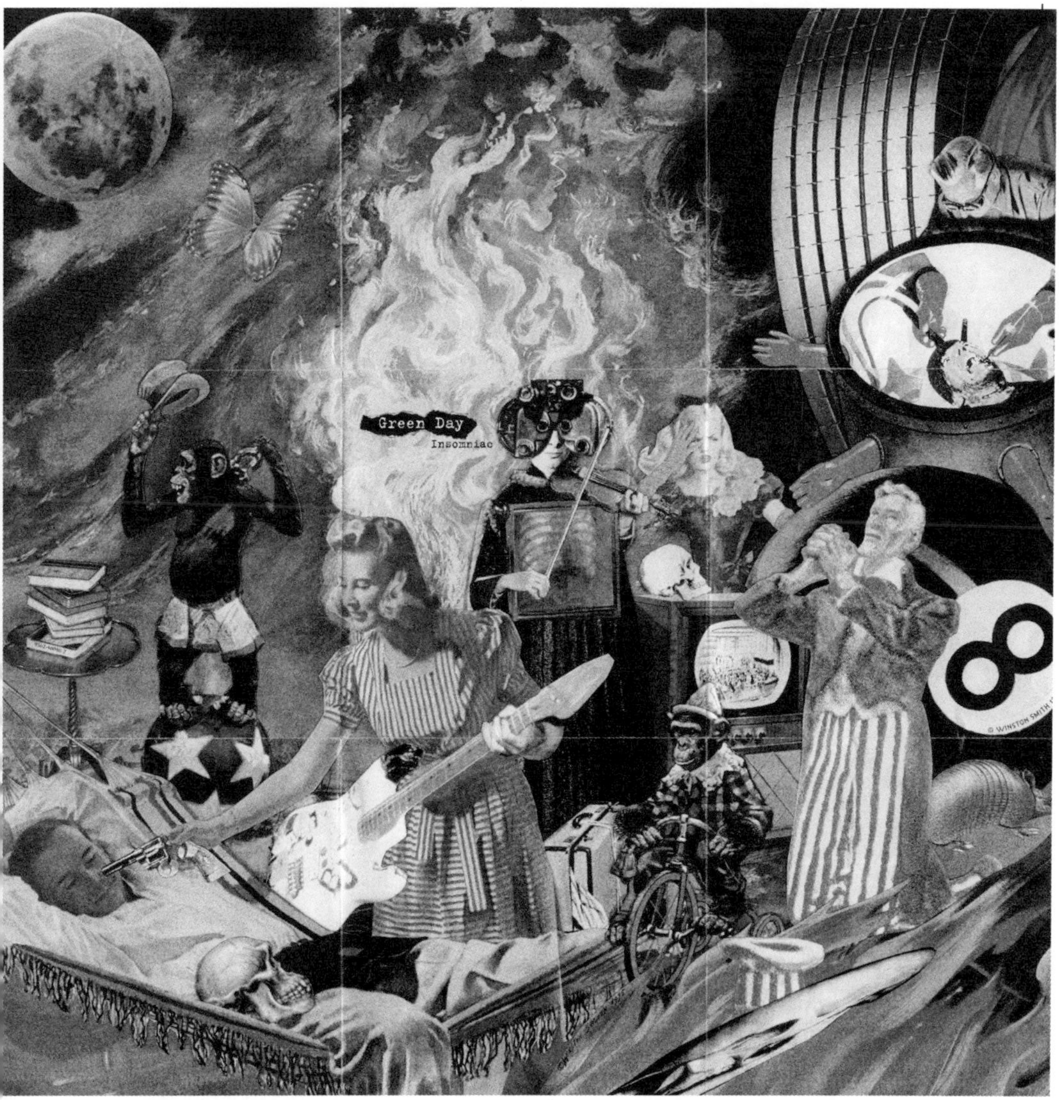
Green Day
Insomniac

BE SAFE IN THE 80'S

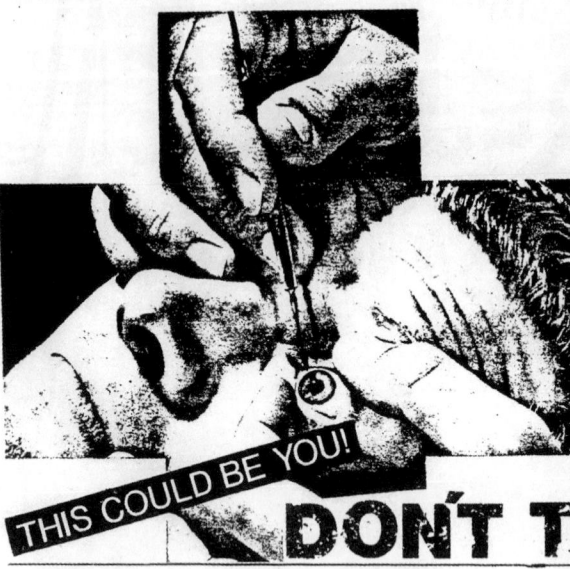

DO NOT:
UNDER ANY CIRCUMSTANCES

1. CRITICIZE THE NEW REGIME
2. QUIT YOUR JOB
3. DRESS FUNNY
4. BE SEEN WITH ANYONE CONSIDERED STRANGE
5. QUESTION AUTHORITY
6. OBJECT TO BEING RELIEVED OF YOUR RIGHTS
7. RESIST FIGHTING A WAR FOR CORPORATE INTERESTS
8. GIVE IN TO THE URGE TO REBEL
9. ADMIT THAT ANYTHING IS WRONG
10. THINK FOR YOURSELF

THIS COULD BE YOU!!

DON'T TAKE RISKS!

The Kooties
LENNY AND THE SPITWADS
THE CLIP-ONS
& HALF-LIFE

now at ROOM 101

$3.00 AT THE DOOR

FOR SALE

MEN, WOMEN, AND CHILDREN of all races, creeds, & colors, beliefs and origins are offered for immediate sale!
Persons in position of political power and corporate influence have priced all nations to sell!
EVERYTHING MUST GO!
Entire countries available, including traditions, freedoms, natural resorces, real estate, militaries, historical treasures, and dignities. All unbelievably cheap!
Huge compromises available to multi-national corporations, dictators (with U.S. Government subsidy) and all qualifying individuals with dreams of immortality.
Prices start at $1,000,000 and up. (prices slightly higher west of the Iron Curtain) Payment to be made in coin of the realm GOLD BULLION, Diamonds, Securities, Material Commodities, Promises, and Blood.

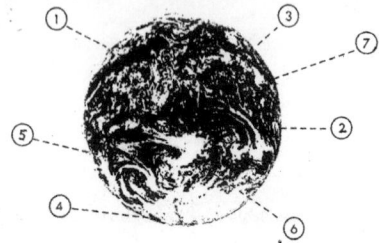

Countries may be pUrchased in the following ways:

1) Democracy Standard: In Red, White, & Blue
2) Communist Special: in firey Red, Hammer, Sickle, or Star, optional
3) Dictatorial:Single Speed: In Fatigues
4) Fascist: In Black and Red
5) Revolutionary Fascist: in Black or Red
6) Freestyle: Altered to personal specifications
7) Fascist: In Red, White, & Blue.

For further information Telex SELLOUT USA or write or call: U.S. State Department
Attn.: Tri-Lateral Commission, NSA, CIA, FBI, U.S. Military, TransNational Corp. ETC.

DO IT TODAY!

THE REJEX
LIVE AT NICO'S
114
932
World Tour starts
20, Jan, 1981 in the following cities:
20 Jan. Washington, D.C.
Rock Against Reagan Concert
with PTA and The Cheerleaders
22 Jan. Del Rio, Texas
KDUL Parking Lot
28 Jan. Republic of Liechtensein Parking lot
with the Out Patients
5 Feb. Pogi Bonsi, Italy
Piazza Ducale
12 Feb. Stalingrd, USSR
Co-op Hall
with Peer Pressure
and The Slobs
19 Feb. Peking, Red China
People's Laundry
24 Feb. Osaka, Japan
Yokono Stadium
with The Kooties
17 Mar. San Francisco
Nico's
Underground
Be There.
©1979 RAT'S ASS PRODUCTIONS
NRA
WE DO OUR PART
FOR VICTORY

COLLATERAL DAMAGE

"IT IS BY THE FORCE OF IMAGES THAT, IN THE COURSE OF TIME, REAL REVOLUTIONS ARE MADE."
-- ANDRÉ BRETON

FALLOUT EDITORS

Aaron Blurr — Navigation
Zeno Weevil — Observation
Krass Vermin — Agitation
Ray Vaughn — Polemic
Koda Chrome — Sympathy
Winston Smith — Antipathy
Rangoon Dandy — Sarcasm
355 — Vibes

PERFECTION

Editorial Staff in a relaxed moment

"We surrealists are alergic to things as they are"

FALLOUT #3 PUBLISHED IN NOV. 1980
#4 PUBLISHED IN MARCH 1981

THE FALLOUT TIME CAPSULE

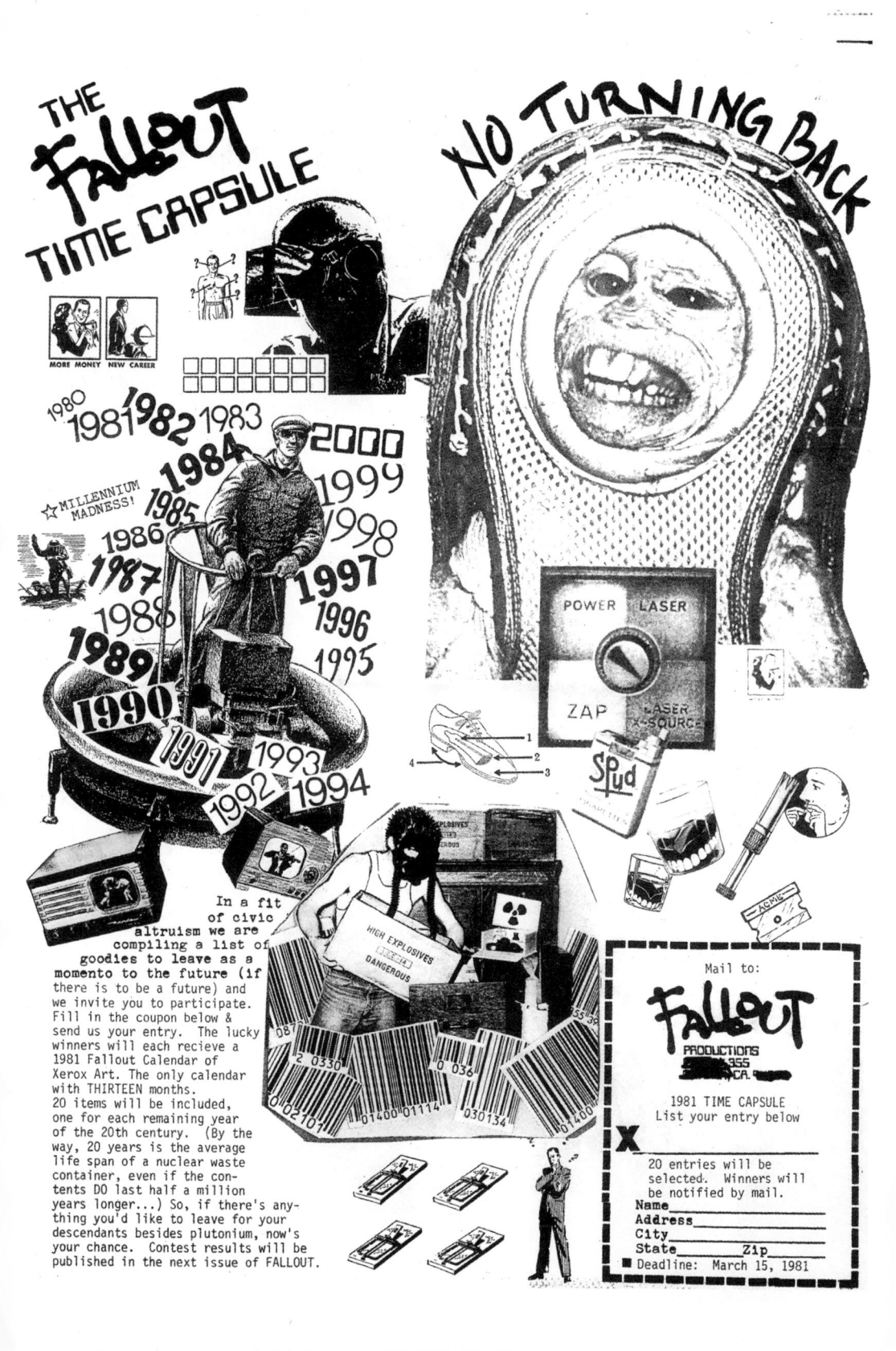

NO TURNING BACK

In a fit of civic altruism we are compiling a list of goodies to leave as a momento to the future (if there is to be a future) and we invite you to participate. Fill in the coupon below & send us your entry. The lucky winners will each recieve a 1981 Fallout Calendar of Xerox Art. The only calendar with THIRTEEN months. 20 items will be included, one for each remaining year of the 20th century. (By the way, 20 years is the average life span of a nuclear waste container, even if the contents DO last half a million years longer...) So, if there's anything you'd like to leave for your descendants besides plutonium, now's your chance. Contest results will be published in the next issue of FALLOUT.

Mail to:
FALLOUT PRODUCTIONS
355
CA.

1981 TIME CAPSULE
List your entry below

X _____

20 entries will be selected. Winners will be notified by mail.
Name _____
Address _____
City _____
State _____ Zip _____
■ Deadline: March 15, 1981

GRAFIC ANARCHY

As it must be obvious, we do not have a typesetter, we can't spell, we lack even a rudimentary english vocabulary, and we can't draw two parallel lines. But that hasn't stopped us so far. The way we look at it, there's more to life than marketable technical skills. While two thirds of the world is starving the remaining third is at home watching performing beasts on television or busy selling inflatable party dolls door to door. Isn't it time for a change?

Our aim is to provide a forum for ideas and images from the surrealist's point of view. Satire and humor are essentials. Our emphasis on anti-nuclear issues and topics regarding our civil liberties is a general theme but by no means the constant rule.

We solicit any related artwork, manuscripts, poetry, etc. that you may wish to submit. DON'T send any originals of anything. And unless you include a self addressed stamped envelope don't expect to see it again.

Send all submissions to FALLOUT P.O. Box 355 ~~~~~~ California ~~~~~~

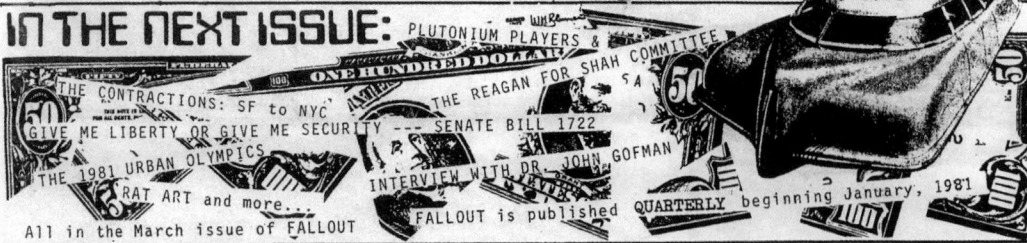

IN THE NEXT ISSUE:

PLUTONIUM PLAYERS & THE CONTRACTIONS: SF to NYC
GIVE ME LIBERTY OR GIVE ME SECURITY --- SENATE BILL 1722
THE REAGAN FOR SHAH COMMITTEE
THE 1981 URBAN OLYMPICS
INTERVIEW WITH DR. JOHN GOFMAN
RAT ART and more...
FALLOUT is published QUARTERLY beginning January, 1981

All in the March issue of FALLOUT

Ever Wonder Why They Invented
The NEUTRON BOMB?

KILL THE POOR 45 rpm

DEAD KENNEDYS

New LP **Fresh Fruit for Rotting Vegetables**

You're All Guilty

B RED 10 & 16
On CHERRY RED RECORDS

BUY WAR BONDS

Blá Blá Blá

"Temos um senso de humor e não temos medo de usá-lo de maneira feroz, se precisarmos. De certa maneira, somos terroristas culturais, usando a música ao invés de armas."
Jello Biafra, no zine *Forced Exposure* #4

"Um show do Dead Kennedys no dia 22 de novembro [aniversário do assassinato de JFK] não é de mau gosto?"
East Bay Ray: "Claro que é. Mas assassinatos também não são de muito bom gosto".
East Bay Ray, no jornal *Vancouver Sun* (22 de novembro de 1979)

"As pessoas deveriam manter o pé atrás em relação àquilo que os rock stars dizem, porque não tem ninguém no rock and roll hoje em dia que seja um exemplo relevante de porta-voz de qualquer coisa. Eles têm influência sobre as pessoas e acho que há uma nova conscientização que é realmente positiva entre as estrelas do rock, como a campanha Rock the Vote. Eles estão tentando conscientizar as pessoas, mas realmente não consigo pensar em ninguém que seja politicamente preparado para essa tarefa. Se Jello Biafra fosse uma grande estrela internacional, seria bem legal. Mas ele não está em uma grande gravadora e não escreve música comercial o bastante para ser usado como uma ferramenta."
Kurt Cobain, em 1990

"Biafra pega as classes endinheiradas e o governo, e as músicas se tornam quase intrincadas demais para o punk. Enormemente influentes."
10 Discos Essenciais da Revolução Política, segundo a revista *Alternative Press*

À esquerda: Página do *Fallout* #3 (novembro de 1980), assinada por Winston Smith – "O anúncio para 'Kill The Poor' veio de uma colagem que fiz por volta de 1968, com esses senhores da alta sociedade, que tirei de revistas de arte da década de 1920. Inclusive os tipos utilizados vieram de um livro de tipografia que eu comprei em 1962, com uma nota de dois dólares que minha avó me deu de aniversário."

Dead Kennedys: Fresh Fruit for Rotting Vegetables [os primeiros anos]

"Minha atividade preferida no ônibus de turnê? Provavelmente ficar bêbado, escutar Dead Kennedys e bater no Mitch, nosso empresário de turnê." + "Minha educação foi punk rock – o que os Dead Kennedys diziam, o que o Operation Ivy dizia. Eles estavam atacando os EUA, mas, ao mesmo tempo, era algo americano."
Billie Joe Armstrong, do Green Day

"Deus abençoe Jello!"
Elijah Wood, ator

"A banda cresceu profundamente influenciada tanto pela cena metal quanto pelo punk e, em particular, pela cena da Bay Area, com bandas como Attitude Adjustment e Dead Kennedys."
Rob Flynn, do Machine Head

"O que é um 'verdadeiro punk'? Alguém que vive de acordo com o slogan 'No future' [sem futuro]? Nesse caso, provavelmente, não. Punk, para nós, é uma categoria musical, o que significa um som com ritmo e grande quantidade de energia. Nós nos inspiramos em bandas como Dead Kennedys e T.S.O.L. Nós pensamos em nosso futuro. Pensamos até no que vai acontecer depois do Offspring. Duvido que vamos durar tanto quanto os Rolling Stones... Fodam-se as pessoas que dizem que eu não sou punk. Apanhei de policiais em um show do Dead Kennedys."
Dexter Holland, do Offspring

"As coisas rápidas tiveram ascensão meteórica, e as coisas mais lentas se tornaram menos importantes."
Grant Hart, do Hüsker Dü, falando com Michael Azerrad sobre a influência do DK

"Eu provavelmente tinha 14 anos quando ouvi 'Holiday In Cambodia' pela primeira vez. Escutei-a no rádio, uma emissora de faculdade em Massachusetts. Soou tão psicodélico, poderoso, barulhento e nervoso. Fiquei totalmente impressionado. Nunca tinha ouvido nada como aquilo. Era como Jimi Hendrix, mas muito melhor... Era muito empolgante. Escutar aquela música pela primeira vez foi, realmente, o ápice para mim. Simplesmente entrar no meu quarto e ouvir aquela música, parado na porta – o que é isso? E olhando para o quarto como

se o som viesse dos cantos do quarto e não das caixas de som... O que eu realmente gostei nela foi a guitarra, mas também o núcleo de raiva furioso, também muito articulado. É uma música que continuou se revelando para mim quando eu comprei o disco. Eu a escutava o tempo todo, tentando entender o que havia acontecido. Eu ficava cada vez mais encantado por ela."
Lou Barlow, do Dinosaur Jr./Sebadoh

"[Eles] realmente me influenciaram muito, até hoje, fazendo com que eu questione o que o governo está fazendo e questione o consumismo e coisas assim."
Shepard Fairey, artista gráfico e criador do pôster "Hope" de Barack Obama

"Também gostava de bandas como Dead Kennedys, Sex Pistols, Black Flag, The Clash. Muitas dessas bandas tiveram influência no thrash metal e estávamos no epicentro de onde isso começou, em LA e, mais ao norte, na Bay Area."
David Ellefson, do Megadeth

"O punk está começando a acontecer nos Estados Unidos, mas claro que não com o mesmo veneno. E tem uma banda bem interessante chamada Dead Kennedys, que tem o mesmo tipo de veneno que os Sex Pistols."
Pete Townshend (na verdade, ele disse "não tão geniais quanto", mas discordamos)

"O punk rock tinha essa mensagem pessoal, política e descolada, entende? Era muito mais cerebral que o rock de calças coladas. Dead Kennedys, MDC... lembra?"
Krist Novoselic, do Nirvana

"Vimos Jello Biafra em um restaurante, quando estávamos em turnê em San Francisco e tocando no Mabuhay Gardens. Entramos e sentamos na mesa dele e, imediatamente, começamos a comer sua comida. Ele não parecia se importar."
Henry Rollins

"...Outras bandas que gostamos e temos carinho, como Turbonegro, Electric Frankenstein, Dead Kennedys e Zeke."
Howlin' Pelle Almqvist, The Hives

"O Dead Kennedys poderia ecoar tanto a esquisitice do Beefheart quanto o pop espectral que saía da linha de produção do [Phil] Spector. Ainda fresco. Sem podridão."
Revista *Uncut*

"Quando os Dead Kennedys começaram, as pessoas da cena simplesmente não gostavam deles porque eles eram uma 'guitar band'. As pessoas gostavam deles porque eles eram muito criativos, originais e engraçados, desde sua postura 'anti-fashion' até suas letras. Jello não era apenas muito politizado, mas também tinha a habilidade de quebrar noções pré-concebidas da fórmula de *frontman* e da relação entre público e artista. Podíamos dividir o palco com eles naquela época porque as pessoas não estavam buscando 'uniformes punk'... As pessoas na cena queriam doideira e coisas *não* usuais."
Scott Ryser, The Units (em discussão com John Doran)

"Jello Biafra é o Morrissey americano."
Grant Young, do Soul Asylum ("Morrissey?", reage Biafra. "Oh, Deus...")

"O Dead Kennedys foi a banda que nos fez ver o mundo de uma maneira nova e deprimente."
Stza, do Leftöver Crack

"Aos 12 anos, direcionava todos os meus pensamentos para a cena punk e cresci lendo os escritos de Jello Biafra e de Dick, dos Subhumans."
Mike Voss, também conhecido como DJ 007

"Queria fazer algo que as pessoas que estavam envolvidas com bandas gostassem. Jello Biafra era uma grande influência."
Wil Hodgson, comediante de stand-up vencedor do prêmio Perrier

"Aí eu me envolvi mais com East Bay Ray do Dead Kennedys e com Greg Ginn do Black Flag. Eu realmente gostava do estilo deles."
Bill Kelliher, do Mastodon

"Por que eles são importantes? Porque, sozinhos, eles me fizeram aguentar os dias de escola, aquela liberação catártica do *Fresh Fruit* a cada manhã e noite; os

hinos de libertação me deram crédito para ser um *outsider*, empolgado com a sua incitação ativa a se rebelar."
Owen Adams, do jornal The Guardian

"Eu tinha apenas 15 anos quando encontrei esse disco; seu humor negro (gás venenoso, assassinato de crianças) em conjunto com a imagem enigmática de uma banda de lounge com logos DK me confundiram um pouco. Com o tempo, eu gradualmente comecei a perceber que o que eu realmente estava enfrentando não era um bando de músicas e imagens peculiares, mas um maciço senso de ironia com um nível de inteligência fora do comum. Ao perceber que 'The Sounds of Sunshine', na verdade, tinha uma relação mínima com o 'punk rock' ou com a imagem das 'Noites de Protestos Brancos' de San Francisco, tive uma compreensão tardia da frase de Picasso: 'a arte é uma mentira que conta a verdade'. Vivendo e aprendendo."
Andy Higgins, do selo (entre outras coisas) Just Say No To Government Music

"Eu tinha 11 ou 12 anos e morava em Atlanta, Geórgia. A rádio 88.5 tinha um programa que tocava de tudo, de Misfits a Dead Kennedys, Animosity, Corrosion of Conformity, Agnostic Front, Slayer e todas essas bandas. Comecei a simplesmente gravar fitas com o que tocava no rádio. Ainda as tenho até hoje. Foi aquilo que me mudou oficialmente e me apresentou para um mundo completamente novo."
Hank Williams III, músico

"Bem mais solta e mais climática que algumas de suas músicas mais recentes".
Moby, sobre "Holiday In Cambodia"

"Eu estava focado nas coisas da Motown. Otis Redding, Al Green, etc. Também escutava Dead Kennedys, Joy Division, Bauhaus, Fishbone e Jane's Addiction."
Matt Noveskey, do Blue October

"Quando Kerry [King] e eu nos conhecemos, ele gostava de [Judas] Priest, [Iron] Maiden, AC/DC e coisas assim. Eu estava saindo daquilo, me envolvendo com o punk. Então, eu sabia o que ele estava ouvindo, mas ele não sabia o que eu ouvia. Ele ficava 'Que diabos é isso?'. Eu dizia 'Isso é punk, cara. Dead Ken-

nedys! Isso é demais!' A parte acelerada da banda basicamente veio do punk que eu escutava e por ter apresentado Dave [Lombardo] a esse mundo, porque Dave adorava."
Jeff Hanneman, falecido guitarrista do Slayer

"Cresci com a segunda e terceira onda punk. Meus dois primeiros discos foram *Concert*, do The Cure e *Fresh Fruit for Rotting Vegetables*, do Dead Kennedys."
Damian Monzillo, cabeleireiro das celebridades

"Tenho que contar uma história muito triste sobre o primeiro show de punk rock que eu quis ir. Era do Dead Kennedys e eu tinha acabado de tirar minha carteira de motorista no dia anterior. Queria muito ir dirigindo até lá, mas meus pais disseram 'Não, você não pode ir com o carro. É uma área perigosa e é muito tarde'. Queria muito ir e fiz birra. Fiquei tão bravo que eles não me deixaram ir com mais ninguém por estar sento tão malcriado."
Stephen Malkmus, do Pavement (em conversa com Jason Fine)

"Que diabos aconteceu com a atitude revolucionária na música? Você não a encontra mais. Eu sei. Eu procurei. É só uma coincidência que bandas que falam sobre isso tenham sido silenciadas pelo *mainstream*? Acho que não. Onde estão os próximos Bob Marley, Public Enemy, KRS-ONE, Bad Brains, Dead Kennedys e Cro-Mags?"
John Joseph, do Cro-Mags

Gene: "As melhores bandas de punk rock nunca fazem solos. Eu nunca escuto punk rock que tem solos".
Dean: "A não ser que seja East Bay Ray do Dead Kennedys. Mas aí é uma coisa completamente diferente".
Gene e Dean, do Ween

"Jello Biafra deve ser um dos melhores *frontman* que conhecemos. Todas as letras são cantadas com tanta convicção."
Rise Against

"Tive o suficiente do Jethro Tull, do Dead Kennedys e do N.W.A, o que é bem comum hoje em dia. Acho que, no que diz respeito à música, a maioria das pessoas está inclinada a ouvir de tudo e não ser tão implicante."
Jeffrey Lewis, cantor folk (em conversa com Mairi Mackay)

"Quando eu era criança, a cena underground era muito underground. O rádio só tinha emissoras descoladas que tocavam Kraftwerk e Sugarhill Gang e nós éramos míseros punks que gostavam de Black Flag e Dead Kennedys."
Pepper, do Corrosion of Conformity

"No início do punk rock de Portland, os DKs, como todos nós, não tinham muitos lugares para tocar, então eles foram forçados a colocar a banda na estrada, o que significava viajar para cima e para baixo pela estrada interestadual I-5. Mesmo fazendo isso, ainda não havia muitos lugares para tocar. Os Dead Kennedys gostavam de tocar em Portland porque tinha uma das poucas cenas punk que eram organizadas o bastante para ter casas consistentemente boas e público para todos os shows que eles faziam. E isso também servia para outras bandas que agendávamos. Era fácil trabalhar com os DKs e eles sempre faziam um grande show. Todos ficavam ansiosos para que eles viessem à cidade."
Dave Corboy, do Sado-Nation

"Um dos melhores alicerces que o rock 'n' roll já produziu."
Revista *Kerrang!*

"Quer dizer, os Dead Kennedys? Eu estava no Roundhouse e eles estavam assistindo televisão, quando um deles veio até mim e disse que era um grande fã..."
Não era Jello Biafra, era?
"Sei lá, colega. Não saberia diferenciar um Dead Kennedy do outro".
Phil Collins, em conversa com o finado Steven Wells ("Definitivamente, não era *eu*", diz Biafra)

"*Fresh Fruit* foi o meu *Never Mind The Bollocks*."
Kenny Helwig, ex-The Forgotten

Dead Kennedys: Fresh Fruit for Rotting Vegetables [os primeiros anos]

"Minhas principais influências punk são Misfits e Dead Kennedys. Eles tiveram grande influência sobre mim."
Scott Crouse, do Earth Crisis

"Biafra é consistente com seus valores desde o dia em que o conheci e tem uma influência vitalícia sobre mim. Tivemos momentos incríveis, especialmente alguns anos atrás, quando viajamos de trem [ele gosta de viajar de trem] durante sua turnê de *spoken word*. Em certo ponto, ele foi denunciado por uma senhora por ter cutucado seu pé debaixo da mesa. Se ao menos ela soubesse! Biafra uma vez me descreveu como seu velho amigo. Sou mesmo, e ele é o meu."
Mick McGee, antigo roadie do Dead Kennedys

"Eu os vi no final de 1979, quando abriram para o The Clash... Jello Biafra acabou no meio do público, depois de ter ficado praticamente nu, com suas roupas sendo rasgadas por fãs raivosos."
Steven Rubio, escritor

"Por exemplo, se a celebridade que eu escolher for Jello Biafra, eu poderia tanto cantar uma música do Dead Kennedys quanto dizer 'meu primeiro nome é uma sobremesa.'"
Verbete do WikiHow sobre "Como Jogar O Jogo das Celebridades"

"Incrível."
Colin Lambert, skatista profissional

"Esqueça Sex Pistols, esqueça The Clash. O Dead Kennedys foi inquestionavelmente a melhor banda punk de todos os tempos. Tão ofensivo e agressivo quanto Eminem, Pistols e Amen juntos, e tão inteligente e passional quanto Public Enemy, Godspeed e Radiohead."
Ben Haggar, jornalista

"Quando o Dead Kennedys veio a Washington, pensei, 'Tenho que ir'. Quando os vi, eu estava bem na frente e todas aquelas pessoas ficavam constantemente pulando do palco, cinco de cada vez. O clube estava tão lotado que essas ondas de

pessoas pulavam sobre o público como se fosse um oceano. Eu meio que fiquei próximo à parede pensando: 'Que merda é essa?'"
Joe Lally, ex-Fugazi

"A verbalização crítica, amarga e sem piedade do vocalista Jello Biafra definiu o cenário musical fervoroso do punk."
50 Maiores Discos Punk, segundo a Revista *Mojo*

"Escutávamos vários CDs (para evitar o tédio das turnês): Metallica, Black Sabbath, Dead Kennedys, Ramones."
Jesse Colburn, ex-namorado e guitarrista de Avril Lavigne

"Uma das mais ardentes e politicamente explosivas explicações que você provavelmente vai ouvir..."
100 Maiores Discos Punk, da Revista *Q*

"Quando eu era adolescente, eu era meio que um skatista rebelde. Os Dead Kennedys eram uma grande influência. Eram a minha grande banda. Alguns amigos e eu formamos uma bandinha. Nunca fizemos nada direito, mas aquilo foi meu início na música."
Skyler Taugher, do Shdwplay

"Existe muita coisa boa por aí e não seria justo escolher uma entre todas as outras. Mas, pessoalmente, gosto de Dead Kennedys, Bad Brains, a visão punk."
Shavo Odadjian, do System of a Down

"Era óbvio que eles não eram apenas outra banda que ia aparecer e sumir. Eles tinham algo especial. Biafra é um talento absoluto. E ele tinha uma banda por trás que era afiada e boa."
Howie Klein, no livro *Gimme Something Better*

"...Um destaque de um dos discos punk mais seminais e uma das melhores músicas punk de todos os tempos, sem dúvidas."
Louis Pattison, do *NME*, sobre "California Über Alles"

"Ninguém próximo parecia ficar constantemente horrorizado com a insensibilidade casual e com a brutalidade que existia na vida escolar. Ou ficar desgostoso com as bizarras hierarquias sociais em qualquer lugar. Ou espantado com a possibilidade de ter de assassinar uns 40 anos da vida em um escritório, só para garantir uma TV de tela grande e um iate. Mas, finalmente, aqui nesta fita, havia alguém dizendo 'Sim, essa sociedade que construímos está louca, feia e errada, mas poderíamos torná-la muito melhor se, simplesmente, crescermos e tentarmos'. Era, e ainda é, uma mensagem inspiradora."
Nick Sheehan, professor, escritor e artista

"Basicamente, fui [ao show do DK no Rock Against Reagan em Washington] pelo mesmo motivo que os Dead Kennedys estavam tocando e, naquela época, eles eram uma das minhas bandas preferidas. Lembro-me de Biafra olhando para o Washington Monument e o chamando de o 'Grande Eterno Klansman (membro da Ku Klux Klan) com dois olhos vermelhos que piscam'. Havia helicópteros da polícia em todo lugar e ônibus cheio de policiais de choque. Para um garoto de 13 anos, aquilo foi como minha pequena revolução pessoal."
Dave Grohl, no livro *Dance Of Days: Duas Décadas de Punk na Capital dos EUA*

"Um dia, esse garoto chamado Eric, da minha classe de Estudos Sociais, trouxe uma fita cassete de *Fresh Fruit For Rotting Vegetables* do Dead Kennedys. Eu a ouvi e minha vida mudou completamente."
Adam Gierasch, diretor de filmes de terror

"Os Dead Kennedys trouxeram um clima de show de terror para o punk que continua mais inquietante do que a postura de histórias em quadrinhos do Misfits e mais marcante que a maquiagem do My Chemical Romance."
Revista *Magnet*

"Jello é meio como meu tio esquisito e retardado. Ele faz parte da família. [Nós nos conhecemos] vinte e sete anos atrás em Chicago. Fui ao camarim e não transamos. Eu não era uma groupie. Mas conversamos durante um tempo. Achei que ele era um idiota. Ele pensou que eu era um idiota. E nos damos bem desde então."
Al Jourgensen, do Ministry

"A resposta dos Estados Unidos aos Sex Pistols – o vocalista Jello Biafra soava como Johnny Rotten com gás hélio –, os Dead Kennedys atacaram a religião, o capitalismo e o governo com o dobro da raiva e do humor. 'Kill the Poor', 'Holiday in Cambodia' e 'Let's Lynch the Landlord' são, simplesmente, alguns dos destaques certeiros de seu influente disco de estreia de 1980."
Dan Epstein, 50 Maiores Discos Punk de Todos os Tempos da revista *Revolver*

"Minha relação com Jello vai longe. Ele ajudou os Hüskers a conseguir seus primeiros shows em San Francisco e a Alternative Tentacles lançou o primeiro disco dos Hüskers no Reino Unido. [Sobre apresentar Biafra a John Lydon] Foi engraçado ver aqueles dois se conhecendo… Foi demais; um verdadeiro encontro de mentes. Saí de lá assim que pude porque, se tivesse ficado, não seria capaz de conversar no mesmo nível com aqueles dois."
Bob Mould, do Hüsker Dü

"Música é mais difícil – tente citar uma banda política. Dead Kennedys. Os Dead Kennedys são politicos, mas eles são mais engraçados do que políticos."
Thom Yorke, do Radiohead

"Uma de minhas lembranças rock 'n' roll preferidas faz parte de uma festa depois do primeiro show do DK em Seattle. Pense que, para mim, bandas como essa – esses caras de verdade em uma festa na MESMA CASA em que eu estava – era como estar na presença do Led Zeppelin ou do Kiss."
Duff McKagan, do Guns N' Roses

"*Fresh Fruit* parece um velho jornal anarquista. Mas 'Kill the Poor' soa perfeitamente bem para os Estados Unidos de Dick Cheney."
50 Discos Essenciais do Punk, segundo a Revista *Spin*

"Música frenética é boa, como o Discharge e todas aquelas primeiras bandas punk. Mas foi com os Dead Kennedys que as coisas se tornaram bem mais interessantes – não apenas o bombardeio sonoro, mas também uma produção interessante."
Massive Attack

Dead Kennedys: Fresh Fruit for Rotting Vegetables (os primeiros anos)

"Aquele que uma vez teve o *Fresh Fruit for Rotting Vegetables* do Dead Kennedys, o adquiriu 'surrupiando', seja na loja da velhinha ali no Sacomã, seja tomando o disco de outro 'amigo' da galera. Eu até tenho a teoria que existiam apenas três exemplares do vinilzão branco do DK no Ipiranga, mas esses três foram de umas quarenta pessoas!"
Ricardo Ideia, blogueiro, sobre a lenda do *Fresh Fruit* no bairro do Ipiranga

"Primeiro vinil verdadeiramente punk que comprei na vida. A versão nacional com vinil branco do *Fresh Fruit for Rotting Vegetables* tocou tanto na vitrola de casa até que me roubaram. Foi o disco que marcou minha adolescência e o começo por outra grande paixão, o skate."
Rodrigo Koala, do Hateen

"Por volta de 1987 eu comecei a andar de skate e a trilha sonora era o punk rock e o hardcore. Já tinha alguns discos de punk rock mais 'tranquilos' e morria de curiosidade em ouvir os Dead Kennedys, que conhecia através de seu símbolo que era recorrente em pixos nos muros, nas carteiras da escola e tatuagens de compasso nos corpos dos mais velhos. De alguma forma apareceu o lendário disco branco em casa e o que eu ouvi foi horror, pânico e descrença embalados em um ritmo contagiante. Aquilo não era brincadeira. Durante alguns anos o ritual se repetia em bailinhos do bairro: o baixo de 'California' começava a tocar ritmado e uma hipnose coletiva atingia a molecada, que girava com tensão em círculos até a explosão de violência juvenil no refrão. O horror era contagioso, agressivo, mas os adolescentes possuem ossos de borracha para compensar seu pouco juízo. E hoje, aos quarenta, eu concluo que o horror está em cada canto do planeta, mas certamente não o encontro em nenhuma banda de rock, não em uma dose psicológica certeira feito um ataque de pânico como os DK conseguiram no *Fresh Fruit*."
Flávio Grão, artista plástico e educador

"Eu ouvi o *Fresh Fruit for Rotting Vegetables* pela primeira vez em 1981, na casa de um cara na Vila Carolina. Eu fiquei completamente embasbacado com aquele som muito à frente de seu tempo. Mudou completamente a vida de um gordinho nerd que só ouvia punk 77. Hoje o Tio Jello é meu chapa e o RDP lança seus álbuns pela Alternative Tentacles."
João Gordo, Ratos de Porão

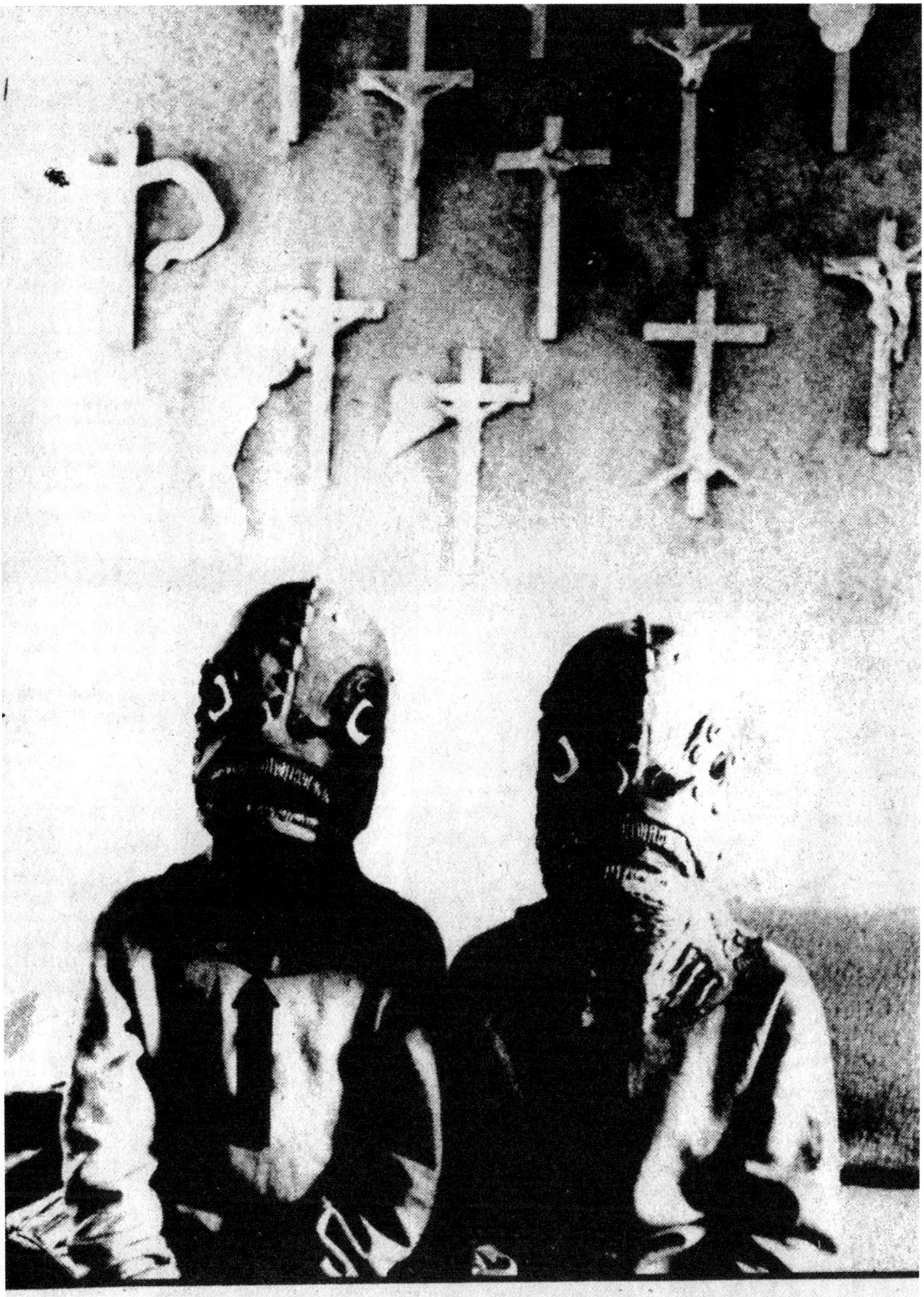

A Look at What's Ahead

ACCEPTED SYMBOLS

THE REAGAN FUTURE

Good Housekeeping PROMISES

Pattern of things to come
San Francisco Chronimer
The Invisible Solution

EVERY HOUR ★★★★ EVERY DAY... *get relief the instant way!* NOSE PADS MADE IN HAITI

THE WORLD OF TOMORROW expiring in 1984

Is *Our presidential puppet* SCHIZOPHRENIC?

What Subjects Are Best to Avoid?
Rat Cuts Off Electricity
Rats Invading
POLICE BATTLE RATS
Rats Fled
Rats **Ratify**
19-Hour Rampage
Sex Scandal

Oregon bombs Nevada

"Wet Rat's **Doomsday Powder**

REAGAN UNVEILS NEW PRESIDENTIAL LOGO

President Reagan today displayed the new Presidential insignia. The logo will be issued to all Party Officials, Government workers, the Armed Forces, and Consumer/Citizens in the form of Tee shirts, arm bands, and tattoos.

All My Friends Are Going to Be Rat-Catchers

They slept 25,136 hours
Possible Sex Motive when you brush your teeth!

Bedtime for Democracy
We the people...
RR
DER FÜRHER
GOTT MIT UNS
SOON TO BE FÜRHER
WINNER OF THE SPECIAL A-BOMB OSCAR 1980-1984
MIT RONALD RAY GUN AS THE PUPPET
UND GEÖRGE BUSH AS THE HEAD OF THE SECRET POLICE
und Ed Meece III as the puppeteer
THE EXCITING SEQUEL to "BONZO GOES TO DER ELEKTORL KOLLEGE"
A TRI-LATERAL RELEASE
WS 80

PRAYER

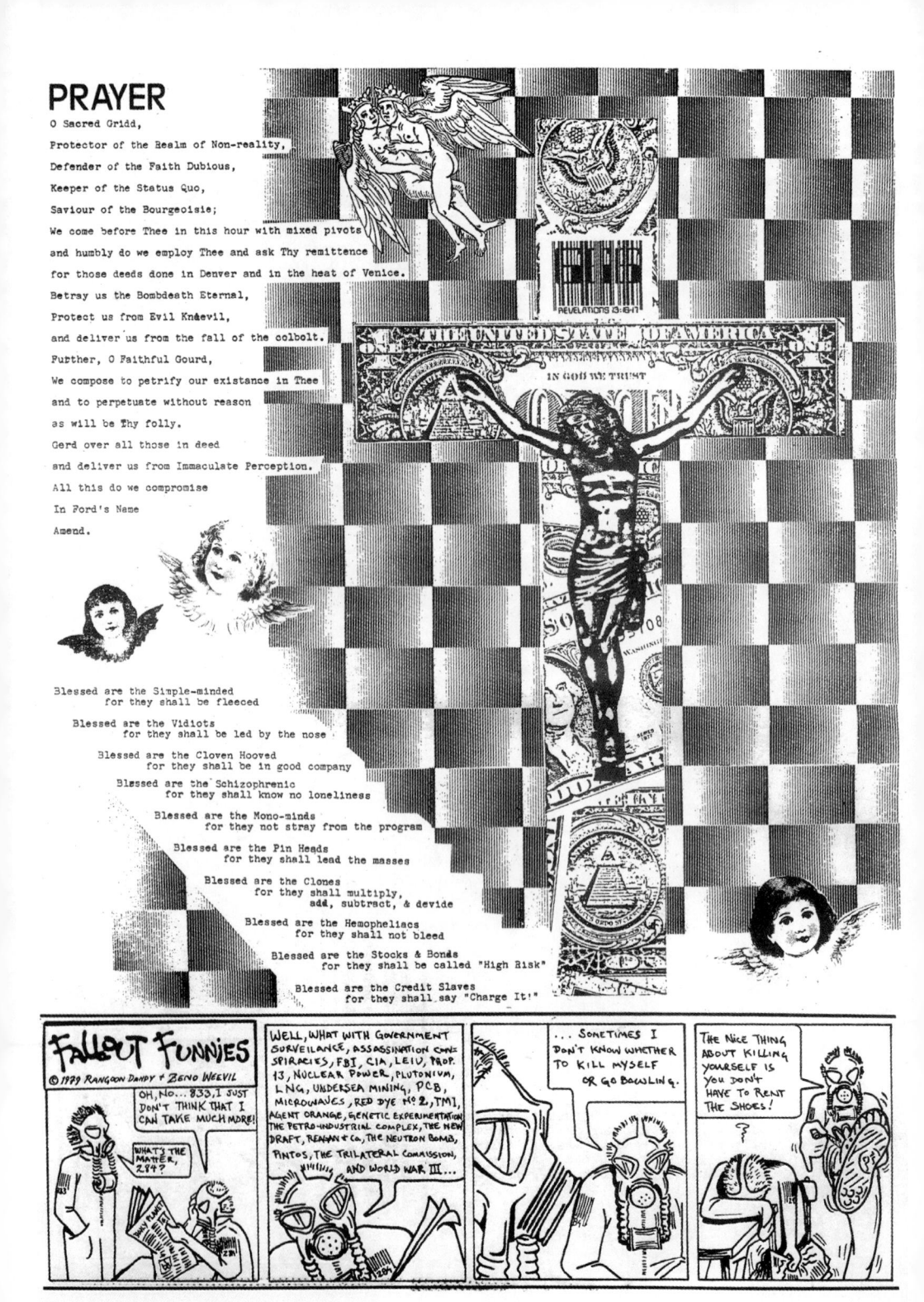

O Sacred Gridd,
Protector of the Realm of Non-reality,
Defender of the Faith Dubious,
Keeper of the Status Quo,
Saviour of the Bourgeoisie;
We come before Thee in this hour with mixed pivots
and humbly do we employ Thee and ask Thy remittence
for those deeds done in Denver and in the heat of Venice.
Betray us the Bombdeath Eternal,
Protect us from Evil Knaevil,
and deliver us from the fall of the colbolt.
Further, O Faithful Gourd,
We compose to petrify our existance in Thee
and to perpetuate without reason
as will be Thy folly.
Gerd over all those in deed
and deliver us from Immaculate Perception.
All this do we compromise
In Ford's Name
Amend.

Blessed are the Simple-minded
    for they shall be fleeced

  Blessed are the Vidiots
      for they shall be led by the nose

    Blessed are the Cloven Hooved
        for they shall be in good company

      Blessed are the Schizophrenic
          for they shall know no loneliness

        Blessed are the Mono-minds
            for they not stray from the program

          Blessed are the Pin Heads
              for they shall lead the masses

            Blessed are the Clones
                for they shall multiply,
                    add, subtract, & devide

              Blessed are the Hemopheliacs
                for they shall not bleed

                Blessed are the Stocks & Bonds
                    for they shall be called "High Risk"

                    Blessed are the Credit Slaves
                      for they shall say "Charge It!"

FALLOUT FUNNIES
© 1979 Rangoon Dandy & Zeno Weevil

Panel 1: "What's the matter, 284?" — "OH, NO... 833, I JUST DON'T THINK THAT I CAN TAKE MUCH MORE!"

Panel 2: "WELL, WHAT WITH GOVERNMENT SURVEILANCE, ASSASSINATION CONSPIRACIES, FBI, CIA, LEIU, PROP. 13, NUCLEAR POWER, PLUTONIUM, LNG, UNDERSEA MINING, PCB, MICROWAVES, RED DYE N°2, TMI, AGENT ORANGE, GENETIC EXPERIMENTATION, THE PETRO-INDUSTRIAL COMPLEX, THE NEW DRAFT, REAGAN & Co., THE NEUTRON BOMB, PINTOS, THE TRILATERAL COMMISSION, AND WORLD WAR III..."

Panel 3: "...SOMETIMES I DON'T KNOW WHETHER TO KILL MYSELF OR GO BOWLING."

Panel 4: "THE NICE THING ABOUT KILLING YOURSELF IS YOU DON'T HAVE TO RENT THE SHOES!"

ANARQUIA GRÁFICA

Winston Smith – Toda arte é propaganda

Em 1976, após retornar de uma ausência de sete anos estudando arte clássica na Itália, o artista de Oklahoma que se tornaria conhecido como Winston Smith assumiu legalmente o nome do protagonista de George Orwell (de seu clássico romance 1984) como resposta direta às mudanças radicais que ele observava na sociedade americana. Como Smith se lembra, "peguei carona pelo país em março de 1976 e cheguei a San Francisco no Dia de São Patrício (o que, pode acreditar, foi uma festa de boas vindas incrível!)". Inicialmente ele trabalhou como roadie por alguns anos, onde ele encontraria, em primeira mão, a cena punk nascente. "Lembro-me dos primeiros sinais que percebi daquela cena quando uma banda chamada Television veio até o nosso estúdio e um artista local, chamado Mary Monday, ensaiava lá. Nesse ponto, minha percepção cresceu com os Stranglers e, depois, os Sex Pistols, etc. A partir daí, foi ladeira abaixo".

Nessa época, a subcultura punk da costa oeste dos Estados Unidos era muito baseada na arte, empregando todo um grupo de estratégias que abrangiam performance, cinema, fotografia, artes visuais, música e moda. A contribuição inicial de Smith para a cena começou com a criação de panfletos que faziam paródias com alguns shows fictícios, muitas vezes utilizando achados fotográficos e ilustrações retiradas de anúncios, da imprensa e, particularmente, imagens de arquivo usadas para promover o "Sonho Americano" do consumismo dos anos 50. Os nomes dos artistas e das casas nesses panfletos foram inventados pelo próprio Smith – grupos como Lenny and the Spitwads, Rejex ou Idiot Child "se apresentando ao vivo no Orb" ou em outros clubes fictícios como Nico's e Room 101 – nomes que eram próximos o bastante às convenções da crescente cena para soarem realistas, com tratamentos gráficos convincentes. Alguns desses nomes surgiram diretamente das próprias reflexões de Smith sobre temas contemporâneos. "Outro nome falso de banda que eu inventei foi 'Anonymous Technicians'. Esse nome veio depois de ler um artigo em 1978 sobre um novo plano que existia para executar pessoas. Ao invés de enforcamentos, pelotão de tiro ou eletrocutar, eles propunham 'morte por injeção letal administrada por técnicos anônimos'. Hoje, essa é a norma".

Smith logo começou uma parceria com o artista Jayed Scotti (que, mais tarde, faria parte do Feederz), produzindo uma revista publicada por conta própria, chamada *Fallout*, a partir de 1978. Essa publicação de 27 x 42 cm se mostrou um veículo para promover várias partes de suas práticas – incluindo flyers de paródia, artigos de carga política, comentários ásperos e colagens originais e ilustrações que, mais tarde, reapareceriam em capas de discos dos Dead Kennedys e de outros lançamentos do selo Alternative Tentacles. Smith também "criou" uma série de outros colaboradores fictícios para a *Fallout*, ampliando a equipe "editorial" para um grupo de sete pessoas (incluindo pseudônimos maravilhosos como Zeno Weevil, Krass Vermin e Rangoon Dandy – até o gato de Smith, 355, teve o seu nome incluído).

A combinação de humor fora do padrão, surrealismo e trotes com a sátira dura e perturbadora no trabalho de Smith encontrou eco em Jello Biafra. Durante o desenvolvimento inicial do Dead Kennedys, Biafra estava trabalhando com material visual seguindo uma linha similar, coletando imagens de revistas e jornais populares com manchetes e comentários que poderiam ser reposicionados para questionar e minar a mensagem original. Tanto Biafra quanto Smith reconheciam o potencial de suas composições visuais para entreter e chocar através do emprego de humor gráfico altamente irônico e perturbador. Tais estratégias, claro, não eram novas – artistas dadaístas europeus do início do século XX usavam técnicas de colagem para criticar os horrores da Primeira Guerra Mundial e o subsequente colapso da República de Weimar. Expoentes notáveis da crítica política através da discordante justaposição de imagens incluem Raoul Hausmann e Hannah Höch, enquanto os experimentos de John Heartfield com fotomontagem alcançariam audiência mundial na década de 1930, quando artistas fugiram do regime nazista e desenvolveram uma resposta visual sofisticada para os horrores que levaram a Alemanha à Segunda Guerra Mundial. Tais precursores, ao lado das políticas radicais dos primeiros surrealistas liderados por André Breton, informavam diretamente aos fundadores da Internacional Situacionista, no início da década de 1960. Especialmente relevante para o campo de comunicação visual foi a noção situacionista de "détournement" – pela qual uma mensagem visual poderia ser desarmada ou corrompida através de sua combinação ou justaposição com textos alternativos ou outros elementos visuais.

A apoteose da estratégia de "détournement", no entanto, ainda não estava por vir, até algum tempo mais tarde, quando o movimento punk espalhou uma linguagem gráfica que poderia refletir sua crítica e mensagem antiautoritarismo de uma maneira direta e visceral. O trabalho de Jamie Reid para os Sex Pistols criou uma clara liderança no Reino Unido, apesar de que ele, entretanto, já estava trabalhando em uma linha similar com a *Suburban Press* durante algum tempo e ter desenhado extensivamente sob a herança do design gráfico ativista e sua prática artística. A autointitulada publicação de Gee Vaucher, *International Anthem*, adotou estratégias semelhantes, enquanto seu trabalho visual subsequente com o Crass levou a técnica adiante, afastando-se da colagem tradicional para criar ilustrações sofisticadas que, inicialmente, lembram fotomontagens, mas são, na verdade, feitas *à mão*.

Winston Smith, trabalhando tanto individualmente quanto em colaboração com Jello Biafra, tornaria-se o equivalente americano àqueles pioneiros gráficos punk do Reino Unido. A abordagem de Smith para colagens é astuta, espirituosa e sofisticada, com um olhar afiado para detalhes e preocupação com composição e balanço – junto a um amor pelo humor irônico e pelo poder do design gráfico para informar, persuadir e provocar. Como outros representantes gráficos – designers que escolheram desenvolver uma crítica visual própria do mundo ao seu redor, ao invés de simplesmente trabalhar com ideias comerciais – Smith construiu um extenso portfólio de trabalhos visuais que poderiam ser utilizados quando necessário para se enquadrar nos requisitos de um trabalho oferecido. A abrangente estética do trabalho de Smith na *Fallout é bruta* e cru – imagens fotográficas são, geralmente, empregadas para criar monotonia e a construção de imagem através do "recorta-e-cola" é indisfarçável. A tipografia ou é recortada de forma bruta de manchetes de jornais e revistas ou simplesmente desenhada à mão em pesadas canetas pretas, com corpo de texto uniformemente escrito. As revistas foram impressas em litografia, mas mantem algumas das qualidades da fotocópia simples, muito para manter o estilo genérico de fanzines punk da época.

Vários exemplos do trabalho que Smith publicou nas páginas da *Fallout* em 1980-1981 seriam depois utilizados em capas de discos e flyers – mesmo em álbuns inspiradores como a coletânea *Let Them Eat Jellybeans!* e o último disco dos Dead Kennedys, de 1986, *Bedtime For Democracy*. Um dos maiores – e mais notórios – trabalhos de composição de Smith, um crucifixo tridimensional (feito de notas de dólar) chamado IDOL [ÍDOLO] foi também reproduzido como uma imagem fotocopiada bidimensional e como parte de outra página da terceira edição de *Fallout*, de novembro de 1980. A imagem formou a premissa central do mini-álbum do DK *In God We*

Trust, Inc., em 1981, aumentando a notoriedade tanto da banda quanto do artista. No entanto, seu trabalho mais celebrado e duradouro foi o design do logo do Dead Kennedys – um clássico exemplo de marca gráfica extrema, memorável, simples e direta. O logo pode ser facilmente reproduzido em sua forma mais simples (uma simples linha vertical e uma cruz para formar as letras 'DK'), apesar de o original de Smith conter um elemento de aparente tridimensionalidade através do inteligente uso de uma linha de perspectiva e tonalidade.

Smith também criou o logo da Alternative Tentacles e lembra-se de andar pela cidade até o estúdio onde o DK estava gravando *Fresh Fruit* para entregar o trabalho, onde ele também encontrou o lendário Norm. "Encontrei-me pessoalmente com Norm, o gato, no Mobius Studios. Saí do meu rancho distante, peguei carona para San Francisco e encontrei com Biafra, para entregar-lhe o logo original da Alternative Tentacles. Quando cheguei lá, ele e os DKs ainda estavam gravando, então eu me sentei na antessala e esperei. Norm, o gato, veio e se sentou no meu colo. Depois que a banda surgiu da sala de gravação, Biafra estava claramente animado para me apresentar para o gato e dizer que ele estava sendo creditado como 'Produtor' do novo disco. Gato legal. Muito amigável. Excelente produtor de discos – para alguém sem polegares opositores".

O legado dos trabalhos de Winston Smith vai longe – seu estilo gráfico foi amplamente imitado no underground punk e hardcore, com outros designers dando continuidade à tradição com capas para artistas como Leftöver Crack e Anti-Flag. Em uma era de crescente sofisticação visual de "imitação da vida" e de abundantes retoques de Photoshop, a crueza e o direcionamento do trabalho de Smith nos últimos 30 anos ainda gelam os ossos.

Russ Bestley
Designer/Escritor

Artes extraídas do *Fallout #3* (novembro de 1980) e *Fallout #4* (março de 1981) ilustram as páginas 7-9, 31, 32, 50, 62, 100, 101, 110, 111, 131, 144-146, 166-168, 178-180, 192-196, 209-212, e 220-222 deste livro. Artes por Winston Smith.

Acima: Colagem da contracapa da edição inglesa do disco *In God We Trust, Inc.* (Statik, 1981); adesivo promocional da versão americana de *In God We Trust, Inc.* (Alternative Tentacles, 1981); adesivo de capa da versão espanhola de *In God We Trust, Inc.* (Statik / Edigsa, 1982).
Página ao lado: Edição do Reino Unido de *In God We Trust, Inc.* (Statik, 1981); rótulo da edição australiana de *In God We Trust, Inc.* (Missing Link, 1981); rótulo da edição belga de *In God We Trust, Inc.* (Statik, 1981).

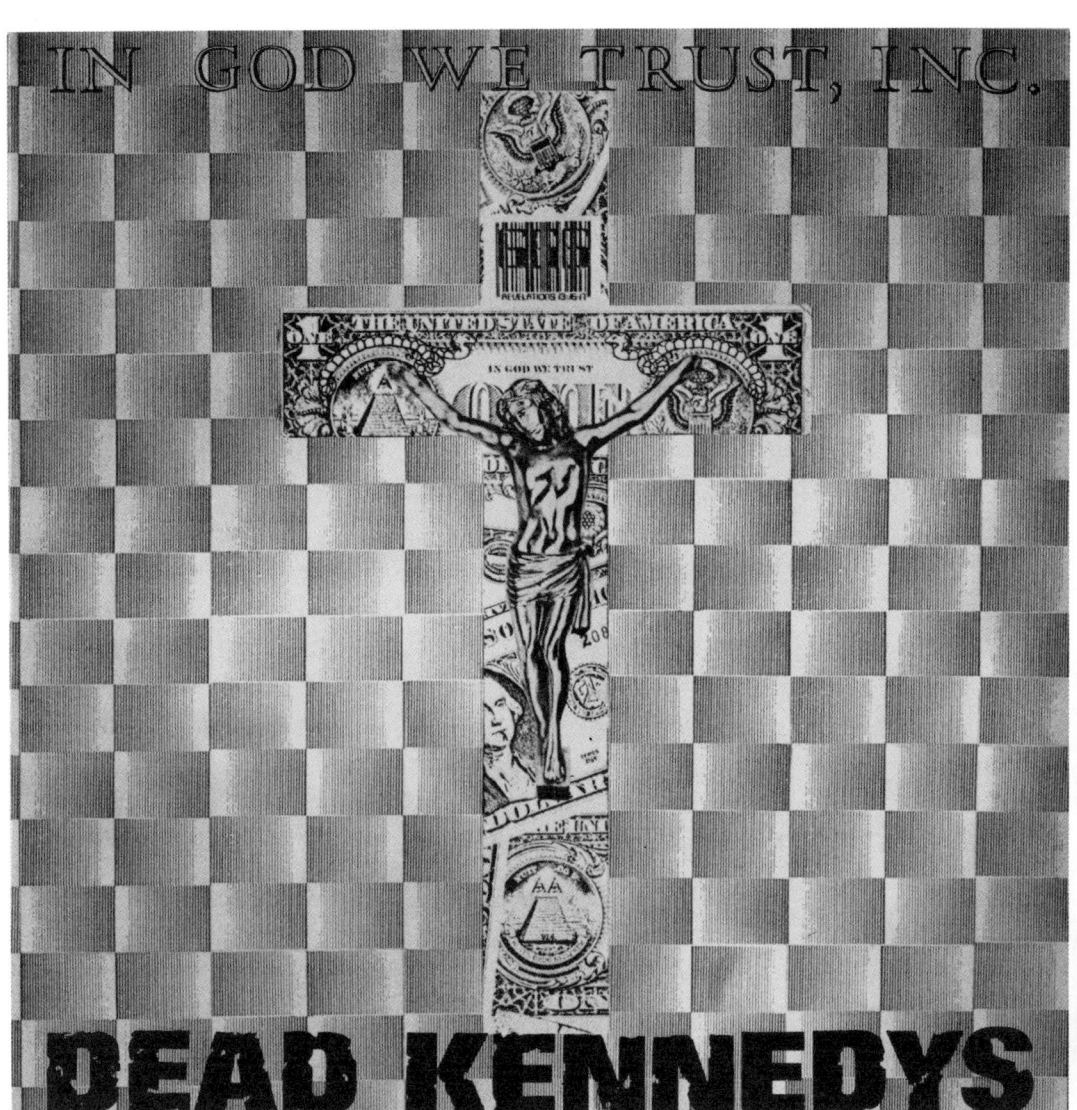

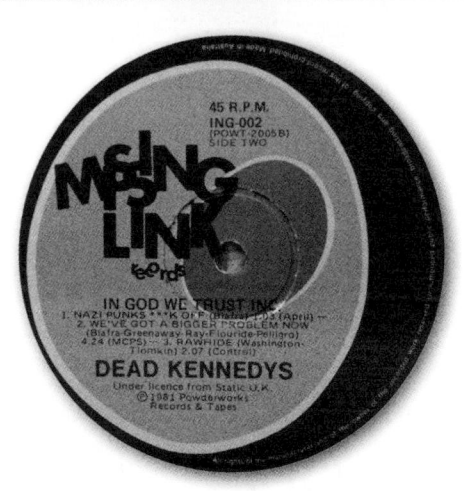

IN GOD WE TRUST, INC.

DEAD KENNEDYS

KNOW WHO YOU'RE FIGHTING FOR...

IF YOU LOVE YOUR CAR DIE FOR IT.

BUY WAR BONDS NOW

DEAD KENNEDYS

1? During the 60s protest songs with the modern equivalople will hear us. of Reagan's role as artists whose graphic political art exposed to the world the horrors of the Kaisar's butchery. Poets, artists, singers, both famous and unknown, along with countless peasant no-bodies have perished under fascist regimes for decades

ARE the Clouds Laughing AT YOU?

DON'T JUST STAND THERE, DO SOMETHING ABOUT IT! FIGHT BACK!

ADVERTISE IN FALLOUT

Page 6 Section C April 13, 1980 S.F. Sunday Examiner & Chronicle
Plenty of fallout possible

Don't Let The Clouds Push You Around.

RATES	
FULL PAGE	$50
HALF PAGE	$30
QUARTER	$20
BACK PAGE	$75
CENTRE [2]	$90

ALL PRICES FOR CAMERA READY ART
DIMENTIONS: 10" x 14" for FULL PAGE

Fallout Design $30

Fallout Productions

Acima: Single "Nazi Punks Fuck Off !" / "Moral Majority", lançado em 1981 nos EUA (Alternative Tentacles).

LOS ANGELES (AP) — Five Nobel laureates have given sperm to an exclusive sperm bank to be matched with the "right" women in hopes of producing exceptional children, the businessman behind the scheme says.
IF YOU LOVE YOUR CAR DIE FOR IT.
B-58
now the toys play with them
AT LONG LAST, UNCLE JOHN'S FORTUNE IS MINE!
LIE CHEAT & STEAL
There's no way like the American Way
Toll-Free 800-558-8990
J. PLAY CHESS AGAINST THE COMPUTER! You'll never have to search for a chess partner with Chess Challenger... and it's exciting to try to outwit a computer. If you're an average player,
JIMMY CARTER'S EYES
Food Club
PINK SALMON
Our Finest Quality
SALMON AND NOODLE CASSEROLE
DISTRIBUTED BY TOPCO ASSOCIATES, INC. SKOKIE, ILLINOIS 60076 ©TOPCO
DON'T LIVE

Acima: A edição brasileira do álbum *Fresh Fruit for Rotting Vegetables*, lançada pela gravadora Continental. Capa, vinil branco e o cobiçado pôster.
Ao lado: O famoso vinil branco da edição nacional de *Fresh Fruit for Rotting Vegetables*, com o pôster ao fundo.

Este livro foi composto em Caecilia LT Std, com textos auxiliares em Typenoksidi.
Impresso pela gráfica R.R. Donnelley, em papel Offset 90g/m². São Paulo, Brasil, 2014.

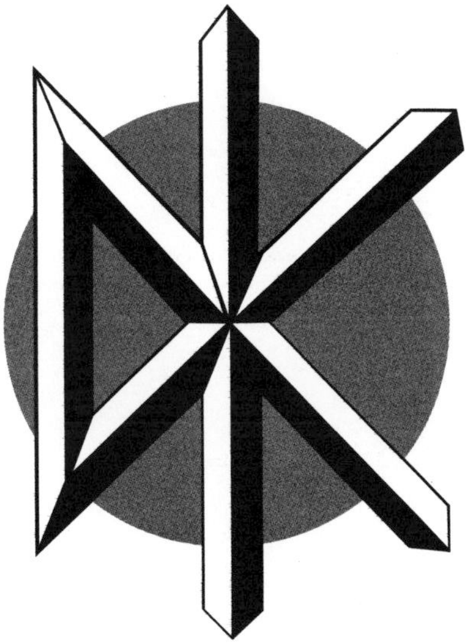

Anderson

TOP CAT

These lounge
pajamas
are the
leopard's
roar.
Super soft
woven
polyester
is trimmed with
black for a great
look in all your
lives. Leopard only.
SET S M L XL
$39.95

I WANT YOU TO PROTECT MY VITAL CORPORATE *INTEREST$!*

The red cr

'80 BIAFRA

ARE YOU NEXT?

She went out to swap bottles for candy